臨床的人間形成論の構築

臨床的人間形成論 第2部

田中 毎実

東信堂

臨床的人間形成論の構築──臨床的人間形成論第2部──／目次

序論　大学教育の臨床的研究から臨床的人間形成論の構築へ ……… 3
第1章　臨床的人間形成論の系譜……………………………………………… 8
　はじめに ………………………………………………………………… 8
　第1節　臨床的人間形成論へ ………………………………………… 8
　　1　状況への応答としての臨床的人間形成論　8
　　2　『教育人間学』の位置──田邊元から森昭へ──　14
　第2節　京都学派と京都学派教育学 ………………………………… 19
　　1　京都学派　21
　　2　京都学派教育学　31
　第3節　森昭の教育人間学から臨床的人間形成論へ ……………… 37
　　1　京都学派からの連続と不連続　37
　　2　臨床的人間形成論への歩み　44
　　3　人間形成論へ　52

第2章　人間形成論 ……………………………………………………………… 67
　はじめに ………………………………………………………………… 67
　第1節　教育人間学から人間形成論へ ……………………………… 67
　　1　人間学と教育学　67
　　2　教育人間学　70
　　3　『人間形成原論』　72
　　4　人間形成論　78
　第2節　人間形成論の構造(1) ……………………………………… 88
　　　　──発達、教育、教育目的、教育可能性の再考──
　　1　「発達」、「教育」、「教育目的」、「教育可能性」　89
　　2　「教育の目的」の読み換え　92
　　3　「教育の可能性」の読み換え　94
　第3節　人間形成論の構造(2) ……………………………………… 103
　　　　──相互性の人間形成論とライフサイクルの人間形成論──
　　1　相互性の人間形成論　103
　　2　ライフサイクルの人間形成論　118
　　3　臨床的人間形成論へ　135

第3章　臨床的人間形成論 …………………………………………………… 143

はじめに ……………………………………………………………143
第1節　絶句と臨床性 ……………………………………………145
　　1　テクノクラート支配から日常性へ　145
　　2　大学教育、遠隔教育、臨床教育　147
　　3　「絶句」から臨床性へ　153
第2節　大学教育の臨床的研究 …………………………………159
　　1　歴史的社会的由来　160
　　2　学問論的特質　165
　　3　現　状　167
　　4　課　題　169
第3節　臨床的人間形成論の方法と構造 ………………………177
　　1　臨床的人間形成論へ　177
　　2　臨床的人間形成論の方法と構造　185

第4章　臨床的人間形成論の展開 …………………………………201
はじめに ……………………………………………………………201
第1節　教育的公共性の臨床的人間形成論へ …………………203
　　1　教育的公共性の生成と臨床理論　203
　　2　教育的公共性の生成と教育諸分科──臨床的人間形成論へ──　207
　　3　臨床心理学と教育的公共性　214
　　4　「相互性」再考──臨床理論と教育的公共性から──　218
第2節　世代継承性の臨床的人間形成論へ ……………………226
　　1　青年期の臨床的考察　226
　　2　青年と大人の相互生成──その今日的形態──　234
　　3　教育的公共性と世代的応答性　238
　　4　世代継承性の臨床的人間形成論へ　247

あとがき ……………………………………………………………255
初出一覧 ……………………………………………………………259
文　献 ………………………………………………………………260
事項索引 ……………………………………………………………270
人名索引 ……………………………………………………………274

臨床的人間形成論の構築
―― 臨床的人間形成論第 2 部 ――

序論　大学教育の臨床的研究から臨床的人間形成論の構築へ

　本書では、臨床的人間形成論という新たな分科の生成と構成と展開について論ずる[1]。この新たな分科には、二つの目論見がある。この分科は、一方では、現代の養育・教育の状況的な課題に原理的に応答することをめざすとともに、他方では、森昭の教育人間学・人間形成原論を介して「京都学派教育学」の理論構成企図を継承することをめざしてもいる。本書で論ずるように、後者の「京都学派教育学」の理論構成企図には、前者の状況的な課題への原理的な応答が、含まれている。したがって、二つの目論見は、実質的には一致することになる。

　本書での議論は、次のように展開する。第1章では、京都学派教育学から教育人間学を経て臨床的人間形成論に至る学問論的系譜を提示し、第2章では、臨床的人間形成論の母胎である人間形成論の内的構成を描き、第3章では、臨床的人間形成論の構成と方法について論じ、第4章では、臨床的人間形成論の課題と展望について述べる。

　臨床的人間形成論の学問論的系譜を描くための前提として、理論にこの新たな分科というかたちでの応答を求める現代の養育・教育状況についてまとめて述べておこう。教育学はこれまで、〈子どもの発達を促進する大人の教育的働きかけ〉を扱ってきた。ところが、私たちの直面している「教育」問題は、このような常套的な扱いでは、もはや十分にはとらえられなくなった。以下のような四つの問題があるからである。前著『臨床的人間形成論』の第1部は、この四つの問題を列挙して終わった。本書『臨床的人間形成論第2部／臨床的人間形成論の構築』は、この四つの問題を提示することから出発することになる。

(1) **養育・教育関係の非対称性・相互性の問題**：　今日の「家庭や学校の養育と教育の機能の障害」、「老い」、「死」などの問題は、これまで教育する側におかれてきた大人のありかたを問いかけている。にもかかわらず、「教育」と「発達」という伝統的な理論的枠組みでは、「教育する側」は、あたかもその枠組みの外にある恒常的な定数であるかのようにみなされてきた。教育関係は、非対称的とみられてきたのだが、しかし、今日では、教え育てる側を発達の枠組みの内部に繰り込む理論の再構成が求められているのである。これは、養育・教育関係の非対称性から相互性への移動である。

(2) **理論の実践性・臨床性の問題**：　今日の我が国の養育と教育の問題には、高度産業社会諸国の多くに共通する部分と、我が国の巨大な教育システムが自生的に生み出している部分とがある。したがって、システムの「ここといま」の外――すなわち時間的過去、空間的他界――にモデルを求めるだけでは不十分である。世界同時性を見るグローバルな見方とともに、システムの自生的生起を「ここといま」において把握する臨床的実践的な見方が求められる。養育と教育の理論に、強い実践的臨床的感覚が求められるのである。

(3) **教え育てる人たちとこれを研究する人たちとの連携の問題**：　今日では教え育てる人たちどうしの連携、さらには教え育てる人たちとこれを研究する人たちとの間での連携が、十分ではない。つまり、教え育てる人たちの広汎な連携による公共性、さらには教え育てる人たちと研究する人たちとの連携による教育的公共性、そして世代継承的公共性が成立していないのである[2]。この公共性の生成を支援する理論が求められる。

(4) **人間学的発想、生命論・生成論の問題**：　今日の対人関係領域の多くでは意味や価値への問いを排除する「没人格的な」(Weber, M.) 技術的合理性が支配的であり、関係する人々のすべては、システムの機能要件として物象化されている。この支配のもとでは、人間存在は、あらかじめ設えられた目的の実現に向けて自発性を調達される受容的存在ではあっても、能動的で活動的な状況構成主体ではない。人間存在は、その根源的な生成性ないし活動性としての「パトス」[3]、つまり、自己状況にリアクトする根源的な受苦的情熱的存

在様態を貶められている。パトスの貶価によって、教育の実践や理論は、教育問題を克服すべき人間的諸力との結びつきを見失う。技術的合理性の支配をとらえ返し、あらためてパトスと結合しうる理論の構築が求められる。

　これら四つの問題に応えるためには、「発達」と「教育」を主題化してきた在来の教育理論は、教え育てる側をその理論的枠組みの内部に組み込まなければならなくなる。ところが、このような組み込みを試みるなら、在来の教育理論は、内部から破綻せざるをえなくなる。「発達」は、老いと死を含む「ライフサイクル」の全体へと炸裂し、「教育」は「異世代間の相互性」へと炸裂せざるをえないからである[4]。私たちは、この炸裂をあえて引き受け、上記四つの理論課題に応えようとする学問を、臨床的人間形成論と名づける。臨床的人間形成論とは、教育現実との臨床的出会いをきっかけとして、ライフサイクルを通しての成熟と異世代間の相互生成を理論化する、全体的・原理的な「生成理論」(emergent theory)[5]である。

　私たちは、前著『臨床的人間形成論第1部：大学教育の臨床的研究』で、大学における生成的人間関係が、もはや教員と学生との間での非対称的な教育関係だけには限定されなくなりつつあることを指摘した。第一に、学生は、多様な年齢の社会人たちの入学によって、伝統型の青年期学生だけではなくなってきた。第二に、教員の側は、今日の教育経験別教育研修といった発想にもあるように、〈成長する学生という変数の外にあってこれを統制する定数〉であることができなくなってきた。第三に、教える集団と学ぶ集団の出会いを導くべき「学問」の理念もまた、教えるべき内容にかならずしも研究者としてのコミットをもちえない教員の増加によって、教員集団への統制力を大きく失ってきた。このようにして、伝統的な非対称的教育関係は、大学においては少しずつ後景に退きつつある。そのかわりに出現するのは、教員集団と学生集団の相互生成である。今日の大学は、〈多様な世代の多彩な人々が織り成す・複合的な相互生成の場〉となりつつあり、在来の教育機能は、さまざまな世代の人々の錯綜する相互生成の連関のうちに埋め込まれつつあるのである。

ここから振り返ってみるなら、大学の在来の教育機能そのものがすでに、実際には、さまざまな世代の人々の相互生成の錯綜する連関のうちに埋め込まれていることがわかる。このことが明らかになったのは、前著『大学教育の臨床的研究』で詳論した私たちの公開実験授業プロジェクトや遠隔教育プロジェクトやさまざまなFDプロジェクトをはじめとする臨床的大学教育研究群によってであった。例示として公開授業だけを取りあげるとすれば、ここでは、教える人と学ぶ人たちとの相互生成があり、学ぶ人どうしの相互生成があり、教える人と参観する人たちとの相互生成がある。前著では、この錯綜する相互生成のプロセスが具体的に細かくたどられた。

　エリクソン流にいえば、胎児ですら若い父親候補者へ父親であることを教える人である[6]。しかし教える人であることを主体的に引き受けるためには、教員であれ、親であれ、上司であれ、先輩であれ、学生であれ、子どもであれ、このことについて自覚的でなければならない。公開実験授業では、「教える人」への多様な（教員／学生、学生どうし、教員／参観者、参観者どうし、学生／参観者などの）相互生成を意図的に展開させ、意識化させ、組織しようとした。これがうまくいったか否かはともあれ、私は、公開実験授業をフィールドとするこの生き生きとした錯綜する相互生成の出来事を検討することによって、異世代間の相互生成に関する豊かな知見をえた。公開実験授業では、教育の理論と実践、教える主体への生成などが互いに規定しあい、理論形成と主体生成とが循環的に推し進められた。ここは、きわめて生産的なフィールドだったのである。

　以上、前著を大雑把に振り返ってみたが、このことからあきらかなように、前著で私たちが試みたのは、大学教育という臨床の場において異世代間の相互性とライフサイクルについて考察する臨床的人間形成論の具体的な展開であった。ここから得られた知見を土台として、本書では、この臨床的人間形成論という新たな分科の生成と構成と展開について直接に正面から論ずることにしたい。まずは、臨床的人間形成論の学問的な系譜をたどることから、はじめよう。

注

1　臨床的人間形成論に関する私の学位論文『臨床的人間形成論の構築——大学教育の実践的認識を手がかりにして』2003.2 は、出版刊行に手間取っているうちに、関連状況が大きく変貌するに至った。この変貌に対応するその後の研究蓄積を補充すれば、学位論文の数倍に達することになる。これを縮約し二分冊に分割して『臨床的人間形成論』(『第1部　大学教育の臨床的研究』2011B、『第2部　臨床的人間形成論の構築』東信堂 2012)として刊行することにした。本書は、その「第2部」にあたる「臨床的人間形成論の構築」である。

　この二冊は、大学教育の臨床的研究と臨床的人間形成論の学問論というそれぞれに異なった主題の元に書かれており、相対的に独立した著作として読むこともできる。しかし両者は、臨床的人間形成論という同一の学問についての連続的な考察でもあり、第1部がフィールドワークから臨床的人間形成論の構成へ向かう学問構成の具体的な道筋を示しているのに対して、第2部は、臨床的人間形成論の学問論的な系譜とその具体的な内容について論じている。

2　拙稿 2006 247-88 頁を参照。

3　この意味のパトスは、『パスカルに於ける人間の研究』から『構想力の論理』に至るまでの三木清の論の鍵概念の一つである。このタームの三木による具体的な用法については、次章の注3を参照されたい。なお、この「パトス」については、西田幾多郎の「絶対無」などと関連する生命論生成論の枠内での人間把握から理解する必要があるが、これについては別の機会に詳論する。

4　前著第1章でもすでに触れたように、「相互性」(mutuality)は、エリクソン(Erikson, E.H.)のタームである。相互性というタームには、ダイナミックでユダヤ教的な相互生成的・相互形成的な関係論のニュアンスがある。相互性は、ユダヤ教の強い影響下にある他の思想家たちの基本的なターム、たとえばブーバーの「我と汝」やフロムの"productiveness"などと一つながりである。いずれも、内部に超越との関わりを抱え込む者どうしの関わりである。このことについては、さまざまな機会に論じてきた。たとえば、拙著2003B、さらには、拙稿2010A などを参照。

5　Wilson 1977 を参照。ウィルソンは、「質的研究活動は、自分自身の保持するパースペクティブを超脱し、自分の研究している人々のパースペクティブに馴染むことによって自分自身を敏感な調査用具に形成する調査者の能力に依存する」(ibid. p.261)と述べている。ここで自明な前提として依拠されているのは、シュッツの「社会諸科学が行うもろもろの構成は、二次的な構成であり、すなわち、社会科学者がその行動を観察し説明すべき当の行為者たちが社会場面で行う構成の構成 (constructs of the constructs made by actors)である」(Schutz 1970, p.272)とする構成主義的規定である。臨床的研究は、この二次的構成と一次的構成とのダイナミックな相関(生成的循環的相関)に従事するのである。

6　胎児の力については、Erikson 1959、田中 1996A などを参照されたい。

第1章　臨床的人間形成論の系譜

はじめに

　本章では、臨床的人間形成論に至る学問的系譜を構成する。臨床的人間形成論という新たな分科は、状況への臨床的応答として構築されるが、同時にそれは、学問的な系譜からすれば、京都学派教育学から出発し、森昭の「教育人間学」「人間形成原論」を経由して、構築されるとみることができる。本章では、臨床的人間形成論の成立過程を、京都学派から森昭の理論構築を経て今日に至るまでの学問的系譜として構成することを試みる。以下の議論から明らかなように、このように学問的系譜を構成することによって、臨床的人間形成論の学問的性格が浮き彫りになるのである。

第1節　臨床的人間形成論へ

　臨床的人間形成論へ至る学問的系譜を駆動するのは、学問に内在する自己展開への衝迫であるとともに、学問へ応答を迫るそのつどの養育・教育状況の変化でもある。状況変化へ臨床的に対応すべく、理論は、新たな次元へ跳躍してきたと考えることもできるからである。学問内在的衝迫と状況からの応答強要の両者は、相乗的に作用して、学問構成を駆動する。本章ではまず、今日の状況への理論的「応答」に焦点づけて、臨床的人間形成論の成立のメカニズムをみることからはじめて、次いで、京都学派から臨床的人間形成論への学問展開過程をみることにする。

1　状況への応答としての臨床的人間形成論

　我が国では、1960年代の急速な経済成長に対応して1970年代までに初等

中等教育において単線型学校システムが一応完成し、さらに、これと（児童少年関連施設・制度、受験産業などの）学校教育補完制度、家族、地域社会、行政、産業・企業など関連諸組織が総掛かりでもたれかかりあい癒合して、「学校複合体」とも名づけるべき巨大システムを作り上げてきた。この複合体の全体的システム化は、システムの下位レベルでの専門分化、分業化、協業化などと相互促進的に進行し、1980年代までに高度大衆教育システムを成立させた。以後、この巨大システムは、わけても1990年代以降の経済的停滞とともに、内在的自生的にさまざまな教育問題を析出してきた[1]。経済的停滞の下では、システムの内部問題をシステムの拡大によって解決するという、これまでの手法はもはや期待できない。養育と教育の理論は、経済成長との幸福な癒合から切断されて、もっぱらシステムの内部問題・日常問題に拘泥することを強いられる。システムの内部問題の焦点にあるのは、専門分化の問題である。

　学校複合体における専門分化は、複合体の全体的システム化の重要な局面である。まずは複合体の関係者たちのうち一定数が、行政官、経営者、理論家などからなる既存のテクノクラート集団に引き込まれ、テクノクラート集団の間接統治に呼応してシステム管理を代理的に担うに至る。このような形での関係者たちの一部の専門化にともなって、取り残される人たちの素人化が進行する。関係者たちは統治に参与する集団と統治される集団とに分化しつつ、総じて統治に向けて自発的に組織化される。学校複合体のシステム化は、経済成長と連動する教育規模の拡大によって支えられてきた。しかしこの巨大システムは、経済停滞以後の縮小均衡という新たな事態に対しては、繊細な対応力に欠けていることがあきらかになってきた。たとえば、高等教育における自己評価・点検や質保証などの新自由主義的な間接統治・自己統治のメカニズムは、この巨大システムの適応性の欠如を補完しようとする試みの一つである。しかし、この自己統治のメカニズムは、状況の個別性特異性を無視したステレオタイプな対応のみを強いて、状況への繊細な対応にとってはむしろ妨げになりつつある。巧緻で効率的な分業化と専門化によって全般的に官僚制的に組織されるに至った巨大な学校複合体は、その自己完

結的な巧緻さと効率性によってむしろ、状況への不適応という逆機能に陥っているのである。

　構成員の一部の専門化と構成員全員の統治への組織化とが相乗的に進むにつれて、専門家・テクノクラートと素人・実践者との乖離は、ますますはなはだしくなる。一方で、専門家・テクノクラート集団は、養育や教育の現実との生きた接触を失い、組織が現実構成にとってもつ意味や価値などを対自的に問うこともなく、もっぱら組織の維持・発展を自己目的として、自閉的に——つまり〈内向きに〉——生きることになる。かれらは、状況の具体性とは無縁の、いわば抽象的な存在へと、頽落するのである。他方で、素人・実践者集団は、状況の具体性のさなかに生きながら、自分たちを組み入れる組織の管理運営については、統治への自発的同調（従属的自己統治）の強制によって、実質的な主体性や自己決定性を奪われている。かれらは、いわば素人のフォロワーへと頽落しているのである。このような専門家・素人双方の貧困化は、かれらに担われる養育と教育の組織が構成する現実そのものの貧困化でもある。私たちは今日、この貧困化の進行過程を、たとえば学校組織全般の官僚制的整備、あらゆる局面での評価や文書主義の蔓延、教員研修システムの整備による教員の疲労と実践感覚の麻痺などに、まざまざと認めることができる。求められるのは、状況の特異性や個別性への鋭敏な「臨床的」な認識であり、このような仕方での自発的同調の自省・超脱であり、さらには相互生成である。

　ここでの「臨床」の意義は、いたってシンプルである。「臨床」は、"clinic"のギリシャ語の原語（klinikós）の原義を活かして、「死の床」などの具体的状況に「臨む」ことを意味する。臨床的認識には、第一次的と第二次的の二つが区別される。第一次的な臨床的認識は、実践者たち自身の自分たちの実践に関する自己認識ないし自省である。西田幾多郎の常套的用語を用いるなら、自己認識・自省は、スタッティックな「対象認識」ではない。自己認識・自省の獲得自体が、認識し自省する自分自身をダイナミックに変容させ生成させるからである。臨床的な認識は、主体の生成である。実践状況にコミットする研究者たちの第二次的な臨床的認識もまた、この生成の循環のうちにあ

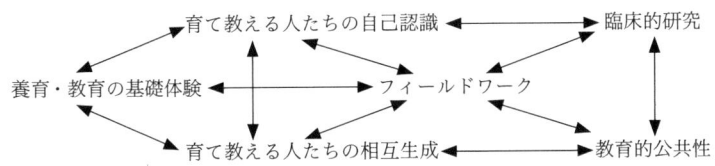

図1-1 基礎体験、臨床的研究、教育的公共性の生成的循環

る。臨床的人間形成論など教育の臨床的研究は、教育実践についての相互的な自省・自己認識と相互的な自己生成とにコミットしつつ、自らを自省し構成するのである。

自己認識・自己生成に先行する体験を、三木清は、初期の「人間学のマルクス的形態」(1927)において、「基礎体験」と呼んでいる。この基礎体験と自己認識、自己生成、臨床的研究の関係を図示するとすれば、(**図1-1**)のようになる。

この図の示している「自己認識」と「臨床的研究」との関連について、たとえばシュッツは、すでに序論の注5で引用したように、「社会諸科学が行うもろもろの構成は、二次的な構成であり、すなわち、社会科学者がその行動を観察し説明すべき当の行為者たちが社会場面で行う構成の構成 (constructs of the constructs made by actors) である」(Schutz, 1970. p.272)と述べている。シュッツのこの構成主義的規定に三木清の「人間学のマルクス的形態」における規定を重ね合わせると、(**表1-1**)のようになる。この場合、研究が認識を一方的に規定するのではなく、両者は、(**図1-1**)が示しているように、交互的・循環的に規定しあうのである。

臨床的研究は、自己認識と臨床的研究、一次的解釈と二次的解釈、人間学とイデオロギーなどのダイナミックな相関（生成的循環的相関）のうちにある。本書で検討する臨床的諸理論はすべて、この循環においてそれぞれに位置を

表1-1 自己認識と臨床的研究についての三木の理論とシュッツの理論

	自己認識	臨床的研究
三木	人間学	イデオロギー
	第一次的ロゴス・パトス	第二次的ロゴス 哲学的人間学
シュッツ	第一次的構成	第二次的構成

もつのである。

　さて、官僚制とテクノクラート支配の進行とともに、システムの内部では、意味や価値への問いを直接的間接的に排除する「没人格的な」(Weber, M.)「技術的合理性」が支配的となる[2]。技術的合理性支配の進行とともに、関係する人々は、専門家・素人の区別なく誰でもすべて、意味や価値の担い手や創造者などではなく、システムのたんなる機能要件へと物象化される。技術的合理性の支配のもとでは、人間存在は、あらかじめ設えられた目的の実現に向けて自発性を調達される受容的存在ではあっても、能動的で活動的な状況構成的主体ではない。ここでは、関係するすべての人々が、状況に応答する生成性ないし活動性を貶められる。人間が自己状況にリアクトするこの根源的な受苦的情熱的で応答的な存在と生成のありようを三木清の用語法にならって「パトス」と呼ぶとすれば[3]、まさにこのパトスとしての人間の存在と生成の貶価によって、教育の実践や理論は、今日の深刻な教育問題を克服すべき人間的諸力と結合する回路を見失うのである。

　今日の養育と教育の関連領域で求められるのは、専門家と素人との分化を超えた実践者どうしの臨床状況における連携であり、さらには研究者と実践者との間での連携であり、専門家集団と素人集団との連携である。つまり、実践者たちの臨床状況における連携、研究者たちと実践者たちの連携、専門家たちと素人たちとの連携などによる公共性——わけても教育的公共性、世代継承的公共性[4]——の構築が求められる。否応なく専門家と素人とを分化させる専門化の抗しがたい趨勢に対して、たとえば半専門家としてのディレッタントどうしの連携を対質させることも必要である。たしかに、このような連携もおうおうにして高度大衆教育システムの枠内での制度化された関係にとどまり、場合によっては素人と専門家の分化を補完する機能を担わされる。しかし前著でも繰り返し指摘したように、このようなディレッタントどうしの連携による日常的な活動こそが、今日の学校複合体にほとんど唯一残された「希望」なのである[5]。

　巨大な高度大衆教育システムの制度化という事態を前にして、今日の教育理論には、二つの課題が課せられる。第一の理論的課題は、このシステムの

もとで膨大な規模の社会的実践となってきた養育・教育活動の担い手たちと臨床状況において連携して、担い手たちが相互的組織的自己認識を獲得し、それによって相互生成を達成し、やがては教育的な公共性を生み出すことを援助することである。教育の理論は、教える人たちの相互的な自己認識と教育的公共性の構築を支援しなければならない。公共性の生成に強く臨床的にコミットする理論が、求められているのである。

　第二の理論的課題は、巨大な養育と教育のシステムの基本的な理念となっている技術的合理性の支配をなんとかしてとらえ返し、あらためて人間存在の主体的・能動的応答性（パトス）を根底に据える理論を構築することである。養育と教育の理論と実践は、人間存在の根源的存在様態としての応答的な生成性・活動性、つまりはパトスに、うまくコミットできていない。このことこそが、養育と教育の実践や理論が今日の深刻な問題にうまく対応できない根源的な理由の一つであると考えることができる。求められているのは、このようなパトスを根底に据えた人間学的な理論の構築である。

　今日の教育理論は、巨大な学校複合体の構成要件である理論産出システムによって大量に、しかもいくぶんか自動的かつメカニックに生み出されている。産出される理論の大半は、自家生産的自動運動の所産であって、関係する人々によって切実に求められている臨床性や人間学的な広がりなどをもちえていない。私たちが求めているのは、教え育てる人たちの自己認識と教育的公共性の生成に協働できる人間学的な臨床的理論である。これを私たちは、臨床的人間形成論と名づけるのである。臨床的人間形成論は、養育と教育の現代的問題に応答するためにこそ求められる。それではこの分科はどんな理論的系譜のうちに位置づけられるのだろうか。以下では、この点について考えたい。先取りしていえば、臨床的人間形成論は、森昭の『人間形成原論』の理論的企画を継承する。したがって、臨床的人間形成論の理論的系譜を構成するためには、まず森の『人間形成原論』を組み入れる理論的系譜について考えなければならない。つまり、京都学派と京都学派教育学が考察の対象となるのである。

2 『教育人間学』の位置──田邊元から森昭へ──

　森昭の遺著『人間形成原論』(1977)は、物流を優先して弱者を切り捨てる「歩道橋」という発想への違和感から叙述をはじめている。この著作は、戦後の経済成長が頂点に達し、やがてバブルの崩壊に至る、浮薄で危機をはらんだ時代状況への応答という色彩を色濃く示している。この応答では、ライフサイクルや死や偶然という発想が組み入れられて、たとえば養育や教育の自明な成立前提とされてきた世代関係における「非対称性」を疑問に付すなどの原理的理論展開の可能性が示された。しかし、これを「生命鼓橋」論という形で全面的に展開しようとした矢先に、議論は森の死によって中断された。ライフサイクルと異世代間の相互性を中核概念とする臨床的人間形成論は、まさにこの中絶した「生命鼓橋」論を継承しようとする理論的企画である。

　ところで、『人間形成原論』には、当時の養育・教育状況への応答という面とともに、森自身による自分をとりまく理論連関への応答という面もある。つまり、『人間形成原論』を特定の理論的文脈に位置づけ、この文脈から一定の理論的系譜を抽出し構成することも可能なのである。この面から見るなら、『人間形成原論』は、一方では、森自身の理論展開のうちにあるとともに、他方では、森が意識的・無意識的に理論をマッピングしている一定の理論連関のうちにある。ことわるまでもなく両者は、複雑に絡みあっているが、以下、この二つの理論連関について考えよう。

　森自身は、『人間形成原論』を自身の大著『教育人間学』(1961)で残された理論的課題へ応えるものとして位置づけている。たとえば、森の言明によれば、『教育人間学』では実証的諸科学の理論的成果を取り入れることに忙殺された結果、教育の理念ないし本質の問題に応える「教育哲学」の仕事が十分には果たされなかった。これが、『人間形成原論』に課せられた課題である。教育哲学的考察が課題であることについては、すでに『教育人間学』においても繰り返し言明されていたが、この言明の背後には、なによりもまず森と恩師であった田邊元とのやりとりがある。

　森への田邊からの影響について文献でたどることは、容易ではない。『教育人間学』の「人名索引」によれば、田邊については九ヵ所で言及されてい

ることになっているが、とうていそれだけにはとどまらない。索引が不備であることは、たとえば221頁での言及は索引では見落とされていることなどに示されている。しかし本文を詳細にたどる限り、田邊とのかかわりは、索引から想定されるレベルをはるかに超えて、広く深い。このかかわりについて直截に触れているほとんど唯一の文献は、田邊元全集第8巻「月報」に掲載された森の「田邊先生の書簡から」[6]である。森はここで、田邊とのやりとり、わけても『教育人間学』の執筆に際しての田邊とのやりとりについて述べている。

田邊の書簡は、「昭和15年3月19日、副手採用のことで大学へ呼び出しを受けたときの最初の速達から、34年12月31日付の、拙著『教育人間学』稿了の報告に対して、それを喜んでいただいた最後の直筆の封書まで、約五十通に及んでいる」。森が引用するのは田邊の書簡のうちのほんの数通だけであり、主には『教育人間学』の執筆に関する三通のしかも一部でしかない。「月報」で示されているのは、田邊の見解そのものではなく、森の「編集」を経た田邊の見解であるにすぎない。しかし、ここでの引用に示されている論点のおよそすべてについて、『教育人間学』で該当する箇所をいちいちに指摘することができる。この引用は、たんに主観的解釈によって偏向した仕方で編集された部分資料であるだけではなく、死直前の田邊とのダイナミックなやりとりをまとめた森の側の貴重な証言でもあるのである。

30年8月30日付書簡では、「人類生物学の実証的基礎を教育哲学に与えようとせらるる御着眼は小生も賛成です。ただし低次の下部構造から上部構造へ昇るのに、弁証法的媒介関係を十分に具体化せられることが、一般に重要と思います。」と述べられている。次いで、31年8月11日付け書簡でも、議論の大筋は同型であり、まずは生物学という「実証的基礎」に関する森の議論の意義が取りあげられている。

　「……第二部に於ける生物学的御研究は特に心を惹かれました。"個体発生は系統発生を反復する"という旧説に対して、"個体発生は系統発生を創造する"という新しい主張を取入れられたこと、全く同感です。小生が論理的に、種の矛盾対立の間から、個がそれを超えて、対立を統

一する類の象徴として自らを実現すると考えてきたのは、それと帰趨を一にするからです。今実証的にそれが確かめられるのは本懐です。さういふ生物学の見解に基づき人間の第一次的生成を考えられることは、人間存在とその発生に対して甚だ有意義と思います。更にその実践自覚により歴史が成立する関係も、小生が論理的に展開した所と一致するのは甚だ愉快です。」

田邊の積極的肯定的評価は、『教育人間学』における人類生物学的議論——これは全体 (846頁) のわずか15％ (130頁) を占めるにすぎないが——のみに集中している。すぐ後で示すように、これらの書簡からは、田邊が原稿段階での『教育人間学』を順次通読しているように読み取れるから、これは全体を通しての田邊の評価であると考えることができる。この二通の書簡から、少なくとも次の三点があきらかである。

(1) 田邊は、森によって『教育人間学』が〈「人間存在論」から区別される「人間生成論」〉と規定されていることを十分に承知しているが、この規定に、さほどの関心を払ってはいない。「人間存在論」からの「人間生成論」の区別ないし差別化という論点には、森の〈教育学に従事する哲学者〉としての自己規定 (「人間存在論に対抗して人間生成論を展開する教育学者／哲学者である自分」) が賭けられているのだが、この森にとって大切な論点は、田邊によってはかならずしも受け容れられてはいない[7]。

(2) 森の仕事は、田邊自身が「種の論理」に関連して「論理的に展開した所」に「人類生物学という実証的基礎」を与えた点で、評価されている。つまり、教育人間学は、森の哲学者としての自己規定が賭けられた原理的試みとしてではなく、たんに哲学に「実証的基礎」を与えるものとして価値づけられているにすぎない。こうして森には、〈実証的理論を越えた原理的理論の展開〉が課題づけられることになる。森がこの課題に応えようとしたのが、『人間形成原論』であると、さしあたっては、考えることもできる[8]。

(3) 森の仕事は、「個体発生が系統発生を創造する」とする点で評価されているが、この評価は、田邊の「種の論理」にしたがって、「種の矛盾対立の間から、

個がそれを超えて、対立を統一する類の象徴として自らを実現する」という「弁証法」の枠内での評価である。森は、「系統発生を創造する」個──『教育人間学』でのデューイ的な「民主社会を構成する個人」──の実存的営為に焦点づけるのだが、田邊からすれば、この議論は個、種、類のダイナミックな弁証法的連関から力動性を抜き去るものである。これが田邊の次の書簡での森への批判ないし課題提起 (実存主義哲学からの脱却) の前提である。

田邊は、32年8月20日付けの書簡で次のように記している。少し長いが私たちの議論にとって重要なのであえてそのまま引用する。

「……年来の人間生成論を近く御完成の由、……今回御恵贈の部分早速拝見致し教を受けました。御引用のゲーレン、ポルトマンの説は人間生成の本質に触れるもの、大兄のハイデッガー解釈の実り多きことを裏書きするものと申せませむ。此様な一次的発生から二次的発生に及び、対自的に、歴史的世界の内に実存する人間的主体の生成を展望する御立論、たしかに正鵠を得たるものと存じます。ただ小生として恐れる所は、かかる実存主義的人間学をもって、果たして今日教育と教育学とを同時に脅かす左翼的偏向を抑えて、その抽象を自覚せしめ、より具体的なる立場に転ぜしめることができるかどうかといふことです。」

まず、この引用から推測されるのは、森が『教育人間学』の原稿がある程度まとまってできあがり次第、順次これを田邊のもとへ送付していたことである。学位論文指導の様態である。ともあれ、田邊はこの書簡で、本来のマルキシズムについて「政治権力そのもの」を「人間解放すなわち本質的人間生成の手段とするもの」と規定し、以下のように述べる。

「(真面目な教育家の組合運動への) 感激は実存主義哲学の与え得ざる所でしょう。その原因がどこにあるかといへば、小生の察する所、その立場が個人の実存に終始し、自己犠牲の愛を以て実存協同 (ゲマインシャフト) を社会的歴史的に達成しようとする理想主義を欠くからです。……人間生成も人類解放と離れるなら抽象たるを免れませぬ。」

「人間生成も、愛に於ける人類解放の歴史でなくては、無力に終わらざるを得ますまい。此生死関頭に立って、大兄が新思想を展開せられる

ことこそ、必要ではないでせうか。御反省を切に希うしだいです。」

　ここで森に「反省」を求める田邊の批判の形は、先の「種の論理」による実存主義哲学批判のそれと同型である。さらにこの引用からは、森への批判には、種の論理のみではなく、「懺悔道の哲学」以来の死・復活、実存協同といった田邊の晩年期の理論が前提されていることもあきらかである。

　森によれば、人間は生物学的基礎の逆説性からして行為し表現して世界と自己を規定し「生産的人格」へ自己生成することを強いられた存在である。人間存在を行為や表現のレベルでとらえ、さらに行為し生成する存在としてとらえる点で、森と田邊は一致する。しかしこの行為や生成を組み入れる文脈、さらには行為や生成のさしむけられる方向（すなわち理念）が示されていないというのが、田邊の批判である。

　『教育人間学』に関連して田邊から森に与えられたこの課題は、『人間形成原論』で応えられたのだろうか。少なくとも応えようと努められたのか。『原論』が実証的研究の紹介を最小限にとどめて、直截に理念や本質を問っていること、さらに『原論』での「生命鼓橋」論が――少なくとも形の上では――死・復活、実存協同といった田邊晩年期の発想の森なりの受容でもありうることなどを考えあわせるなら、『人間形成原論』は、田邊に課せられた課題への森の応答であるとも思われる。

　しかしこの森の応答は、実存主義哲学の克服ではなく、むしろ孤絶した個の自己投企としての「生命鼓橋」の作り渡しについて論ずる実存主義哲学の徹底である。森は、田邊に逆らう仕方で田邊の課した課題に応えていることになる。そればかりではない。後に議論するように『原論』にニュアンスとして籠められている〈異世代間の生命鼓橋の相互的な作り渡し〉という森の議論は、一見したところ『懺悔道の哲学』以来の「死・復活」、「実存協同」といった田邊晩年期の思想の受容であるように見えるが、少し立ち入ってみるとかならずしもそうではない。

　田邊の議論が、種を媒介とする個と類の弁証法的運動を想定しているのに対して、森の議論では、個と個の相互性という日常的な関連が想定されているにとどまる。森の単独者の自己生成から世代間の相互性への理論展開は、

きわめて強靭で健康であった著者には思いがけなかった疾病（網膜剥離）や当時の孫の出生などをきっかけとする、森の教育と養育の日常的世界（日常的な世代連関）への転回ないし回帰の所産であると考えるべきである[9]。相互性におけるそれぞれの個は内的に全体・超越との関わりをもつが、この相互性においては、弁証法的な運動や質転換はおよそ予想されてはいない。この森の相互性の規定は、ヤスパースの実存同士の関係に関する規定を思わせる。少し飛躍するが、森と田邊の理論形成上のつながりもまた、すくなくとも森の側にとっては、師匠と弟子の非対称的関係であるよりも、むしろ自律的な理論家同士の相互的でダイナミックな意思疎通過程である。ヤスパース流にいえば、「愛しながらの闘争」(liebender Kampf) である。

さて、『教育人間学』から『人間形成原論』へ至る森の理論展開には、もちろん田邊の理論のみが関与しているわけではない。まずなによりも森の理論は、直接にくりかえし言及されているように、戦後教育学との対質という文脈のうちにある。それとともに、同時代の（わけてもドイツを中心とする）欧米の理論展開の文脈のうちにも属している。この欧米思想との同時性は、かつての京都学派が保持していた理論的特質である。『人間形成原論』の「生命鼓橋論」を展開するまさにその核心部分でも、いくつかの欧米の理論が援用されている。エリクソン、ビューラー、スーパーなどの理論である。この援用の意義について、かつて私は、若干の考察を加えたことがある[10]。さらに、この遺著の最後の部分を口述筆記した私の立場からすると、ここでの議論がたとえば九鬼周三の偶然論と強い連関をもつこともまた、自明である[11]。この点については、後で論ずることになる。ともあれ、森の『教育人間学』から『人間形成原論』へ至る理論的歩みは、田邊や九鬼に限らず、京都学派の理論展開の強い影響の下にあり、むしろこの理論展開の枠内にある。森の理論展開を、京都学派の理論展開のうちにマッピングしてみよう。

第2節　京都学派と京都学派教育学

　森の理論は、京都学派の枠内にある。それにしても、この場合の「京都学派」とは何か。それはどの程度の広がりをもつのか。和辻哲郎や三木清はこれに

属すると考えるべきか。マルクス主義に接近した人たちを組み入れるべきか。さらに、たとえばこの学派の中核と目される西田幾多郎と田邊元との間の緊張関係を考慮するなら、この学派の学問的アイデンティティをどう把握すべきか。これらはすべてやっかいな問題である。しかし、これについて考える前に、私たちが一般に「京都学派」とみなしている人々のうち、森とつながる人々を文献を通して具体的に特定することができる。大島康正は、次のように書いている。

「森君の健康が悪い、恐らく駄目であろうと聞かされたのは……昭和51年8月27日の夜であった。実はその日の夕刻までに、私どもは……妙高高原の久山康君の山荘に集合したのである。……東京から高山岩男先生、鈴木成高先生、下村寅太郎先生ご夫妻、故高坂正顕先生夫人、故木村素衛先生夫人、創文社の大洞正典君、それに私の計八人、京都からは西谷啓治先生、東専一郎君、武藤一雄君の計三人が、久山君の客となったわけである。」[12]

森の『教育人間学』では、木村素衛、髙坂正顕、高山岩男、九鬼周造、田邊元、上田薫について論及されている。このうち際立って多いのは田邊への言及であり、これと比較して西田幾多郎への言及がまったくないことが目立つ。このことをそのままに受け止めるなら、たとえば『教育人間学』における生成論や生命論は、直接に西田に由来するのではなく、森に直截につながる人々の論を通して間接的にのみ西田につながっていることになる。さらに、理論上緊密な実質的つながりが認められるにもかかわらず、三木清についての論及もまったくない。これらの不自然さは、あるいは『教育人間学』が田邊の指導の下に書かれたことから説明できるかもしれない。田邊に遠慮して論及が避けられたとみることもできるからである。いずれにせよ私たちは、理論の実質的連関からして森に関連する人々のうちに西田も三木も組み入れざるをえない。

本書で私たちが「京都学派」というタームを用いる際、念頭に置いているのは、京都学派一般ではなく、〈森の理論構築に関わる限りでの人々〉である。具体的には、上記二つの資料で名前を挙げられている人々であり、西田であ

り、三木である[13]。この人々は、私たちが通常思い描く京都学派のうちにあり、正確にいえば、その中核を成している。このきわめてプラクティカルな意味で、私たちは、「京都学派」というタームを用いるのである。

　京都学派は、生の哲学、現象学、解釈学、実存哲学、哲学的人間学などを爆発的に展開しつつあった当時の欧米、わけてもドイツ哲学の（船便で書籍の届く一ヶ月というタイムラグをもつ）ローカルな、つまり仏教などの伝統的思想と眼前の生活世界の貧困窮乏とに根差した一分派であった。いいかえればこの学派には、理論の世界水準の一般性・抽象性と理論が根差す具体的で貧しい現実性[14]との間に目眩のするような乖離があり、この乖離がこの学派の主要メンバーがマルクス主義や宗教へ接近する契機となっているとも考えられる。半身は前近代に半身は近代に属し、さらに、半身はローカリティに半身はユニバーサリティに属する。この半身の構えの根本的特性、すなわち境界性（marginality）が、翻って、前近代／近代、ローカリティ／ユニバーサリティのすべての自明性を対象化し相対化する。京都学派の理論は、世界水準の理論と貧困な現実という分裂した土台の上に、まさにこの分離ないし乖離そのものを強力な駆動力として、構成されたのである。境界性は不安定や動揺こそを本質とするが、それでは、このような境界性に根ざす学派は、理論的アイデンティティをどこにどう打ち立てているのだろうか。

1　京都学派

　この学派のアイデンティティについて語ることは容易ではない。それはこの学派の構成員それぞれの理論が、少し立ち入ってみればすぐにも明らかなように、それぞれにかなり個性的かつ個別的である上に、それぞれの間にあからさまな対立さえ存在するからである。たとえば、この学派の中核である西田幾多郎に対して、制度上の後継者であった田邊からも、もっとも信頼のあつい弟子であった三木からも、かなり強い批判が加えられている。三木の批判についてはあとで検討するが、かの「西田先生の教を仰ぐ」（田邊 1963）以来の田邊の批判は、強力かつ執拗であった。両者の差異について、大島康正は、辻村公一の関連する議論を援用して論じている。まず辻村は、次のよ

うにいう。

　「要するに両先生の立場の相異は、哲学がそこから成立するところの根本に関するものであり、西田先生に於いてはそれは端的に絶対無の自覚であり、田邊先生に於いては実践の自覚であったのである。したがって又、西田先生の哲学が自覚の哲学であるのに対して、田邊先生のそれは行為の哲学である、という根本性格の相違が現れてくる。」[15]。

　この辻村の議論を引き継ぐ仕方で、大島は、「西田哲学には〈絶対無の自覚〉という宗教的性格が強いのに対して、当時の田邊先生は政治的関心を含めて道徳的実践の性格が強かった」と述べている[16]。

　西田の宗教的性格に対して田邊の道徳的実践の性格を対置するこの見解は、一方での、西田の後期晩年期のマルクス主義との対質を経た歴史的世界や表現の論理、プラクシス／ポイエーシス（制作的行為）への焦点化、他方での、田邊の後期晩年期の『懺悔道の哲学』以来の宗教への強い傾斜などを考えあわせるなら、両者の関係の一時のありようについてだけ述べられたものだと解される。実際の所、「西田先生の教を仰ぐ」における田邊の批判は、西田によって真剣に受け止められ、歴史や行為や身体を重視する後期晩年期の理論構成へとつながった。

　両者の理論は、西田の「絶対無」に含意される生成論や生命論などを共有しつつ、それぞれに展開される。この生成論、生命論は、当時のドイツ哲学の基本的な流れであると同時に、大乗仏教的コスモロジーのうちにある。いずれにせよ、かれらは、生きて活動する存在として生きた活動をまるごとに把握しようとする志向性において、共通である。ここで大切なのは、対立よりもむしろ、かれらを一定の学派であらしめる共通性の方である。この共通性を私たちは、生成論や生命論のほか、哲学的人間学という形での人間存在の全体性統合性の自己理解への原理的関心、理論の土台としての経験性・臨床性への関心にみることができる。この二つの関心は、多くの場合、いずれか一方に重心がかけられ、そのアンバランスを解消するために、他方への働きかけがなされるのが通例である。この永続的・循環的なバランス回復運動が、京都学派の理論の構成・展開の強力な駆動力であった。同じメカニズム

は、森の理論にも、森を継承する理論にも、認められる。全体的自己理解・臨床性への関心こそが、森の理論構築を経て臨床的人間形成論の展開にまで一貫する理論的土台なのである。この意味で、森の理論、さらに臨床的人間形成論は、京都学派の理論展開のうちにあるといえるのである。この点、もう少し立ち入って議論しておこう。

1）哲学的人間学——自己の全体性への原理的関心——

　京都学派は、ドイツの思想展開からあまり間を置かずにほぼ同時に理論構築を進めた。京都学派で哲学的人間学の仕事がなされたきっかけは、時間的な経緯からして、ドイツにおける哲学的人間学の生成である[17]。1931年の西田、和辻、田邊の人間学の展開は、シェーラー、プレスナー、ハイデガーの人間学に関わる文献の公刊（1928-9）を受けている。第一次大戦敗戦からの経済破綻・激烈なインフレと社会的政治的混乱をへてナチズムの勃興に至る激動期ドイツで「人間とは何か」という根元的で一般的な自己理解への問いが問われたのは、不可避的であるとも思われる。社会・経済・政治の変動という点では、この時期の我が国も世界同時性のうちにあるから、京都学派の哲学的人間学への関心もまた、この時代状況から説明できる。人間の全体的原理的自己理解の試みとしての哲学的人間学は、ドイツの場合でも我が国の場合でも、自壊するモダンの自己認識であった。ただしそれは、ドイツの場合には〈現にある我々〉の自己認識であったが、いまだ多くはプレモダンの貧しさのうちにあった日本の場合には、理論の上で先取りされたモダンにおける〈仮想的な我々〉の自己認識であるにすぎなかった。この点においては差異がある。

　京都学派の端緒的な人間学の仕事は、38年の高山、九鬼、西田のいくぶんか体系化された本格的な哲学的人間学の仕事へと継承される。この展開を先導したのは、三木であった[18]。たとえば、和辻の『人間の学としての倫理学』（和辻 1939）では、ハイデガーの時間論への空間論的対抗が意図されているが、この関係論的人間把握（「間柄」）展開のきっかけは、三木のハイデガー紹介とマルクス主義的人間学の公刊であった。三木の『パスカルにおける人

間の研究』(三木 1926) には、留学中に師事したハイデッガーの直接的影響 (世界内存在や情態性 (Befindlichkeit) など) が認められる。パスカルの人間論からマルクス主義人間学へと至る三木の初期人間学は、ハイデッガーの示唆を三木なりに受け止めた理論展開であった。その際、ハイデッガーの『存在と時間』(Heidegger 1927) は、「基礎的存在論」という規定があるにもかかわらず、まずは実存主義的人間学として把握されたのであり、「存在への聴従」などの言葉に示される脱ヒューマニズム的な基調低音は聞き逃されていたと考えるべきかもしれない。ハイデッガーの「哲学的人間学」への違和は、『カントと形而上学の問題』(Heidegger 1951、初版は 1929) であからさまに表明されたが、すくなくともこのニュアンスは、初期の三木によって十分に受け止められてはいなかったのである。

　三木の検挙拘束中に検事宛上申書として書かれ、マルクス主義からの転向が取りざたされた『手記』(三木 1930) では、自分の理論の中軸は哲学的人間学であると書かれている。『手記』直後の『歴史哲学』(三木 1932) を受けた『哲学的人間学』(三木 1933) は、三木自身の初期人間学を体系的全面的に展開する試みであるが、この仕事は同時期の、高山、九鬼、西田による哲学的人間学体系化と符節をあわせている。『哲学的人間学』が未完に終わり、かわりに『構想力の論理』の執筆が始まり、絶筆である『親鸞』(三木 1944) が書かれる。この一連の執筆過程に、ハイデッガーによる哲学的人間学の相対化が影を落としていると考えることもできる。たとえば、ハイデッガーの「存在への聴従」と西田の「述語論理」をともに「ヒューマニズムの相対化」という論点で括り、三木の晩年期の仕事をこの連関に組み入れて読むことも、あるいは可能であるかもしれないからである。これについては別の機会に議論することにしたい。

　もう少し内容に立ち入って、三木と高山岩男の「哲学的人間学」と比較してみよう[19]。三木は、文化を表現の問題として把握し、しかも表現と社会的規定との葛藤にマルクス主義的なアクセントをおいて思索を遂行している。これに対して、高山は、社会的規定を文化的規定の下位に指定している。高山が人間学的思索の究極するところを「超越と宗教」においているのに対し

て、三木の思索の究極するところは「社会性」である。三木の哲学的人間学の固有性は、この未完の著作について残されている構成計画の限りでは、あくまで世俗性にある。この世俗性は、三木自身の本来の意図通りなのか。未完の『哲学的人間学』は、本来なら高山流に「超越と宗教」に至るまで書かれるはずであったのか、それとも現在の「社会的規定」で終わる形が、それなりの完成体なのか。判断はにわかにはつけがたい。いずれにせよ、社会変革の基礎理論としての『構想力の論理』(三木 1939) は、社会性で終わる『哲学的人間学』からの直接の延長上で書かれている。

　西田の「生命と論理」(西田 1929) 以降のマルクス主義との対質をきっかけとする新たな人間学的展開を含めて、京都学派の哲学的人間学はすべて、人間が自身の存在と生成の広がりと深さの全体に向ける自己認識・自己理解の試みであり、この意味での全体性ないし体系性と自省性とを特質とする原理論である。京都学派の共有するこの「哲学的人間学」的土台は、確実に森昭にも引き継がれている。森の『教育人間学』[20]は、京都学派哲学的人間学の全体的自己理解志向、原理志向を階層論的原理論という形で直接に受け継いでいる。さらにいえば、『人間形成原論』における異世代間の「生命鼓橋の作り渡し」という発想は、田邊の後期晩年期理論を引き継ぐとともに、すぐ後で見る「京都学派教育学」の出発点である木村素衛の「パイースとパイダゴゥゴスを二つの焦点とする人間学」――「形成的自覚的存在そのものの自覚的存在論としての人間学」――としての「教育学」[21]という発想とも強く響きあっている。もう少し立ち入っていえば、森の理論構成への京都学派からの作用は、全般的には田邊、世代論と歴史論については三木、時間論については西田、九鬼、生成論生命論については西田、木村などに見出すことができる。いずれにしても、森の理論構成を規定する京都学派の重要な理論的共通性の一つは、哲学的人間学の原理的全体的な自己理解志向性なのである。

2) 経験性・臨床性――理論の基盤――

　京都学派の理論展開の前提の一つは、理論の世界同時性と日常的な生活世界の貧しさとの間の甚だしい乖離である。すでに触れたように、マルクス主

義への接近や形而上学的宗教的世界への強い関心を、この乖離への反応とみることもできる。高度な理論への関心と貧しい生活現実への関心という認識主体を股裂きにしかねない分裂に、この学派は真摯に向きあった。西田以来の現実や経験への関心は、このような形で学派に共有されてきたのである。「臨床」を、西田の規定を受け容れて、〈「今（ここといま）」において（そこから時間や世界や世代などが立ち現れる）「永遠の今」に触れる人間の存在と生成〉とみるなら、私たちは、この意味での「臨床」という発想を、西田、田邊、木村、森などからなる京都学派、京都学派教育学の理論連関に、一貫して見出すことができる。「永遠の今」について、たとえば西田は次のように記している。少し長いが、文章の趣旨を微妙なニュアンスまで含めて引き取りたいので、あえて全文を引用する。

> 「……過去もなく未来もなく、到る所が今であり、到る所に時が始まる永遠の今の自己限定として世界が始まると言うことができる。而してかゝる限定が我々の人格的生命と考えられるものであり、我々の世界は人格的生命の自己限定から始まると考えることもできるであろう。我々の個人的自己の環境と考えられる社会的意識と考えられるものも、かゝる意味に於いて永遠の今の意味を有ったものでなければならない。而して世界の根柢として考えられる物質界と考えられるものは、社会的意識の身体という如き意味を有ったものでなければならぬ。／限定するものなきものの限定として弁証法的運動と考えられるものが、右の如く環境が「於てあるもの」を限定し、逆に「於てあるもの」が環境を規定すると云うことであり、環境というものがかゝる限定に欠くべからざる一面であるとすれば、私は之によつて我々の意識と考えるものが如何にして生じ、いかなる意味を有するものなるかを明にすることができると思う。」[22]

「永遠の今」は、「今」の根柢にあり、その自己限定（これは人格的生命の自己限定でもある）によって過去や未来や世界が生ずる。我々は、我々の「今」の根柢において、この意味での能産的な「絶対無」ないし「永遠の今」に触れている。ちなみに、坂部恵はこの箇所について「念のためにあえて」、「西田において、自己ないし自覚あるいは「我々の意識と考えるもの」が、そこから

生成してくると考えられる世界ないし環境あるいは「於てある場所」は、つねに、右の引用の冒頭にもあきらかなように、〈永遠の今〉という底知れぬ深みにまで届く（〈無限の深さ〉というのがここでのキーワードである）、いわば幾重もの重層をはらんだ〈垂直〉の次元として考えられている」という点を、「強調」している[23]。私たちが「臨床」において向きあう「経験」という理論の生成的基盤は、「永遠の今」に至るまでの「無限の深さ」の垂直次元をもつ「今」あるいは「世界ないし環境あるいは〈於てある場所〉」なのである。坂部は、この議論と関連して、西田の以下の文章をも引用している。ここでは「経験」が、「瞬間」ないし「現実」の無限の深さをもつ構造として示されている。

　「我々は各の瞬間に於て永遠に未来なるもの、永遠に過去なるものに接して居るのである、否、永遠の今に接して居るのである。我々はいつも我々の底に死即生なる絶対面に接して居るのである。我々は現実の底に於ていつも絶対の死、即ち絶対に不合理なるものに触れて居る。そこでは事実が事実自身を限定し、我々は感官的として唯、之を映すと云うことができる。之を物質というならば、我々は物質に直接すると云い得るであろう。之と共に、我々は現実の底にいつも永遠の生に接して居るのである。」[24]

ところで、三木の「西田哲学の性格について」[25]は、まさにこの「現在が現在を規定する永遠の今の自己限定」という西田の発想を、強く批判している。いささか先取りしていえば、私たちは、この三木の批判を検討することによって、西田の理論から出発する京都学派に共通する理論的基礎として経験性・臨床性を引き出すことができる。そこで、かなり長くなるが、三木の批判的記述を三つに分割して、すべて引用しよう。

(1)「西田哲学は現在が現在を限定する永遠の今の自己限定の立場から考えられてをり、そのために実践的な時間性の立場、従って過程的弁証法の意味が弱められてはしないかと思う。行為の立場に立つ西田哲学がなお観想的であると批評されるのも、それに基づくのではなかろうか。田邊先生が「種の論理」を強調される理由もそこにあるのではなかろうか。」

(2)「そのことと関連して生ずる一つの疑問は、個物が無数の個物に対す

るということのみで真に矛盾が考え得るかということである。無数の独立な個物が非連続的に存在するということだけから過程的弁証法は考えられず、個人が二つの階級の如きものに統一されて対立することによって初めて社会的矛盾が考えられるように、弁証法は多元的でなく二元的になることによって初めて過程的弁証法となりうるのではないかという疑問である。田邊先生のように種の論理を考えるにしても、単に無数の種が非連続的に存在するというのでは同様の疑問が残る。」

(3)「西田哲学の弁証法はこれらの問題を如何に解決し得るであろうか。それは畢竟「和解の論理」となり、そこでは Entweder-oder という実践の契機が失われはしないか。過程的弁証法は抽象的であるとしても、述語主義の論理は如何にしてこれを自己の契機とすることができるか。これらの疑問は西田哲学に於ける「永遠の今」の思想に集中するのである。私はもう少しよく西田哲学を勉強した上で更めて論じてみたいと思っている。」

三木の批判は、まずは、西田の「永遠の今の自己限定」というアイデアに、次いで、その弁証法における「矛盾」のとらえ方に向けられている。この二つの批判が向けられるのは、社会的現実の変革に向かう西田の理論の弱さである。この批判には、二つのレベルがある。引用(1) が示しているように、第一に、田邊が弁証法的な媒介である行為に焦点づけているのに対して、西田はむしろ行為を基礎づける力（絶対無）に焦点を当てている。批判はこの西田の焦点化に向けられているのだが、これは、行為や変革が二次的に扱われることへの批判である。しかし批判はこのレベルで終わってはいない。批判はさらに、引用(3) が示しているように、西田の弁証法において「否定的なもの」が正面から扱われていないことにも向けられる。これが三木の第二のレベルの批判である。ところがこの四年後には、三木は、『哲学入門』[26]の「序」で、以下のように記している。

「しかし哲学は学として、特に究極の原理に関する学として、統一のあるものでなければならぬ故に、この入門書にもまた或る統一、少なくとも或る究極的なものに対する指示がなければならぬ。かやうなものと

してここで予想されているのは、私の理解する限りでの西田哲学であると考えることができる。」

　三木の二つの文章を隔てる四年のあいだに、西田は「論理と生命」に見られるような歴史把握、実践把握を前面に据えた理論をあらたに展開した。三木が評価するのは、この変化を含めた西田哲学の全体である。今（ここといま）、日常性、臨床性は、そこから時間や世代などが立ち現れる源である「永遠の今」、超越、無と接触している。「永遠の今」は、変革と背反するのではなく、むしろ変革の「超越論的」(transzendental) な――現実を距離化しそこから変革が生み出され支えられる――恒常的母胎である。このような深みをもつ今（ここといま）、日常性、臨床性という発想は、「純粋経験」から「現実」をへて「現在」へと展開し、さらに「場所」、「行為的直観」、「歴史的身体」へ至るまで、さまざまなタームとつながり、新たなタームを産出して、西田の理論に一貫する強固な基盤を与えている。西田は、1935年の時点で、「現在の哲学の中心問題」について次のように記している。

　　「それで本当の出発点は現実からでなければならない。現実は主観的で客観的であり、時間的で空間的であり、現在の世界とは動く世界である。……現実の世界はその中で自分が働いて死んでいく世界なので、このような世界を考えることが昔から欠けている。……私は実在は歴史的な物であると考える。……これからは歴史哲学が哲学の中心問題にならねばならぬ。……歴史の動きは発展と云われるが、ひとつの時代から次の時代へ移っていくので、現在から現在へ移っていくと考えられなければならぬ。時代は個性を持ち、個性的統一の方へ向かっていく。時が熟すると云われるように、時代は熟していくのだ。……真の現在は円環的で、過去、未来を包んでいる。過去は無いが有る。未来も同様で、現在において無限の過去も未来も結びついている。これを「永遠の今」と呼ぶので、時が無いと言うことではない。」[27]

　「現実」ないし「今」という思索対象は、「純粋経験」以来、西田には一貫している。よく知られているように、西田は『哲学論文集第三』の「序」(西田1939) でも、以下のように記している。

「私はいつも同じ問題を繰り返し論じて居ると云われるが、「善の研究」以来、私の目的は、何処までも直接な、もっとも根本的な立場から物を見、物を考えようと云うにあった。すべてがそこからそこへという立場を把握するにあった。」

西田の自身の理論構築過程についてのほぼ同趣旨の証言は、高山岩男『西田哲学』の序文（1940年）（高山 1940）でも繰り返されている。「すべてがそこからそこへ」という「何処までも直接な、もっとも根本的な立場」は、主客未分の「純粋経験」、直観経験と反省の同一である「自覚」、自覚の自覚としての「絶対自由意志」、絶対自由意志を可能にする根拠としての／一切のものを自己の内に包み、また自己自身の内に映して見る「絶対無の場所」、形而上学的な絶対無の場所の自己限定としての「弁証法的世界」と、次々に変遷する。西田の「今」は、この連関に属する。

今一度繰り返すなら、「臨床」において把握されるものを〈（そこから時間や世界が立ち現れる）「永遠の今」に触れる「ここといま」における人間の存在と生成のありよう〉とみるなら、私たちは、この「臨床」という視点を、西田幾多郎、田邊元、木村素衛、森昭などからなる京都学派、京都学派教育学の理論連関に、一貫して見出すことができる。この臨床の視点は、西田に由来し、京都学派に共有され、京都学派教育学に引き継がれて、やがて森の『人間形成原論』へと至るのである。これらの理論における臨床と理論構築との関連については、今一度、先の表1-1および図1-1を参照されたい。「永遠の今」に触れる人間の「ここといま」における存在と生成のありようを、三木清の用語法にならって「パトス」と呼ぶことができる。能産的な「永遠の今」との接触に支えられて日常の自己状況にリアクトする、受苦的情熱的で応答的な人間の存在と生成の様態である。臨床において見出されるのは、日常性における人間であり、いいかえれば、「永遠の今」に触れるここといまにおけるパトスとしての人間である。木村素衛の仕事から展開された京都学派教育学は、京都学派に共有される自己の全体性への原理的関心、経験性・臨床性への関心を土台としているのである。

2　京都学派教育学

「哲学工房」[28]としての京都学派は、教育理論をも産出した。臨床的人間形成論の出自は京都学派教育学であるが、私たちは、その発端には、木村素衞の「一打の鑿」(木村 1933)と西田の「教育学について」(西田 1933)があり、末尾には、森昭の『人間形成原論』(1977)における「生命鼓橋」論があると考える。木村と西田の発端は、この学派が本格的に哲学的人間学を展開しはじめる時期と重なっている。木村の教育学には、京都学派の生命論生成論、人間学的全体的原理的自己理解志向、臨床性志向のすべてが、引き継がれている。この意味で私たちは、あえて「京都学派教育学」というタームを用いるのである。臨床的人間形成論の構築は、この京都学派教育学の展開と解体を受けている。京都学派教育学の理論展開は、伝統的諸思想に立脚しながら欧米の理論に学びつつ近現代日本に固有の教育状況に応えようとする教育理論構築の一つのありようである。これをきちんとたどるなら、臨床的人間形成論の学問的性格そのものがあらわなものとなるはずである。

1）京都学派教育学へ──木村素衞──

京都学派教育学が展開されたのは、昭和前期であった。当時、我が国の学校教育システムは一応の組織化を達成し、自生的にさまざまな問題を析出しはじめた。これに呼応すべく（もはや啓蒙的な輸入理論ではなく）自立的な体系的理論の構築が求められた。京都学派教育学の構築はこのような文脈のうちにあった。

その執筆時期を大西正倫の示唆（大西 1999、29-30頁）をうけて勘案すると、西田が小論「教育学について」を書き記したのは、弟子である木村を広島文理科大学における美学担当から引き抜き、京都大学の教育学講座に就かせ、美学から教育学の世界へといくぶんか強制的に送り出すにあたって、木村へエールをおくるためであったと考えることができる。この論考の中心タームは、美的形成にも教育的形成にも共通する「天地の化育に賛す」という理念である。これに対して、ほぼ同時期に執筆された木村の「一打の鑿（のみ）」においては、人間の「プラクシス・ポイエーシス」──この中期西田哲学に由来す

る複合語では対人的「相互行為」と対物的「労働」とは区別されないから、「彫刻」と「教育」もまた区別されないことになる——は、(「天地の化育」という言葉こそまだ直接に使われてはいないが)「絶対無の表現」の一端を担う人間の営為であり、しかもこの営為によって人間は、自己表現する絶対無(ないし化育する天地)と動的に宥和するものとされている。木村は「一打の鑿」において西田の「天地の化育に賛す」という理念をその実質において、しかもプラクシス・ポイエーシスの経験ないし臨床の場において先取りし、これを自らの教育学の存在論的成立根拠として、形而上学的色彩と臨床理論的色彩とを同時にもつ教育理論のシステム構築に着手したのである。西田の「教育学について」と木村の「一打の鑿」に共通するのは、「絶対無の表現」ないし「天地の化育」という発想に示されている生成的で生命論的な存在論・生成論である。

　木村は「一打の鑿」で、中期西田哲学の「行為的直観」を芸術的創作行為のありようとして受けとめ、「場の論理」に拠る臨床的かつ形而上学的な教育行為論・学習論を展開した。同一の工房に属する者どうしとして固有の著作権を争うことのなかった「哲学工房」としての京都学派にこそ相応しい、教育理論の展開の仕方である。木村は、「一打の鑿」を出発点とし、当時焦眉の課題であった国家と教育との関連の問題を解くために京都学派の「世界史的国民」論などを全面的に引き受けて、遺著『国家に於ける文化と教育』(木村1946)で、京都学派教育学の一応の体系を示した。この遺著にみられるように、木村による西田哲学の継承は、個々の術語やシェマの借用にとどまらず、生命論的な存在論・生成論そのものの受容にまで及んでいる。しかしこの遺著の体系性は、「一打の鑿」では顕著であった臨床性を失うことを代償として、獲得されているのである。

　ところで、西田の生命論は、すでにみたように田邊によって「発出論」の嫌疑をかけられた。これは、田邊自身にとってもけっして一過的な議論ではなかった。田邊の中期以降の理論構成の基軸となる「種の論理」や「絶対媒介」には、天地の化育ないし絶対無の表現といった無反省で無媒介な本覚思想的発出論への批判が込められている。西田との確執はともかく、田邊は、京都学派という哲学工房の今ひとつの有力な焦点であったから、木村もまた、西

田ばかりではなく田邊の理論の影響のもとにもあった。たとえば、焦眉の問題であった国家について考えようとすれば、西田の「世界史的国民」といった規定を超えて、田邊の種の論理を無視するわけにはいかなくなる。木村の遺著における国家論は、あきらかに田邊の種の論理の影響の下にある。ただし、木村においては、国家もまた個人と同様に、絶対無の表現である。種の論理の外皮を貫いて脈々と持続する（天地の化育論ないし絶対無の表現論としての）生命論・生成論こそが、木村の立論を嚆矢とする京都学派教育学の存在論的基盤であった。

　しかし、木村の理論では、哲学的人間学の全体的自己理解志向、体系・原理論志向と臨床性志向とはうまく両立せず、理論展開の各時期には、どちらか一方にアクセントがおかれた。具体的にいえば、初期の「一打の鑿」では臨床性志向が、後期の『国家に於ける文化と教育』では全体性・体系性志向、原理論志向が優位であり、つねに両者は統一されないままである。この両者の間でなんとかバランスをとろうとすることが、森の理論構築の深部にある関心だと考えることもできる。臨床的人間形成論は、もちろんのことこのバランスの回復という課題を自覚的に継承する。以下、この点に留意しつつ、木村から森への理論変化を少し立ち入ってみていこう。

2) 臨床性と体系性の相剋──木村から森へ──

　木村は、自身の「科学」論を展開する際に、カントのよく知られている次の記述を批判的に引用している。

> 「理性は、一方の手には、それに従ってのみ一致する諸現象が諸法則に妥当しうる自らの諸原理をもって、他方の手には、理性がそれらの原理に従って考え出した実験をもって自然に関わらなければならない。それは、なるほど自然から教えられるためであるが、しかし、教員が欲するすべてのことを前もって告げられる生徒の資質においてではなく、証人に対して自らが提出するもろもろの質問に応えるように強制する、任命された裁判官の資質においてである。」(カント 1990)

この箇所を、木村は、「ドイツ理想主義」に共通の操作的自然観にたつも

のとして、批判的に引用しているのである。このカントの議論は、ハイデッガーの技術論が批判的に言及する、自然を強要する反自然的発想である。木村によれば、科学や技術は、そのことに自覚的であれ非自覚的であれ、つねに自然に支えられている。「絶対無の自己表現」という発想を用いていいかえるなら、科学や技術は、自覚化された絶対無の自己表現なのである。木村は、表現、形成、形成的自覚の関連について、「いっそう深い真相は、表現的無の自己限定」であると述べ、さらに「主体がみずからの外へ表現的形成的に自己を現しいだすということの真実の意味は、絶対的生命としての表現的生命そのものが主体を自覚的契機としてみずからを自覚的に自己形成するということ」であると述べる。すでに「一打の鑿」にはっきりと示されていたように、木村の論は、「絶対無の自己表現」というタームにあるような京都学派の生命論生成論を土台としている。カントの人為的操作的対象としての自然という把握は、表現における自然と人間との宥和の可能性がまったくみられていないという点で、批判されるのである。

　森の議論にはこの意味での宥和の可能性は、見出されるのだろうか。たしかに『教育人間学』は「人間生成論」と規定されており、遺著『人間形成原論』は「生命鼓橋」論という形で、西田、木村流の表現論生成論を展開しているとみることもできる。しかしこのような絶対無の表現論は、前者の人間生成論では、膨大な実証的研究の整理のうちに埋没してそれとしてははっきりとは把握できない状態にあり、後者の生命鼓橋論では、孤独な実存のライフサイクル構築の果てにかすかに予見されうる微弱な可能性であるにすぎない。森の理論はむしろ、人間と自然との宥和や絶対無の表現などの可能性をひとまずは振り払った単独者の孤独な自己投企の視点から、出発しているものと考えてよい。

　ともあれ、木村の「科学と構想力」「科学と表現」（木村1941）は、三木の『構想力の論理』ないし『技術哲学』ときわめて近接した時期に書かれている。両者の記述に（たとえば用語上の一致などの）直接の対応関係がみとめられるわけではないが、たとえば、自然への対抗や対立というニュアンスがともにかなり低められている点で、両者には強い共通性がみられる。三木は、絶対無

の自己表現といった言葉を直接に用いてはいないが、その「行為の形」という「技術」の規定には、技術による自然の表現の主体的活動的・代理的な引き受けという考え方が込められていることが示唆されている。この点で三木の技術論は、木村の科学論・技術論とほとんど内容的実質的に一致する。この三木と木村に共通する表現という発想には、人間存在をパトスとして、すなわち、自己状況にリアクトする根源的な受苦的情熱的存在様態として把握する見方が込められている。

木村・三木的なパトスとしての技術的行為主体は、カント流の自然操作的主観性を脱して、自然と表現的・活動的に宥和する。この技術論はきわめて楽観的であり、戦後世界で私たちが目撃してきた数多くの惨事、すなわち経済第一主義の制覇がもたらしたかずかずの悲惨な結末を思えば、今日では反時代的ですらある。すでに森の理論は、『人間形成原論』が物流を優先する歩道橋という疎外的発想への非難からはじめられているように、人間と自然との宥和などとはほど遠い地点で構成されたのである。

表現としての技術を仲介とした人間と自然との間の〈非対称的なしかし宥和〉という木村・三木の発想は、養育や教育を介しての教える側と学ぶ側の教育関係、あるいは理論と実践との関連にも、同じようにもち込まれる。この点を見てみよう。

木村は、教育関係を教育愛の問題として論じている。この養育・教育の理論の焦点は、育てられ教えられる側である子どもの学びや学習にではなく、あくまで大人の自省にあてられている。木村の教育論は、教育者論である。この教育論は、大人の自省と覚悟の論であり、学びや学習を無自覚に外からの操作対象に貶めることはないという点で、大きな長所をもっている。この論では、養育関係・教育関係の固有性は、あくまで大人によって主導される非対称性にある。この非対称性という確固とした前提、あるいは対称性ないし相互性という見方の欠如は、木村の論の本質的な特徴である。非対称性は、たんに育て教える側と育ち学ぶ側とのあいだにばかりではなく、理論と実践とのあいだにも存在するものとみなされているとみてよい。

さて、一般に「教育的行為」と呼ばれる活動は、自らの不完全性を超克し

ようとするエロス的活動としての子どもの行為と、この子どものエロス的活動を助けようとする教員のエロス的活動との間の相互行為のうちに編み込まれている。教員の教育的行為は、ある場合には子どものエロスの発動としての学びを促進するが、別の場合にはそれと対立拮抗したり、学びをとんでもない方向にねじ曲げたりする。当然のことだが、教員が自身の教育的行為をアガペーの発動とみなし、自身を「表現的生命の自覚的表現点」とみなすのは、教員自身の後付的な反省においてのみである。しかし、教員の教育的行為は、つねに孤独な賭である。自分自身の行為が自分を超える生成する力の展開であるという感覚のみが、かろうじてこの孤独と賭を支える。自分の行為が表現的生命の表現であるという——後付け的反省に先立つ——感覚は、まずさしあたっては教員自身の実存的ないし主体的な真理であるほかはない。木村はこの感覚を呼び覚ますべく、講演という形で教員集団に繰り返し語りかけ、かれらを励ました。この木村から教員集団への非対称的な呼びかけの関係は、すでにみたように教育学への転身を勧める西田と木村の間にあった関係と同型である。西田からのエールを受けた木村は、現場の教員たちの生成にエールを送り、現場の教員たちは、子どもたちの生成へエールを送る。このような非対称的な生成への呼びかけの関係を「外在的支援型」と呼ぶとすれば、この外在的支援型のエールの伝達の連鎖こそが、京都学派教育学の理論・実践連関の基本型である。

　これに対して森は、現場の教員集団を相手に講演するに先だって、まさにその教員集団が現に直面している課題について聞き取りを行い、この課題の達成に役立つ仕方で講演を組み立てた（吉岡1978）。「外在的支援型」から区別して「内在的支援型」とも呼ぶべき理論と実践との関係である。木村と森との間には、教員集団への構えにおいて外在型と内在型の差異があるが、講演者と聴衆との間にはあくまで「啓蒙する側」と「啓蒙される側」の非対称性が存在するという点では、共通である。

　これに対して、臨床的人間形成論は、後で詳しく議論するように、研究者と実践者との間に相互性を想定する「内在的相関型」の構えをとる。養育と教育の関係の在り方におけるこの非対称性、非対称的相互性、（部分的に非対

表1-2　理論の実践との関わり

	理論・実践相関	対称性／相互性	理論の位置	関係様式
木村	エール、講演、啓蒙	非対称性	外在的支援	モダン型
森	ファシリテート	非対称的相互性	内在的支援	ポストモダン型
臨床的人間形成論	相互生成	（部分的に非対称的な）相互性	相互性	ポスト・ポストモダン型

称的な）相互性の推移[29]は、すでに前著『臨床的人間形成論第1部』で詳細に論じたように、モダン、ポストモダン、ポスト・ポストモダンの人間関係の歴史的変化に対応する関係のとりかたである。以上をまとめるなら、**表1-2**のようになる。

　理論と実践との関連は、理論の体系性と実践性・臨床性との関連をも規定する。木村の「一打の鑿」は、一読すれば明らかなように、シュッツ流の「実践者の一次的構成の研究者による二次的構成」の色彩が強く、それなりに強い自省性と臨床性とをもっていた。しかし「一打の鑿」から『国家に於ける文化と教育』へ至る理論展開のプロセスは、理論が全体性・体系性を獲得するにつれて当初の臨床性を失うという、両義的な過程である。非対称的な外在的支援型の実践との関わりは、このような関わりが蓄積されればされるほど理論から臨床性を剥奪し、理論に実践外在的な性格を帯びさせることになる。木村以後、森の理論構築を経て臨床的人間形成論へ至る理論展開の過程は、理論が臨床性と体系性の双方をバランスよく取り戻そうと努めるプロセスである。ここではまず、森昭の理論展開においてこのプロセスがどのように進行したのかをみることにしよう。

第3節　森昭の教育人間学から臨床的人間形成論へ

1　京都学派からの連続と不連続

　森昭は、思春期から青年期にかけての自己形成期を我が国が十五年戦争に突入した昭和のはじめに、遅れて来た大正デモクラシーの子としてしかも都市生活する田舎の地主の子弟として過ごした。地理的には鹿児島の周辺部から都市部へさらに京都へと出離し、学問的には旧制高校で自然科学から人文科学へ、さらに京都帝国大学で哲学から教育学へと出離した。こうして自分

自身でも次々とマージナリティを創出しつづけた森の生涯には、たとえばすでにみたように、自分が「哲学と教育学とに引き裂かれている」という強い自負と焦燥に彩られた自己意識がつきまとった。自身のマージナリティへの誠実な反応である。徹底的に推敲された文章や強迫的なほど几帳面に整理された著作の構成に見られるように、森の本来の認識の型は執着するパラノ型であった[30]。しかし、『教育人間学』という壮大な構想に見られるように、累積するマージナリィティに由来する不安定性が森にスキゾ型の全体直覚的認識を可能にした。パラノ型を基盤とするスキゾ型認識は、類型的思考の繰り返しを地道に突破していく力をもつ。まさにこの突破力が、森の場合自分自身の認識を限りなく原理化し全体化する駆動力となった。

　時代状況との関連で見れば、パラノ型を基盤とするスキゾ型認識は、パラノに適合する現状維持にも、スキゾに適合する構造変革にもあわない。ただ変動期における「建て直し」の認識に適合する。戦時下における総力戦への総動員体制から、戦後における経済戦への総動員体制に移りゆく時代状況のもとで、森の「建て直し」型の認識の営みは大きな存在意義をもった。時代が求めたのは現状維持でも構造変革でもなく、戦中期からの連続性と非連続性を見据えた「建て直し」を支える理論だったからである。しかし時代状況は、70年代後半以降の経済主義の自己解体とともに今一度大きく転換した。森は、『人間形成原論』において、新たな時代状況が要求する「建て直しそのものの建て直し」という理論的課題を予感し先取り的に遂行しようとした。しかしこの仕事は、著者の死によって唐突に切断されたのである。

1) 森昭の歩み

　すでに述べたように、森は、田邊元、木村素衞たちに学んだ京都学派の嫡子として理論的な歩みをはじめた。京都学派は、哲学において西洋と東洋の出会いを図った西田幾多郎以来、きらびやかに意匠を使い分けるたんなる輸入理論であることに自足せず、貧しいながら地道に自分の思索から出発し、しかもそのような自己を全体性へと不断に原理化し全体化する理論の「自己」展開運動であろうとしてきた。かれらの理論には、「絶対無」、「歴史的世界

と行為」、「西洋近代批判（日本の世界史的使命）」などのいくつかの基本的な把握が共有されていた。しかしそのさらに基底には、ときには非合理性や神秘主義への頽落さえもが懸念されかねないほどに強烈な、生命論的生成論的な把握（絶対無の表現）がある。生命論的生成論的把握は、西田哲学のもっとも基本的な性格であるが、のみならず戦時下の西田の後継者たちの発言（「民族のモラリッシェ・エネルギー」）（髙坂ほか 1943）にまで強固に一貫している。

　森は、『教育人間学』において自分の理論を人間生成論と規定している。生命論そのものである。さらにかれは、まずは自分の出自である（ドイツ観念論以来の伝統に帰属する）教育の理論へ（ヤスパースの実存哲学とディルタイの生の哲学を媒介させて）デューイらプラグマティストたちの経験の理論を統合し、さらに自分の学問的な教育理論を実践の理論へ結合しようと試みた。その後の教育人間学から人間形成原論へ向かう理論的軌跡を含めて、森の個人的な理論史のすべては、まさに自己を不断に全体化する京都学派的な理論化の無限運動である。森は、京都学派の理論の自己展開運動と生命論生成論の伝統に、実質的にそして忠実に加わっているのである。

　しかし敗戦を契機とする年長世代の研究者たちの公職追放や木村の思いがけない急逝などによって、当時30歳代そこそこであった森は、にわかに一人前の教育学者として振る舞わなければならなくなった。森自身は、当時の20歳代のように空虚や無を内面に抱え込みもせず40歳代に比べれば大きく残された可能性をもって敗戦を迎えたと語っている（森 1948）。ここでかれが直面した課題は、一方では、徹底的な「教育の学への懐疑」から出発して、理論を人間存在論・人間生成論にまで遡って原理的に基礎づけることであり、他方では、教育実践へ（指導するのではなく）連帯しつつ臨床的に関わること（森 1950）であった。内在的支援型の実践への関わりである。当事者を二股に割きかねないこの原理論／臨床論としての学問論的自己規定が、森の「教育人間学」から「人間形成原論」へ至る学問論的苦闘を先取りするものであることはあきらかである。体系性と臨床性との間にバランスをとることは、森の課題でもあったのである。ともあれ、この時点で森と京都学派との関係は、微妙に屈折したものとなるほかはなかった。

京都学派との関連を見る限り、森は、生命論という理論の基本的特質と理論の全体化への無限運動という形式的特質のみを引き継ぎ、非合理主義神秘主義や超国家主義などに結びつきかねない内容の多くを拒絶している。宗教や形而上学、美や芸術や遊び、そして国家や民族などへの関心という実質的な内容は、引き継がれなかった。これはあるいは森の（生来の篤農型の、あるいは大正期の民本主義の息吹を微かにではあれ嗅ぎとった世代としての）合理性によるものかもしれず、あるいは田邊やヤスパースの自然科学志向への親近感によるものかもしれない。しかしなによりもこれは、超国家主義的諸傾向とかれ自身の体質との如何ともし難い肌合いのあわなさに由来しているものとも思われる（森美佐子 1978）。

しかし森によれば、敗戦後には子どもたちの教育も徹底的な合理性に基づいて、しかも子どもたち自身の経験や自発性を最大限生かしつつ、社会の再建のために再組織されなければならない。この森の議論は、戦中期に国民の「自発性の調達」を論じた京都学派の総動員論と微妙な形で重なりあっている。森の議論にしたがうかぎり、教育は経済戦争に向けての総動員体制の一環をなすことになるからである。森の「建て直し型」の認識傾向は「復興」の時代とみごとに適合する。美を抜いた真と善、聖と遊を抜いた俗の世界が、『教育人間学』に至るまでの森の理論的世界であるが、これは経済的な総動員体制としての我が国の戦後世界の理論的写し絵である。私たちが森の理論構成を引き継ごうとするなら、森の構成した理論を引き受けることに加えて、美、聖、遊を含む人間の存在と生成の全体を把握すること、すなわち「永遠の今」と接するパトスとしての人間の存在と生成のありようを丸ごとに把握することこそが、課題として立ち現れてくる。しかしこのような全体的把握は、後で詳しく見るように、遺著『人間形成原論』において森自身の手によって一部着手されているとみることもできるのである。

2) 経済的総動員体制と教育人間学

総動員体制下での総力戦についての京都学派の見解は、『近代の超克』（河上ほか 1943）と『世界史的立場と日本』（髙坂ほか 1943）という二つの座談会で

示されている。総力戦は、東亜共栄圏という理念の実現に向けて、西洋と東洋の対立、共産主義と資本主義の対立、コスモポリタニズムと個人主義の対立、ゲゼルシャフトとゲマインシャフトの対立、国民国家間の闘争などを自覚的組織的に克服するものとされる。総動員論では、上からの指導や管理や計画と下からの自発性の調達との関連について、繰り返し議論がなされている。伝統的な教育論のもっとも基本的な構図である。この場合、大衆ないし生徒は、調達される自発性の担い手としてフーコー的な「自発的に臣従する近代市民」である。奇態なことではあるが、この議論は、我が国においてこのような意味での近代的市民が前景に登場する記念碑的な事業だったのである。

　二つの座談会での京都学派の共同見解は、これらに先立って公表されていた（三木清の筆になるとされる）「新日本の思想原理」および「新日本の思想原理続編――協同主義の哲学的基礎――」（三木 1940）でほぼ遺漏なくしかももっと組織的に述べられている[31]。「協同主義」は、その用語からして資本主義に対抗する共産主義そのもののさらなる止揚を暗示しているが、三木のこの議論は組織論から認識論にまで及んで広汎に体系化されている。二つの座談会で京都学派のさまざまなメンバーによってばらばらに語られた個々の議論は、先立ってある三木の体系的な議論のうちにそれぞれに位置づけることができる。森昭による理論の全体化という仕事は、歴史的に見れば西田以来、協同主義論から総力戦論へ至るまで一貫する京都学派の哲学的人間学にみられる統合学的自己認識志向の流れに帰属しているのである。

　ところで敗戦後の社会経済運動の多くは、たとえそれがいかに社会システムの外部からする抵抗であるかのように現象したにしても、基本的には人的資源の機能主義的統合という戦時期にすでに設定された総力戦体制づくりの軌道の上をたどるものであった（山之内 1998）。戦後には、今度は経済戦争への総動員体制の確立に向けて、社会の下位領域のすべてが動員される。巨大な学校複合体の成立過程もまた、このような経済的総力戦への人的資源の総動員体制確立の重大な一環であった。これが、我が国が巨大な学校複合体構築へと学校化を急速に進めてきた駆動力である。

　教育領域での経済的総動員体制の有様を象徴的に示しているのが、『山び

こ学校』(無着 1951) である。『山びこ学校』に掲載された子どもたちの作品から、教員であり編者でもあった無着成恭の理念を推察することができる。徹底的な世俗化である。思春期の子どもたちの生活描写であるにもかかわらず、性的なものや自然との融合体験などは、かけらさえ見えない。敗戦直後東北地方山村の生活が描かれているにもかかわらず、柳田国男の『遠野物語』にあるような (明治末から大正にかけての山村の日常生活の隅々にまで浸透した) 異世界体験や宗教生活もまた、その片鱗すら見えない。無着の理念のもとでは、子どもたちの生活は (三木の『構想力』や森の理論的世界と同様に)、美を抜いた真と善、聖と遊を抜いた俗の世界であり、労働一色で描かれた単色のまるで影絵の世界である。無着のいう「ほんものの教育」は、合理的な真実の追求と仲間の集団化を重視する。江口江一の「母の死とその後」に典型的に見られるように、子どもたちは同書のあちこちで、自分たちの生活をかけた苛酷な経済計算を繰り返す。『山びこ学校』は、戦前の北方性教育運動の理想[32]であった「自分たちの生活台を対象的にとらえる科学的態度」を実際に結晶させたのである。

　しかし生活を対象的にとらえることは、往々にしてそれを物象化し操作することである。たとえば『山びこ学校』冒頭の石井敏雄の詩を少し意識的に読み返せばすぐにわかるように、石井の視線は、まるで天使のように斜め上方から「雪がコンコン降る」「その下で暮らしている」「人間」(これは私のみるところ抽象的労働力一般へと物象化された近代的「人間」である) を見下ろしている。このように距離をとって突き放し抽象化する視線による生活台の対象化とは、生活とそれに関連する一切を合理的な経済計算を構成する要件へと物象化することである。人間存在の全体性の疎外であり、パトスの自己疎隔である。『山びこ学校』は、すでに生活綴方運動の枠を超えて、経済合理性にすみずみまで支配された経済的総動員体制の教育領域での貫徹を象徴する。江口江一の以後の頑なまでの沈黙は、自分たちの選択した経済合理性が自分たちの帰属する共同体 (山村) を解体するという自己矛盾を、山林組合事務員という一人の生活者として黙って背負おうとするものであった (佐野 1992)。

　『山びこ学校』は戦後の経済発展のうちに消滅した貧乏物語ではない。む

しろ『山びこ学校』の物象化する理念は、爆発的な経済成長と連動する学校教育そのものの爆発的な拡大にとって、それを主導する基軸であり不可欠の駆動力であり続けたのである。

　森は戦後、デューイなどのプラグマティズムをなんとかしてディルタイやヤスパースなどのドイツ系統の議論と統合しようとし、さらに臨床性志向と体系性志向とをともに活かし、理論と実践とを関わらせようとした。「復興」に歩調をあわせた理論の「建て直し」である。しかし森の地道な「建て直し」路線は、『教育の実践性と内面性』(森 1955)の「補論」以来じょじょに、統合学的で原理論的な教育人間学の構築をめざすという、単色の学術的色彩を帯びてくる。高度経済成長が軌道に乗り巨大な学校複合体が輪郭をあらわしつつあるこの時期に、森は、敏感に自分自身の軌道を修正し、新たな途方もなく巨大な社会的現実に拮抗できる全体的理論の構築に着手したのである。爆発的な制度化へと自動回転する現実に直面して、教育の理論には、もはや実践との日常的な協同などではなく、巨大な教育現実に拮抗できる統合理論を構築する孤独な作業が求められた。

　森は、「教育以前」の生物学的な事実から出発して「教育以上」の実存的人格的な問題にまで及ぶ壮大な階層論的統合理論『教育人間学』を構築して、この巨大な社会的現実に対抗しようとした。これは、経済戦への総動員体制にまきこまれた戦後教育体制からも、いわゆる「55年体制」という先鋭化された政治対立からも距離をとろうとした森の試みの結実である。その執筆時期に示されているように、森の『教育人間学』は、55年体制からもこの体制にはめ込まれた戦後教育学の主流からも距離をとろうとした「教育哲学」の学会としての組織化と時期的には符節をあわせている。

　しかしながら、『教育人間学』は、森自身にとってはあくまで「不十分」であった。この「完成」をめざした『人間形成原論』(1977)では、森の議論は経済的「成功」のもたらす人間の自己疎外(すなわちパトスの自己疎隔)についての苦々しい記述で始まり、この惨めな現実に拮抗すべき新たな理念を提示しようとする直前で森自身の死によって中断されている。これは、教育現実の総体への理論の答責的コミットという、一つの個性的で孤独な「建て直し型」認識投

企の力業の挫折であった。臨床的人間形成論は、この挫折を引き取り新たな展開を試みる理論的な企てである。

2 臨床的人間形成論への歩み

　本書では、京都学派教育学、森昭の教育人間学、人間形成原論、さらに人間形成論という学問の展開をたどり、この展開を受けた臨床的人間形成論の学問的特質について論ずる。本節では、これまでの系譜学的考察をまとめる仕方で、臨床的人間形成論へ至る歩みの全体をあらかじめ概観しておきたい。

1) 臨床的人間形成論の学問的系譜

　森昭の初期理論から大著『教育人間学』へ至る歩みは、京都学派教育学の歩みの延長上にある。しかし京都学派教育学が、戦前の我が国の教育現実への理論的応答であったように、森の『教育人間学』に至る理論展開もまた、敗戦から高度成長に至る戦後の教育現実への理論的応答であった。森は、いわゆる「55年体制」の凝固した政治対立のもと、高度経済成長に向けて疾走する状況のさなかで、なお養育や教育における生成性や主体性を確保するために、京都学派の哲学的人間学の伝統に根差して、全体状況からあえて距離をとり、人間の存在と生成の全体の構造的体系的把握を試みたのである。その後の遺著『人間形成原論』は、その中心的なタームである「生命鼓橋の作り渡し」が人間存在の生涯形成や世代間形成関係の不安定化を含意していることから明らかなように、高度成長期の終わりとともに到来するポストモダン状況における社会文化経済の全局面での変化（変化の普遍化）へ先取り的に立ち向かう理論的な試みであった。

　森は、『人間形成原論』の時点ですでに、社会・経済・文化の全局面での変化（変化の普遍化）というポストモダン状況を、はっきりと予感してはいた。しかし、かれ自身がこれを実際に体験することは、もはやなかった。森の『原論』を出発点とする臨床的人間形成論は、このポストモダン状況の日常化（ポスト・ポストモダン状況／変化の常態化）へ対応しようとする理論的試みである。ポスト・ポストモダン状況では、状況も主体ももろともに、全面的かつ持続

的に変化する。これに対応するために、私たちはそのつどに、まず主体を仮構的に想定してこれを実存的に引き受け、このような主体として変化する状況に働きかけ、ここから翻って、あらためてまた主体を再生成する。私たちはこの状況構成と主体生成のダイナミックな循環を、とどまることなく繰り返さなければならない。主体生成は、一方では、孤独な個人の永続的・循環的な自己生成であり、他方では、育ち学びつつある人たちと育て教える人たちの相互生成である。この永続的な個の生成と非対称的相互性に拠る異世代間の相互生成をまるごと含めて、森は、「生命鼓橋の作り渡し」と呼んだと考えることができる[33]。

　臨床的人間形成論は、この生命鼓橋論を継承する。しかし、異世代間の相互生成は、森没後の変化の常態化と普遍化のよりいっそうの加速によって、もはやどのような安定した型をももちえなくなった。この事態は森の議論にも一部予見的に組み込まれていたが、森の場合にはただ予感されたにすぎなかった。非対称性抜きの相互性、偶然、生成、世代の錯綜などは、私たちにとっては、不可避の重い現実的なテーマであるほかはない。

　以上の理論展開をあえて表記すれば以下の(表1-3)のようになるが、この表は、私たちの議論がたどる道筋を示す戦略的マップでもある。私たちは、この道筋をたどることによって、私たちの直面する状況的課題への応答の方途を探ることになる。

　まず、戦後における教育理論の全体的自己理解志向と臨床志向の意味と位

表1-3　臨床的人間形成論の系譜的位置

	時代背景	変化のありよう	テーマ
京都学派教育学	戦前 モダンへの移行	変化の漸次性、変化の人為的・仮構的な加速	先取りされ仮構されたモダンとそれとの仮構的な拮抗
教育人間学	戦後から高度成長期 疾走するモダン	変化の自動的爆発的な加速	疾走するモダンからの距離化
人間形成原論	停滞の予感 ポストモダンへの移行	状況と主体もろともの変化の普遍化	仮構された実存の構成とその実存の引き受け
臨床的人間形成論	バブル崩壊以後 ポスト・ポストモダンの到来	変化の普遍化・常態化とその加速	相互性、偶然、生成、世代の錯綜

置について考えることからはじめよう。森の理論構築、そして臨床的人間形成論へ至る理論の展開は、人間の全体的自己理解志向と臨床性志向とを同時に満たす形で、京都学派の基本的志向性を受け継いだ。この二つの理論志向は、この小さな学問集団の仕事を方向づけたばかりではなく、むしろ、過度に政治化された戦後教育学へ対抗する際に「教育哲学」という名の下に結集した人々が採用した二つの戦略でもあった。

2) 教育哲学と教育人間学

我が国の戦後において京都学派教育学の基本的な企図である人間の全体的自己理解志向と臨床性志向に社会的集団的なアイデンティティを見出したのは、「教育哲学会」であった。教育哲学会は、教育社会学会に次ぐ専門学会として設立された。戦後10年あまり、55年体制成立の直後である。この学会の創設は、確立した戦後の政治・行政・教育の体制へ違和を感じる一群の人々の反応であり、かれらの社会的アイデンティティ形成であった[34]。つまり、「教育哲学」には、過度に政治化された現実と理論から〈自省的に距離をとる〉という共通特性がある。この点、森の志向性は、教育哲学のそれと一致する。

森の『教育人間学』「序」の末尾には、「1960・10・3」という日付が記されている。政治の季節が終わりを告げるとばぐちにある日付である。日米安全保障条約は、激しい反対闘争のさなかに6月19日に自然成立し、岸内閣が退陣し池田勇人内閣が成立 (7月19日) した。池田内閣は所得倍増計画を打ち出し、社会党も経済政策で対抗したため、安保闘争の影は薄くなった。7・8月の三知事選では、社会党推薦・公認候補は惨敗し、10月12日の社会党淺沼委員長暗殺事件をへて、11月20日の総選挙で、自民党は大勝を収めた。こうして政治対立は一定の形に固定化され、55年体制は凝固した。このあまりにも長期間持続した凝固のもとで、体制そのものはじょじょに腐朽した。森の『教育人間学』は、このような連関からあえて自省的に距離をとることによって、書き上げられたのである。

(1) 現実からの距離化

　現実からの自省的距離化には、二つのやりかたがある。第一に、距離化が、現実の変容にダイナミックに即応して、つねに所与性を超脱しつづける「ずれ」の永続運動である場合（「流動モデル」）。そして第二に、理論が全体的自己理解を志向して「部分的」な現実から離脱するとともに、「具体的」な現実とのつながりを失うことにも耐えきれず、結局は、離脱要求と関係欲求とが相殺されて「立ち竦み」（「メタクシュ」／中間）をもたらし、理論的立場の凝固をもたらす場合（「固定モデル」）。自省的距離化には、「流動モデル」と「固定モデル」の二つがあるのであり、前者で強く働いているのは、理論の臨床性志向であり、後者で働いているのは、理論の全体的自己理解志向である。

　教育哲学の出発が55年体制へのアンチテーゼであったとすれば、（政治的な）現実からの距離化を典型的な仕方で示す流動モデルと固定モデルは、教育哲学という特異な世界のありようを端的に示しているといえよう。私たちは、まず、教育哲学を55年体制からの距離化がもたらす新たな領域とみて、この新領域全体を楕円で示し、流動（ずれ）と固定（メタクシュ／中間）を楕円の二つの焦点に据えることができる（**図1-2**を参照）。

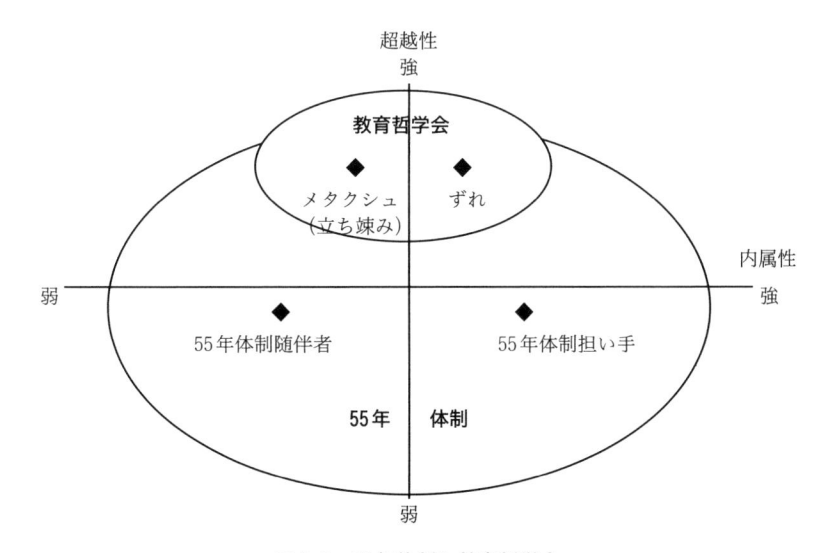

図1-2　55年体制と教育哲学会

それでは、政治体制からの理論の自省的距離化は、具体的にはどのような理論をもたらしたのか。それはたとえば、政治主義の華々しさに幻惑されない堅実な原理的で統合的全体的な研究（固定モデル）であり、あるいは、騒々しい政治主義が往々にして見落としがちな日常的実践と地道に連携する臨床的研究（流動モデル）である。しかしどんな原理的研究も、研究者自身が生きる（不可避的に政治的でもある）教育現実を、すっかり突き抜けることはできない。臨床的研究においても、臨床状況が政治的文脈のまったくの外にあることはできない。それでもあえて距離化を徹底しようとすれば、一切の安定の可能性を放棄してひたすら状況への内属と超越のあいだを往復する運動に自分をゆだねるか（「ずれ」）、さもなければ、政治的なものの一切を捨象して状況への内属と超越とのあいだに固定点を仮構するか（「メタクシュ」）以外に途はない。持続的な距離化は達成不可能な虚構であるにすぎないのだが、この虚構は、安定の放棄と安定の仮構とのあいだのどこかに場を見出すことになる。

　しかし、教育哲学会の出発が55年体制へのアンチテーゼであるとすれば、教育哲学会の研究活動は、まさにアンチテーゼであることによって、この体制そのものに強く拘束されることになる。とすれば、当の体制が崩壊すれば、「教育哲学」の存在意義は雲散霧消しかねない。政治主義の支配から解放されてみると、教育哲学の側には、「政治主義への対抗」という虚構的アイデンティティ以外のアイデンティティがはたしてあるのかどうか、疑われることになる。教育哲学そのものが、アイデンティティ喪失に落ち込みかねないのである。

　もちろん、今述べたような議論では、55年体制の政治性のみが過度に際だたせられて、このいささかバランスを失した視野限定によって、文化や社会意識の持続ないし変動という他の重大局面がみえなくなる懸念がある。たしかに、この点を割り引いて考えなければならないが、戦後教育学が過度に政治主義化されてきたこともたしかである。アイデンティティ喪失に直面する「教育哲学」、さらには私たちの臨床的人間形成論にはなお、存続の可能性があるのだろうか。この可能性を検討するために、90年代半ば以降の新た

な教育状況において流動モデルと固定モデルがもつ意義について考えてみよう。

(2) 固定モデルと流動モデルの現在

　すでに述べたように、我が国では高度産業社会のもと、教育体制は大衆化高度化され、巨大な「高度大衆教育システム」が組織された。このシステムは、社会統制や人材配分の面では一定の成果をあげたが、とくに80年代以降、さまざまな機能障害や内部問題を噴出させてきた[35]。巨大システムを効率的に運営するために、技術的合理性に拠るテクノクラートの管理体制が組織され、同時に、教育理論を生み出すさまざまな組織もまた巨大システムの下位システムへと再組織された。この理論産出システムに属する人々の多くは、予算や人員の配分などの面でテクノクラートの管理体制と無縁であることはできず、なんらかの仕方でこの体制と協働してきている[36]。55年体制の崩壊と産業社会の高度化とともに、教育理論の多くは脱政治化し、技術的合理性の性格を帯びてきた。有用性や有効性を価値基準としてテクノクラートの管理体制と協働しているのは、これらの個別諸分科である。学会発足時教育哲学の脱政治性はこの時代を先取りしたが[37]、その意義は全体的脱政治化によって相対化され、かわりに教育哲学の構想力や現実構成力の欠如が目立ってきている。

　先にも述べたように、教育哲学の出発点が55年体制へのアンチテーゼであったとすれば、この体制が崩壊した90年代半ば以降では、教育哲学そのものが、アイデンティティ喪失に直面したとみるべきである。この苦境にあっては、教育哲学は、政治状況との「対立」の陰に巧みに隠蔽されてきたその本質を露出することになる。このようにあらわになった教育哲学の本質を、「存在としての教育哲学」と「機能としての教育哲学」という二つのタームを用いて記述することができる（田中 2009B）。

　「存在としての教育哲学」は、既存の制度のなかで講座や学科目という形で一定の居場所をもつので、これを「制度としての教育哲学」と呼ぶこともできる。これに対して「機能としての教育哲学」は、制度には確定した場を

表1-4　教育哲学の二つのモデル (1)

| モデル1 | 存在としての教育哲学 | 制度連関で一定の場所をもつ | 兵站 |
| モデル2 | 機能としての教育哲学 | 制度連関を突破して機能する | 自由電子 |

もたず、むしろ既存の制度の連関にはほとんど頓着せず、これを突き抜けて機能する。ちなみに、今井康雄がそれぞれ別の機会に用いた教育哲学についての比喩[38]のうち「兵站としての教育哲学」は「制度としての／存在としての教育哲学」に、「自由電子としての教育哲学」は「機能としての教育哲学」に、それぞれ対応する。前者を「モデル1」、後者を「モデル2」と呼ぶとすれば、**表1-4**ができる。

　モデル1とモデル2は、流動モデル、固定モデルとどう関連するのだろうか。まず、流動モデルの特質は、つねに流動し生成する教育現実にコミットしつつこのコミットを自省的に超脱することを繰り返す永久運動としての〈ずれ〉である。この特質からみて、流動モデルは、「モデル2：機能としての教育哲学」に対応するとみてよい。これに対して、「固定モデル」の特質は、現世での立ち竦みという（原理的研究を可能にする）特異な場に自らを据える〈メタクシュ〉である。この特質からして、固定モデルは、「モデル1：存在としての教育哲学」に対応するとみてよい。これを表1-4に書き込めば、**表1-5**のようになる。

　流動モデル、固定モデルにおいては、「自省的距離化」という「教育哲学」の機能が、生きて働いている。たとえば私たちが、今日の高度大衆教育システムにおいて強靱にヘゲモニーを握り続けている技術的合理性と適切な仕方でつきあおうとするなら、どうしても欠くことができないのは、この自省的距離化である。技術的合理性とのつきあい方を主体的な問題として考えるためには、この特殊な合理性によって領導された高度大衆教育システムにおける私たち自身の日常性をなんとかして距離化し対象化して、自分自身の生き

表1-5　教育哲学の二つのモデル (2)

| モデル1 | 存在としての教育哲学 | 制度連関で一定の場所をもつ | 兵站 | 固定モデル（メタクシュ） |
| モデル2 | 機能としての教育哲学 | 制度連関を突破して機能する | 自由電子 | 流動モデル（ずれ） |

方について自己認識を獲得するほかはない[39]。日常性の自己認識による自己解放ないし自己実現こそが、今日の教育哲学のもっとも大切な課題の一つである。モデル1とモデル2は、流動モデルと固定モデルの自省的距離化機能を生かすことによって、技術的合理性とのつきあい方の模索という大切な役割を果たすことができるのである。

　私たちは先に、政治体制から自省的に距離化された理論の具体的な姿を、〈政治主義の華々しさに幻惑されない堅実な原理的研究〉や〈騒々しい政治主義が往々にして見落としがちな日常的実践と地道に連携する臨床的理論〉として描いた。固定モデルは前者を体現し、流動モデルは後者を体現する。高度大衆教育システムにおける日常性の自己対象化ないし距離化による自己認識の獲得は、このような原理的研究と臨床的研究との協働によってこそ可能となるはずである。

(3) 体系性と臨床性とのバランスへ
　流動モデルと固定モデルの仕事は、さまざまの原理的・臨床的色彩をもつ仕事という形で、現在に至るまでにそれなりに引き継がれている[40]。問題は、これらの理論が互いに協働しているかどうかである。もちろん、協働を可能にするためには、流動モデルと固定モデルをそれぞれにただ継承し展開すればよいというわけではない。二つのモデルは、ある程度徹底した自己対象化（自分自身に向けられる「自省的な距離化」）を経てこそ、理論を新しい地平へもたらす協働の力となると考えられるのである。

　まず、固定モデルについては、その〈メタクシュ〉ないし〈立ち竦み〉という原理的研究を可能にする特異なありようを大切にしながらも、なおここから一歩脱するべきである。〈立ち竦み〉を抜け出すためには、関係からの離脱欲求と関係欲求との相殺による凝固を脱して、互いに逆方向へと駆動する二つの欲求を、ともに正面から受け止めるべきである。つまり、一方では、離脱欲求を受容して、離脱の彼方に広がる形而上学的・超越的宗教的世界にあえて直面すべきであり、他方では、関係欲求を受容して、この欲求の向けられる世界構造の全体にあえて臨床的に直面すべきである。固定モデルに求

められるのは、まずは立ち竦みからの原理論的パースペクティブを生かしつつも、いくぶんかは、ここから脱することである。つまり、メタクシュにおける両極へ向かう力をまともに受け止め、彼岸と此岸の全体的マップを完成することである。

次いで、流動モデルの課題は、〈ずれ〉を十分に生きながら、しかも空転しないことである。ずれとは、状況に臨床的にコミット（内属）しながら同時にこのコミット自体を不断に自省的に相対化する超越運動である。この運動には、一定の状況への臨床的な内属がもたらす固着を繰り返し剥がす解放の力があるが、ここにはそれなりの危険性がある。危険性とは、超越運動が、そのつどもたらされる臨床的な個別認識を蓄積することもなく、ただ無限に空転することである。超越運動としての「ずれ」は、それが生起する経験世界・生活世界の全体についてそのつど暫定的なマップを描くのだが、これらの描出を（そのつど散逸させるのではなく）着実に蓄積して構造的全体的なマップへと結実させるべきなのである。

突き詰めていえば、二つのモデルの課題は、臨床性志向と全体的自己理解志向との分裂を調停して、「全体」を構造的に描くことである。この課題はたしかに、ポストモダン思想以来の〈小さな物語〉なるものの生成への執着からは、かけ離れている。しかし教育哲学の本来の課題の一つは、まさに京都学派教育学にみられるように、原理研究と臨床研究とが共同して教育の世界の構造を全体として自省的に描くことにあったのではなかろうか。この体系性と臨床性の連携ないし共在こそが、これから詳しく見ていく森の——京都学派の理論構築企図を継承する——理論構築、そして臨床的人間形成論の理論展開のもっとも基本的な課題である。

3　人間形成論へ

森は、『教育人間学』において一応の体系を構築した。この体系は、田邊の「絶対媒介」を思わす仕方で、人間がその存在の生物学的・社会文化的各層を力動的に突破しつつ生成する過程を記述する人間生成論である。すでに見たように、死を前にした田邊は、このうち、人間存在の生物学的次元の逆説性な

どに言及する森の議論を高く評価しつつも、政治論・理念論の弱さを、残された課題として示した。森の『人間形成原論』は、1970年代半ばの教育現実への応答であるとともに、田邊による課題設定との格闘のプロセスでもある。臨床的人間形成論の基盤をなす人間形成論の結構は、この森の応答と格闘を通じて獲得されたと考えることができる。以下、この応答と格闘のプロセスを見ておこう。

1) 人間形成原論と京都学派

　森の遺著『人間形成原論』では、徹底した生成論的考察が展開されている。森は、まさに田邊の注文には逆らう仕方で、理念ないし教育目的の構成が極度に難しくなったという現状把握を示し、次いで、このニヒリズムを積極的に引き受ける各人の相互的な意味模索としての相互生成（「生命鼓橋の作り渡し」）について論じている。つまり森は、木村の教育論に前提されている「表現的生命の自覚的表現点としての人間」といった宥和的見方を破壊しているのである。この京都学派教育学の安定した状況超越的枠組みそのものの破壊の結果、教育学的視線は、日常的生活世界における各人の相互生成へと、自省的・臨床的に転回させられる。森は『人間形成原論』において、一方では、田邊による『教育人間学』への評価（理念論目的論の鮮明化という課題の指摘）や弁証法的理論構成を拒絶し、他方では、田邊後期の思索を受け継ぎつつ、「生命鼓橋」という実存的で孤独な自己形成の可能性、そして異世代間の「相互性」という生成関係の可能性を探索しはじめた。

　森のいう「生命鼓橋の作り渡し」とは、体験の外に体験を超えた究極的目的をもちえない人間が、日常の「ここといま」から彼岸に向けて自己投企しつつ、自分なりの人生を形作る過程である。しかもこの各人の自己投企は、単独者の孤独な表現であるにはとどまらず、関わり合う人たちとの相互的応答（パトスの相互表現）の過程でもある。生命鼓橋は、日常における異世代間の相互性を前提とする。これは、臨床的人間形成論の出発地点でもある。つまり、臨床的人間形成論は、森による「表現的生命の自覚的表現点としての人間」といった宥和的見方の破壊、すなわち京都学派教育学破壊の後の跡地

にたてられているのである。

　ところで、いくぶん比喩的にいえば、田邊から課せられた課題（目的論・理念論の展開や弁証法的理論構築）が放棄された森の理論の空隙（無、偶然、創造の余地）には、九鬼周三の『偶然性（博士論文）』末尾の次のような言葉（九鬼1935）が響いている。

　　「無をうちに蔵して滅亡の運命を有する偶然性に永遠の意味を附与するには、未来によって瞬間を生かしむるよりほかはない。誰人も彌蘭の「何故」に対して理論の圏内にあっては十全なる解答を与え得ないであろう。わずかに問題を実践の領域に移して「遇うて空しく過ぐる忽れ」ということが出来るだけである。」

　「遇うて空しく過ぐる忽れ」という言葉には、前提がある。それは、私たちが自分へ加えられるさまざまな外的・内的な規定（ないし呼びかけ）を自分からとらえ返す（応答する）以前には、私たちにはあらかじめどんな意味も価値も見出すことはできないということである。生命鼓橋の架橋以前にあるのは、被投性をあらかじめ構成している諸規定性をのぞけば、ただ空虚である。しかし私たちは、この偶然性のさなかで、あらかじめ支えられ、認められ、無視され、拒絶され、さまざまに規定されている。私たちは、この無数の呼びかけに遭遇しつつこれらに応え、このように応えうる自分への信――すなわち〈ここといま〉におけるパトスとしての自分自身への信――を得つつ生命の鼓橋を作り渡し、まさにこの相互性において、じょじょに私たち自身になっていくのである。

　『原論』第一章末尾を素直に読む限り、生命鼓橋の架橋は、いずれ〈異世代間の生涯をかけた相互生成的な意味模索〉という文脈において語られるはずであったと理解される。たしかにこの語りは、森の死によって実現されなかった。それでは、本来どんな語りがなされるはずだったのか。恣意的な読み込みといわれかねないが、相互生成的生命鼓橋論は、今まさに引用した九鬼周三の論を援用して語られたはずだと推測する。

　『原論』の随所に、九鬼との対話の痕跡がある。まず、最終章直前の第三章末尾では、講演"LA NOTION DU TEMPS ET LA REPRISE SUR LE TEMPS

EN ORIENT"[41]を思い起こさせる仕方で、「大年」と「小年」について言及されている。九鬼はこの時間論で、大宇宙年の反復によって無限に累積される――本来は偶然でしかなかった――「現在」を意志によってあえて必然として引き受ける「武士道」について語っている。森は、先ほど触れたように『原論』の中程では、「遇うて空しく過ぐる忽れ」という九鬼の『偶然（博士論文）』末尾の言葉を援用している。最後に、最終章の森の死による中絶直前の箇所では、いくぶん唐突な息急き切る仕方で、「偶然」について語りはじめようとされている。これらすべてを伏線とみるなら、相互生成的生命鼓橋論は、流出する生成力としての自然の代行――「天地の化育に賛す」――という本覚思想的生命論生成論を基盤とし、「今」の実存的引き受け（先の「時間」講演）と「互いに応答しあう相互性」（「遇うて空しく過ぐる忽れ」）とを二つの契機として、語られたはずだと考える。この場合には「生命鼓橋」は、さまざまな世代が互いに支えあい作り渡す「いのちのかけはし」である。この鼓橋の架け渡しは、天地の化育を主体的に代行する人々の相互的な営みである。

　しかし実際には、『原論』第三章では、「大年」という観念は現代人にとっては非現実的だと指摘されている。さらに、『原論』全体の基調は、本覚思想的なオプティミズムとは遠く懸け離れている。私たちの手元に残されているのは、相互生成という暖かなイメージではなく、単独者の孤独な自己生成という苛酷なイメージである。これは、死を前にした森の絶対的な孤絶感を反映しているのかもしれない。この死にゆくものの強い孤絶感と、生成する「子ども」についての「瑞々しい」「表現」（岡部 2009）と温かいまなざしとが交錯して、人間形成原論の独特の世界を創り出している。いずれか一方にアクセントがおかれるなら、たちどころに『原論』の世界のリアリティは失われるものと考えられる。

　それにしても、「遇うて空しく過ぐる忽れ」という言葉を核心に据えた生命鼓橋論の展開は、結局の所、西田と木村の初心に帰ることではないか。木村の「一打の鑿」は、まさにそのように呼びかけられてある日常性そのものに臨床理論的に定位して、働きかけ（一打）とそれへの応答への応答（次の一打）との錯綜した連鎖について、重厚な議論を繰り広げた。のみならず、応

答に際しての個人の孤独や不安すら、丹念に理論化されている。「一打の鑿」の中核的部分で（いくぶん唐突に）もち出される「悉皆成仏」という（いかにも本覚思想的な）用語は、この孤独や不安が見出す信である。森は、結果として今一度まさにここに、立ち帰ったというべきではなかろうか。この見解は、一面では正しく、他面では誤っている。

　森は、田邊によって課せられた理念や目的の追求という課題を放棄した。この放棄は、個人の人生やその活動をあらかじめ確定的に意味づける超越論的信を理論の基礎とすることの断念である。木村の悉皆成仏という信は、たしかに「一打の鑿」では、日常的相互性から要請される信であり、つきつめていえば、絶対無や永遠の今という超越論的なものとの接触感覚である。この点では、日常性におけるパトスへの信と共通である。しかし、悉皆成仏は、ともすれば形而上学的な教育学体系を支える最深の根拠として措定されかねない。この超越的な信へのよりかかりは、森や九鬼の論からみれば理論のあきらかな頽落である。信は、相互性をあらかじめ支えるのではなく、日常性のさなかでの存在論的不安によって呼び起こされ、ほかならぬ相互性体験を通じて相互性を支えるパトス（自分自身の受苦的情熱的応答性）への信として、繰り返し見出され生成するのである。

　日常の相互性と生命鼓橋とパトスへの信とのこの生成的循環が遮断されると、相互性は、非対称的操作へと変質する。今日における技術的合理性の支配と官僚制の跋扈は、その典型的な実例である。この跋扈へ、臨床的人間形成論は対抗する。

2) 人間形成原論と新たな教育現実

　敗戦以後の経済的総力戦は、高度な産業・消費・情報社会の到来と東亜共栄圏の実質化をもたらした。しかし経済的成功は、経済の領域そのもののなかで産業の空洞化をもたらし、生活領域のすべてに深い意味喪失感をもたらした。ここには、経済以外のどの生活領域も自立的な価値をもたず、懸命に生きれば生きるほど徒労感が増加するという無惨な構造が作り上げられているからである。経済領域という、本来なら「生きる」ための手段でしかない

領域が、自己目的的価値をもつ。そうなればなるだけ、生きることそのものは、もはや自己目的ではなく、経済という手段のための手段に貶められる。この社会過程全般の制度疲労に対応して、成立した巨大な学校複合体もまた深刻な機能障害に苦しんでいる。

　すみずみまでシステム的に制度化された世界では、もはや人為化のこれ以上の進展は望まれない。システムの外部を自然と呼ぶとすれば、私たちは、システムへの自然の反乱に直面しているといえよう。たとえば、第4章で詳しくみるように、アトピーや花粉症や喘息など免疫系の障害の多発、生理的レベルでムカツキ、キレル子どもたち、自己臭幻覚や摂食障害などの身体の乖離に直面する青年たち、登校障害や中退などの激増で機能障害に直面している学校複合体、病や老いや死などに対処できない家族や共同体など。この人為への自然の反乱に直面して求められるのは、人為のさらなる人為化ではなくむしろ人為の再自然化である。しかし再自然化は、人為化のもたらす資産によってのみ可能となる。求められるのは、生き方のレベルでは、「絶え間ない人為化」と「人為の人為的再自然化」という両立し難い二つの課題を同時に達成することであり、主体のレベルでは、自然からも自己自身からも疎隔された存在のありかた——「パトスの自己疎隔」——を脱して、あらためて自分自身を生成の可能性へと開くことである。この厄介な課題は、成熟した社会の教育領域における基本的な課題でもある。

　『人間形成原論』に至るまでの森の議論では、多くの主題が論じ残されていた。列挙するなら、遊び、美、芸術、宗教、国家、民族、階級などである。なかでも社会化と文化化に関する議論の不徹底が重大である。社会化と文化化は、けっして森によって論じられていないわけではない。しかしそれはそのものとしてではなく、ただ、人間の生物学的なヒト化を超えた、しかし人格化以下の過程として、いわば間接的に論じられているにすぎない。社会化や文化化は、経済的総動員体制という全体的システムの死活的な構成要件である。にもかかわらず、およそそのようなものとして議論されてはいないのである。一般的にいって、ある特定の理論の成立基盤が当の理論それ自体によって自覚されることはあまりない。自覚化された基盤は、往々にしてすで

に基盤ではなくなっている。これが通例である。森の理論も例外ではない。実のところ、経済的総動員体制への社会化（パトスの自己疎隔）こそが、『人間形成原論』に至るまでの森の理論の確固とした基盤であり、実質的な「教育目的」であったのである。

　『人間形成原論』で、論じ残された最後の課題として、森自身によって指摘されたのは、教育の目的論であった。『教育人間学』では、「人間生成それ自体が目的である」ことが繰り返し強調される。そして人間生成は一応、個人的生成と社会的生成とに分けられ、両者の関連が生産的人格と民主的社会との（一方の生成が他方の生成を前提にしあう）相互生成的な循環として論じられている。ここには、マルクス主義的な決定論を協同主義という集団的自己決定論によって克服しようとした戦前の京都学派の発想が、デューイたちプラグマティズムの議論を借りてあらためて展開されているといえよう。

　『人間形成原論』では、「生命鼓橋」という新たな比喩によって、人間生成がライフサイクルの全体にまで拡張されて具体的イメージを与えられるとともに、異世代のライフサイクルの重なりあいが織りなす相互性のイメージが提起された。教育の理論の射程に、老いや死に直面する人々の成熟の問題が組み込まれ、さらに「教育」概念そのものが、異世代間の相互性の問題として再把握されようとしたのである。教育目的論もまた、生成論の立場からすればより徹底された形で展開されつつあるものとみてよい。しかし同書のあちこちで、一方で形而上学的世界へ「逃避する怠惰」が繰り返し非難されながら、他方で宗教的なものをなんとかして議論のうちに組み込もうとする執拗な努力がほの見える。この厄介な分裂には、『教育人間学』末尾の（「懺悔道の哲学」において世俗的な「倫理の限界を教える」「田邊先生」を引きあいに出した上での）次の発言が響きあっている。

　　「人間生成論の絶対否定こそが、真実の人間生成の道なのかもしれない。このような予感を私はもっている。だが、今の私の課題は、人間生成の問題を究極にまで考え抜くことである。」[42]

　森の晩年期の理論では、一方では形而上学的目的設定が拒絶され世俗的な人間生成論の徹底が図られると同時に、他方では京都学派の伝統に遡行する

仕方で人間生成と宗教的世界との出会いが模索される。この模索は、『教育人間学』では例外的な事態であったが、『人間形成原論』ではかなり目につく。これはおそらく矛盾ではない。教育のすべての領域で世俗化が制覇したあとでは、「自然」の徹底的な人為化に対抗して、人為の自然化や、その延長上にある人為を超えたものとの出会い——超越的なものとの接触感——が問題となる。超越的世界への中途半端な半身での関わりは、新たな時代状況への森の誠実な反応だったのである。「建て直しの建て直し」という新たな時代的課題に直面して、森のこの新たな理論展開は京都学派の出自にいま一度回帰するかのような道を踏み出し、唐突に中断した。これはおそらく助走距離を確保し新たに飛躍するための後退であり、あるいは新たに原理論を展開するための新たな理論的統合の試みであっただろう。私たちはこの理論的作業が、人間形成論の構築であると考える。私たちもまた、森が予感しながらついに見ることのなかった新たな時代状況において、森のこの後退の仕事を引き継ぎ、人間の存在と生成の統合的自己認識と臨床的自己認識とを交互に循環する包括的な生成論を継承して、臨床的人間形成論を構築しなければならないのである。

　森の基本的な仕事は、教育人間学の構築と解体であり、人間形成原論の構築という新たな理論的課題の提起であった。これらの仕事によってなされたのは、「戦後の経済的総動員体制のさなかでのパトスの自己疎隔」の——〈経済的成功の価値的相対化から人間形成原論の構築へ〉という理論化の方向が示唆するように——「自覚化」であった。この自覚化によって、新たな理論的課題が提起される。それは、生産と経済に偏った無意識的な教育目的論・教育可能性論の制約を、「超越への半身の関わり」と「ライフサイクル論・相互性論」へと突破することであり、理論の前理論的基盤であり理論生成の基盤でもある「日常性」(すなわち生活世界ないし生そのもの)へ回帰して理論を「臨床理論的に」再構築することである。これが、森の教育理論の新たな課題である「建て直しの建て直し」の具体的内容であると考えてよい。臨床理論は、パトスの自己疎隔を疎隔から回復させるわけではない。ましてや、弁証法的に止揚するわけでもない。臨床理論は、自己疎隔を生み出す日常性という理

論と実践とに共通の発生的基盤へと回帰することによって、自己疎隔それ自体を生の自己表出（無の表現）として受容しつつ、生の全体的力に立ち返るのである。これが臨床的人間形成論の試みである。

この臨床的人間形成論について議論する前に、臨床的人間形成論の基礎をなす人間形成論の構造についてまとめてみておこう。

注
1 「学校複合体」については、拙稿1987を参照。
2 前稿2011Bでは、技術的合理性について若干の議論を行い、さらにその支配を、ポスト・ポストモダン状況における変化の常態化と普遍化による不安定を宥めるために関係を凝固させようとする非合理的努力との関連から説明した。これを参照されたい。この議論のうち定義に関連する部分のみを要約的に繰り返しておくとすれば、技術的合理性とは、意味や価値や文脈を無視し、目的そのものを問うこともなく、既定の目的の技術的道具的達成のみを基準として、行為の妥当性を判断する合理性のありようである。さらに、テクノクラートとは、技術的道具的合理性に拠って、所与の問題解決という目的に向けて自分自身を含めた内的諸力を物象化的かつシステマティックに動員し、可能な限り効率的な組織運営を遂行しようとする技術官僚である。
3 「パトス」は、三木の理論の中核概念の一つである。パトスについて三木はすでに、処女作『パスカルに於ける人間の研究』(1926)の第三章「愛の情念に関する説」で、中間者として本質的に「動性」を免れ得ない人間存在の全体的な「在り方」（ハイデッガー的な「情態性(Befindlichkeit)」）の問題として扱っている。以下では、そのほかの関連する三木の叙述を抜粋しておく。
「イデオロギーとパトロギー」1933B／イデオロギーとは客観的な意識に関する科学である。フランスのイデオローグは人間の主体的な意識をその主体性において理解することを知らなかった。このような主体的な意識を私はロゴスに対して一般にパトスあるいはパトス的意識と称する。
「パトスについて」1933C／アリストテレスは、『デ・アルテ・ポエチカ』で、言葉（ここでは特に話される言葉）の問題を、パトス（情緒・激情）との具体的関連において研究したが、ここでは、パトスと創作性の関連が問われる。内に向かって意識を超越する主体によって規定される限りの意識がパトスである。パトスは主体を表出する。パトスは（伝統的に考えてこられたように受動ではなく）能動的創作活動の根源である。
「パトロギーについて」1933D／人間の意識は「ロゴス」と「パトス」との弁証法的構成を含んだものである。私はパトロギーという語をイデオロギーと相対して用いる。意識の具体的な研究はイデオロギーとパトロギーとの二つの方向を含まねばならぬ。フッサールの現象学は一面的にロゴス的意識の現象学であって、

そこではパトスもロゴス的に解釈されている。これに対してハイデッガーの現象学はパトスの固有性を認めようとしたが、これとても一面的にパトス的意識の現象学である。

「西田哲学の性格について」1936／ヘーゲルが云った如く、大いなる歴史的行為にはライデンシャフト（熱情）が必要である。行為はどこまでも主観的に、個体的に、パトス的に限定されたものである。行為はまたつねに社会的である。パトス的限定において限定された行為と行為とを媒介するものは、直線的限定の根底に円環的限定が考えられ、そして円環的限定は空間的限定とも考えられるように、ロゴスであると云われよう。けれどもこのロゴスは客観的一般者の意味におけるロゴス（イデア）ではなく、寧ろ無の一般者の意味におけるロゴス的である。また円環的限定は単に空間的意味のものでなく時間的意味を含むと考えられるように、このロゴスは同時にパトス的なものでなければならぬ。それはロゴス的・パトス的なものを包むロゴスである。それは客観的ロゴスを超えたものである。凡て表現的なものはかかるロゴスの表現であり、無の表現であると云うことができる。表現的なものはロゴス的・パトス的なものとして自己自身を表現すると共に世界を表現するのである。

以上の引用箇所については、ロゴスとパトスの人間存在におけるダイナミックな構造的生成的連関の把握に留意しよう。これらの用法をまとめて、「パトス」を「人間存在が自己状況にリアクトする根源的な受苦的情熱的で応答的な存在様態」と規定しておく。

4　本書第5章での世代論を参照。

5　『臨床的人間形成論第1部』51頁を参照。私たちの「相互研修型FD」の理念は、この「希望」に拠っている。

6　森昭「田邊先生の書簡から」月報（田邊元全集第8巻付録）筑摩書房1964を参照。

7　引用された田邊の文章にもしばしば、教育学者は教育実践に関わらざるを得ないが、そのかかわりが「理論」の仕事の妨げになるとの懸念が書かれている。同様の懸念ないし非難は、京都学派の仲間から木村素衞へもきわめてしばしばくりかえされている。この場合の「理論」とは、多くの場合「哲学」であり、実践への関与が理論の構築であるという教育理論に固有の生成的臨床的な学問論的特性などは、まったく考慮の外におかれている。この実践と理論との切断は、京都学派に固有のスタンスとして共有されているのか。そのようには考えない。この点が、以下の京都学派の臨床性という共有特質の意味と関連している。なお、森が人生の最終局面で哲学と教育学との関連をどのように見たかについては、『人間形成原論』の131頁以下を参照されたい。

8　後に詳しく見るように、森は、田邊の示唆に従って『人間形成原論』において「実証的基礎づけ」から「原理論」へと回帰したわけではない。むしろ、森は『原論』で、実証科学と原理論との区別を廃棄した臨床理論として教育理論を樹立する方向性を打ち出したものと考えるべきである。この点は、本書の中心的な論点と関連しているので、後に詳しく考察する。

9 この点については、森昭編『幼児 人間のための教育1』日本放送出版協会1973年、とくに「序 ヴァレリー＝安紀への手紙」および「人生において幼児期とは何か」におけるきわめて個人的な記述を参照されたい。この手紙については最終章で「空間化された時間」どうしの出会いとして記述する。森の理論形成史に位置づけてみれば、この「手紙」を、『教育人間学』と『人間形成原論』との大きな断絶をつなぐ「失われた輪」(missing link)であると、考えることもできる。この点について、詳しくは別の機会に議論したい。

10 拙稿2011Aを参照。

11 この点については、拙稿2010Aを参照。まさに上述の、実存主義哲学廃棄という田邊の宿題への実存主義的哲学を徹底することに拠るアイロニカルな回答である。

12 大島康正1978を参照されたい。

13 以下に、私たちの議論に関連する主な人々の生没年を列記しておく。これを見ると、たとえばそれぞれの人たちのつながりや葛藤が、あるていどは世代論的に根拠づけられるようにもみえる。30年近くの年齢差のある人どうしには、あまり葛藤が生じていないようだが、これは、社会学的な世代が30年刻みであることからもある程度は説明可能であるのかもしれない。

  フッサール（1859-1938）
  西田幾多郎（1870-1945）
  カッシーラー（1874-1945）
  シェーラー（1874-1928）
  田邊元（1885-1962）
  九鬼周三（1888-1941）
  ハイデガー（1889-1976）
  和辻哲郎（1889-1960）
  プレッスナー（1892-1985）
  木村素衛（1895-1946）
  三木清（1897-1945）
  高山岩男（1905-1993）
  森昭（1915-1977）

14 たとえば、谷川俊太郎編1997が示しているような京都盆地を中心とする貧しさと病とからなる世界を思い浮かべたい。

15 田邊1966における辻村公一の解説を参照。なお、ここでの辻村による西田と田邊を対照する試みの前提にあるのは、田邊の「西田先生の教えを仰ぐ」1930に端を発する両者の緊張と軋轢である。

16 大島康正「解説」（田邊元『哲学入門——哲学の根本問題』筑摩書房1968, 637-8頁）を参照。

17 ドイツでの哲学的人間学の生成との関連で、京都学派の哲学的人間学に関連する事項を年表にすれば、次のようになる。本文で議論しているように、1931年がドイツの哲学的人間学への端緒的反応であり、1938年が西田の「論理と生命」を

受けた実質的内容的反応であることが分かる。

大正12年（1923年）　カッシーラー「シンボル形式の哲学」第1巻
大正15年（1926年）　三木「パスカルに於ける人間の研究」（全集第1巻）
昭和2年（1927年）　ハイデッガー「存在と時間」、三木「人間学のマルクス的形態」「マルクス主義と唯物論」「プラグマティズムとマルキシズムの哲学」「解釈学的現象学の基礎概念」（全集第3巻）
昭和3年（1928年）　シェーラー「宇宙における人間の位置」、プレスナー「有機的なものの諸段階と人間」
昭和4年（1929年）　ハイデッガー「カントと形而上学の問題」
昭和5年（1930年）　三木『手記』
昭和6年（1931年）　西田「人間学」（全集第7巻）、和辻「倫理学」、田邊「人間学の立場」（全集第4巻）
昭和7年（1932年）　三木「歴史哲学」（全集第6巻）
昭和8年（1933年）　木村「一打の鑿」、西田「教育学について」（全集第7巻）、三木「哲学的人間学」（〜昭和11年（1936年）／全集第18巻）
昭和9年（1934年）　和辻「人間の学としての倫理学」（全集第9巻）
昭和10年（1935年）　三木「人間学と歴史哲学」（理想第55号／全集第5巻）
昭和11年（1936年）　西田「論理と生命」（「哲学論文集第2」全集第8巻）
昭和13年（1938年）　高山「哲学的人間学」、西田「人間的存在」（「哲学論文集第3」全集第8巻）、九鬼「人間学とは何か」（人間学講座 理想社 全集第3巻）
昭和14年（1939年）　三木「構想力の論理 第1」（全集第8巻）
昭和17年（1942年）　三木「技術哲学」（全集第7巻）
昭和19年（1944年）　Cassirer, An Essay on Man—An introduction to a philosophy of human culture

18 以下、三木の主な著作を年表で示す。これを一貫した論理展開と見るか、あるいは（たとえば1930年を境とするような）いくつかの時期に区分すべきか。これについては論者の意見はまちまちである。私は比較的一貫した理論構築がなされたものと考えるが、この点は、別の機会に詳しく論じたい。

大正15年（1926年）　「パスカルに於ける人間の研究」（全集第1巻）
昭和2年（1927年）　「人間学のマルクス的形態」「マルクス主義と唯物論」「プラグマティズムとマルキシズムの哲学」「解釈学的現象学の基礎概念」（全集第3巻）
昭和5年（1930年）　三木『手記』
昭和7年（1932年）　「歴史哲学」（全集第6巻）
昭和8年（1933年）　「哲学的人間学」（〜昭和11年（1936年）／全集第18巻）
昭和10年（1935年）　「人間学と歴史哲学」（理想第55号／全集第5巻）
昭和11年（1936年）　「西田哲学の性格について」（思想第164号「西田哲学特集」／全集第10巻）
昭和14年（1939年）　「構想力の論理 第1」（全集第8巻）
昭和15年（1940年）　「哲学入門」岩波新書（全集第7巻）

昭和17年（1942年）「技術哲学」（全集第7巻）
19 三木と高山の人間学の構成を以下に示す。
- 三木「哲学的人間学」(1933-38) ／第一章 人間学の概念、第二章 人間存在の歴史性、第三章 人間存在の状況性、第四章 人間存在の表現性、第五章 人間存在の社会性
- 高山「哲学的人間学」／序論 人間学の概念　第一章 人間の原本的社会性（人間と生命)、第二章 労働の現象学（人間と労働)、第三章 文化の人間学的研究
　　三木の哲学的人間学には、第三章と第四章に西田の「場」や「表現」など中期理論の直接的影響が見られる。高山の哲学的人間学は、はっきりと階層論的構成で記述されているが、この構成は「日常から日常へ」という循環、すなわち、往相から還相へという循環を描くとされている。三木の議論は「社会性」に焦点づけられており、高山のそれは「文化」に焦点づけられている。この点では、以下の構成で見られるように、カッシーラーの構成は、高山の方に近い。
- Cassirer, An Essay on Man —An introduction to a philosophy of human culture ／第一編　人間とは何か　第二編　人間と文化（第六章：人間文化による人間の定義　第七章：神話と宗教　第八章：言語　第九章：芸術　第十章：歴史　第十一章：科学　第十二章：要約と結論）
20 森昭『教育人間学——人間生成としての教育』の構成は、京都学派哲学的人間学の階層論的記述を直接に継承している。：第一章　教育の研究と教育人間学　第二章　教育の理念と人間生成論　第三章　人間生成の生物・心理的基底　第四章　人間生成の心理・人間学的考察　第五章　歴史的社会における人間生成　第六章　現代社会における教育の課題
21 この「教育学」はまた、文化哲学の展開でもある（木村 1946, 53頁以下）。なお、木村の「人間学」については、大西2011, 312頁以下も参照。
22 西田幾多郎「私と汝」（『無の自覚的限定』1932所収：西田幾多郎全集第5巻　岩波書店　2002）274頁
23 坂部恵 1994, 298頁
24 西田前掲書 282-3頁
25 三木清 1936, 433-4頁
26 三木清1940 ちなみに、森の理論については、三木の「西田哲学の性格について」での批判は、どの程度妥当しているのだろうか。後で詳しく見るが、森の議論では、西田や田邊に多用されている「弁証法」は、言葉自体がほとんど用いられない。したがって、弁証法的運動の契機である「否定的なもの」の力なども、そのような形ではほとんど斟酌されることはない。この点では、三木の批判は、森にこそ、適合するといわなければならない。しかしむしろ、ここにこそ森の理論の特性があるものと思われる。森は、存在や生成が弁証法的な構造をなしているなどとは考えない。したがって、「矛盾の止揚」なども、たやすくは信じない。森の立論からすれば、私たちは否定性をつごうよく止揚することなどありえず、ただ否定性と生涯をかけてつきあっていくほかはない。おそらくは、そのように考えられ

ているからこそ、「生命鼓橋」は、私たちの命の尽きるまで「作り渡される」のである。

27　三木 1935B を参照。

28　「哲学工房」については、岩城見一「解説」(木村素衞『芸術論集』京都哲学撰書第12巻 燈影舎 2000) 259頁以下を参照。

29　非対称性、非対称的相互性、(部分的に非対称的な) 相互性の関連については、すでに前著『大学教育の臨床的研究』で繰り返し議論した。本書でもこれについては何度も議論することになる。非対称性、非対称的相互性、(部分的に非対称的な) 相互性の連関に関しては、前著でも述べたように、さしあたってはランゲフェルトの議論が手がかりになる。私たちはまず、「相互的な生成／形成関係」と「教育関係」とを、はきちんと区別しなければならない。それというのも、前者が「対称的な相互性」であるのに対して、後者は、「非対称性を含む相互性」であるほかはないからである。ランゲフェルト (Langeveld 1960) のいう「子どもの存在の二重性」——「子ども自身のもとにある存在」(Bei-sich-sein) と「私たち大人のもとにある存在」(Bei-uns-sein) —— は、大人に対して、一方では、他者としての子ども (「子ども自身のもとにある存在」) との相互性を求め、他方では、依存する子ども (「私たち大人のもとにある存在」) への代理的責任性を求める。しかしほかならぬこの教育が子どもの被代理的責任性を責任性にまで成熟させるとともに、非対称的相互性は相互性に転じ、「教育関係」は「相互的な生成／形成関係」へと解消されるのである。この関連については、以下で繰り返し論ずることになる。

30　中井久夫は、分裂病親和的な狩猟民の微分回路的認知と執着気質的な農民の積分回路的認知とを対比させ、さらに前者を「世直し」を唱える者、(仕法家二宮尊徳に代表される) 後者を「立て直し」を唱える者に対応させる (中井 1982)。ここで私たちのいう「建て直し」は、この比喩に直接に依存している。つまり私たちは、積分回路的 (パラノ的) 認知を土台とする微分回路的 (スキゾ的) 認知の担い手であるマージナルな認知主体に適合する役割を、構造変革的ではなく部分改良的な「建て直し」であると考えるのである。なお、森の理論構築と森自身の性格ないし気質との関連に気づかせてくれたのは、矢野1996である。この簡明で鋭い論稿で矢野は『教育人間学』に関連して、「目次から文章にいたるまで文字の字数を揃えようとするところに表現されている過度ともいえる形式への指向性に由来する」「このテクストそのものを読むときに感じる息苦しさ」について触れている。ここでの議論はこの矢野の指摘を受けている。矢野のこの論稿は、この「息苦しさ」の指摘に限らず、たとえばデューイ理論との関連の指摘なども含めて、森のごく身近にいた者にはかえってよくみえない部分がとてもよくみえているという点で、私にとってはまことに衝撃的であった。

31　廣松1980は、関連する議論の一応の理論的到達点として、ここでの三木の「協同主義」を挙げている。

32　小川1970および中内1970を参照。

33 生命鼓橋には、すでに触れたように、孤独な自己生成と異世代間の相互生成の両義が同時に込められている。
34 拙稿2008A を参照。さらに、以下の議論については、拙稿2010B を参照。これは教育哲学会のラウンドテーブル／「教育学史の再検討」グループで発表した原稿であり、ここで私は、森田尚人の周到な事前準備と繊細な対応によって完成された二つの聞き書きを、ライフサイクル形成・学問形成の二つのケース・レポートとして読むことを試みた。そしてこのレポートから、教育哲学会成立の学説史を構成するうえで利用可能な諸点を引き出し、この諸点から構成可能な成立史の見込みについて触れた。発表に際しては、発表原稿の末尾に「上田・村井比較表」を付した。これは、二つの『回顧録』から抽出したタームや文章を整理して、比較表にしたものである。固定モデル、流動モデルを構成するにあたって支えにした根拠は、すべて『回顧録』にあるが、その主なものについてはこの付表を参照されたい。本書では、ここでの議論を上田・村井との具体的なつながりからは切り離して、一般化して扱った。
35 拙著2003B とくに83-91頁を参照。
36 たとえば大学の教員については、拙稿2008B を参照。
37 前掲拙稿を含む本学会の特定研究報告助成プロジェクト「戦後教育哲学の出発」に関する諸報告を参照されたい。
38 「自由電子としての教育哲学」については、今井康雄2004 を参照。「兵站としての教育哲学」は、教育思想史学会第18回大会でのシンポジウム「検証：思想運動としての教育思想史学会——私たちには何ができたのか／できなかったのか」における今井康雄の発言内容による。
39 これについては前書でも本書でも繰り返し議論してきた。ちなみに、かつて私は、臨床的人間形成論の学問論との関連で、「教え育てるものの自己認識」について論じたことがある。前掲拙著『臨床的人間形成論へ』のとくに第5章を参照されたい。
40 教育哲学会機関誌『教育哲学研究100号記念号』を参照されたい。
41 九鬼周三1928を参照。なお、全集第一巻には、この講演の邦訳「時間の観念と東洋に於ける時間の反復」も掲載されている。この論考での無限に重なる現在という空間化された時間イメージは、ニーチェの「永劫回帰」を思わせると同時に、西田の「今」、すなわち永遠の今に至るまでの深さをもつ現在をも思わせる。これらの点については、別の機会に論じたい。
42 前掲 森1961の844頁を参照。

第2章　人間形成論

はじめに

　臨床的人間形成論にはさまざまな理論的試みが先行しているが、それらはすべて今日の教育状況の急角度で全面的な変化に対応して、教育学の基本的な理論的枠組みを組みかえようとする試みである。なかでも臨床的人間形成論の構築に直接関連する試みは、教育人間学、人間形成原論、人間形成論などである。臨床的人間形成論へ至る理論構成運動を駆動してきたのは、運動を構成する人たちの強い危機意識である。本章では森の理論構築過程を足がかりにして、臨床的人間形成論へと展開する諸理論の構成について検討する。

第1節　教育人間学から人間形成論へ

1　人間学と教育学

　近代以降の世界で生きる私たちの日常的理解では、「教育」は、「人間」の存在と生から本質的に切り離しえない営為である。私たちに馴染みの「教育」把握は、どんなものであれつねに——それについて自覚的であると否とにかかわらず——「人間」の存在と生に関する私たちのなんらかの把握を前提している。他方、私たちには、教育なしに人間の存在も生もおよそ考えることができないのであるが、この「自明な事実」からすれば、どんな「人間」把握も、その必然的な部分的契機としてつねにそれぞれの仕方で一定の「教育」把握を前提していることになる。「人間」と「教育」を原理的に把握しようとするなら、この二つの問いは、互いに互いを前提しあいつつ循環的に行き来するのでなければならない[1]。けれども、近代以降の理論では、「教育への問い」と「人間への問い」にはそれぞれ別の学問的分科が携わってきたのであり、

意識的にこの堅固な分業を超えようとする仕事はきわめてまれにしかなされなかった。この固定化された分業体制を超えることこそが、教育人間学の学問論的な出発点である。

すでにみたように、「人間」存在への原理的・統合論的な問いが集中的にしかも正面から果敢に問われたのは、1920年代ドイツでの哲学的な「人間学」の展開の試みにおいてであった。シェーラーやハイデッガーらの発言[2]からも明らかなように、この理論的敢行を駆動したのは、状況的にいえば、各人に自己存在の根源的不確実感ともいうべき実存感覚を強要したあの「現代」への怒濤のような過渡期に固有な時代精神であったし、学問的にいえば、人間に関する実証的知識の無際限な集中的蓄積とあたかも逆比例するかのような理論認識の上での人間存在把握の限りない拡散と不分明化であった。

しかしながら、人間存在の不分明化は、理論にとってひたすら消極的・否定的な出来事であるわけではない。これによって理論は、人間存在に関する伝統的で固定的な通念のすべてからあっさりと解放される。そればかりではない。存在の理論的不分明性を、他ならぬ人間の本質的な存在規定として積極的に援用することも可能なのである。たとえば、人間存在の「未確定性」（Unfertigkeit des Menschen）という規定は、一方では、私たちが人間存在とは何であるかを規定する決め手を欠いているという事態を示していると同時に、他方では、人間という特異な生物が未完成で定位置をもたない存在であるという本質的・生成的な規定をも示しているのである。

未確定性という人間存在の本質的規定は、哲学的人間学に帰属する諸理論によって、「生理的早産」、「ネオテニー」、「脱中心性」、「本能欠如」、「開放性」など、相互に性格の異なったしかもそれぞれに別の存在局面に焦点を当てる諸概念によって確実に継承されている[3]。これらの概念はいずれも、それぞれの焦点づけの差異にもかかわらず、人間存在の生物学的・本質的な確定性の欠如を、さらには、この非確定性を自己克服するために自己超越的・力行的に努力せざるをえないその本質的に生成的な存在様態をとらえている。後者の努力とは、種のレベルでは「文化生成」であり、個のレベルでは「人間生成」である。

個のレベルに焦点づけていえば、「脱中心性」、「開放性」などの人間存在

の非確定性に関する本質的諸規定は、各人が他者規定を介する自己規定に向けて、つねに本質的に「開いて」(open, offen) いるということを示している。ロートがその主著『教育人間学』(Roth 1966, 1971) で繰り返し述べているように、教育の理論と実践がかかわるべき本質的な人間存在規定は、およそこのような「開放性」であるものと考えてよいのである。

　他方、教育の理論は、近代への過渡期に、日常的な教育的諸営為の勘どころを押さえたり予想される失敗を避けさせたりする常識的な技術的手だてを論ずることを主な内容として、いわば「教育術」として登場した[4]。この段階では理論は、きわめて具体的でありその反省の抽象度もかなり低く、日常的実践となお密接に結合していたものと考えることができる。しかし、教育の理論はやがて、学校教育システムが巨大化し整備されるにしたがって、それ自体社会的に組織化され制度化され、さらに分業的に細分化された。教育の理論は、具体的な諸実践との直接の結合をますます緩やかなものに変え、同時に、抽象化の進行と比例して反省の範囲と度合いを極限にまで高めてきた。今日私たちは、「人間にとって教育とは何か」というきわめて原理的で抽象的なメタ理論的問いを正面から問わざるをえないが、これは明らかに、脱実践化・抽象化という理論化の流れの枠内での出来事であるといえるのである。

　近代学校の創成期に広範で原理的な理論的反省を遂行したコメニウス、ルソー、ペスタロッチ、ヘルベルトなどの包括的な諸理論にあっては、反省の程度はさまざまであれいずれも、かなり徹底した人間学的な議論が展開されている。関連する論点のうちには、人間存在の「非確定性」や「開放性」という教育の人間学的基盤を扱うきわめて現代的な議論さえも先取りされているのである (田中 1980B)。もっとも、これらはいずれも、けっして組織的体系的な議論ではなく、むしろ、折々の理論展開の必要上たまたま論及されたにすぎないとみることができる。この程度の人間学的な論及であれば、近代以後に限らず、むしろ古典・古代以来の教育学的ともいえる発言のうちに繰り返し認められるのである[5]。

　しかし教育理論における人間学的反省もまた、人間学における教育学的反省と同様に、今なお実質的には端緒についたばかりである。教育理論によっ

てなお完全に履行されていないのは、教育の理論の立場から意識的体系的に徹底的な人間学的な反省を遂行するという仕事である。この原理的・包括的な仕事は、教育状況の巨大化と複雑化が一つの極限にまで達した今日において理論的営為に従事する私たち自身の課題である。私たちにこそ、理論の人間学的レベルに及ぶ包括的で徹底的な反省が要請されるのである。

　哲学や人間学において人間の生成ないし形成という教育の人間学的基盤に正面から学問的反省が加えられたこともなければ、逆に、教育理論において人間学的な反省が徹底して遂行されたこともない。この二つがある程度徹底した自己把握に努め、自分自身の内部に発展の契機を探るとすれば、このような反省に達することは必然である。にもかかわらず、二つの学問分科の分業体制は、固定的に維持されつづけてきた。この固定化が打ち破られ、理論の内在的発展の可能性が突き詰めて考えられたのは、第二次世界大戦後の、わけても1960年代以降、当時の西独と我が国で期せずして同時に展開された「教育人間学」の構築の試みにおいてである。

2　教育人間学

　教育人間学は、人間学と教育学との間で伝統的に固定化されてきた理論上の分業体制を乗り越え、両者の内在的発展の可能性をたどる、新しい理論的試みとして登場してきた。人間学と教育学との固定的分業の廃棄は、なにも人間と教育に関する普遍理論の構成をめざしているわけではない。「教える存在」としての私たちが帰属する具体的な現実に接近しこれに応答するためには、理論は自己認識であるほかはなく、さらに当の教育現実を包摂する歴史的・社会的・人間学的な文脈の全体に関わるものであるほかはない。この理由によってこそ理論には、個別諸科学の分業を廃棄することと自己関与性を獲得することが不可避の課題として課せられるのである。とはいえ、関連する文脈の全体にアプローチするのには、どんな近道も存在しない。全体性に接近するためにも、私たちはつねに、具体的で局部的な——それゆえ特殊でローカルな——臨床的実践的主題を検討することを通してじょじょに進んでいくほかはない。

ともあれ、教育人間学という新たな分科を構想せざるをえない理由については、さまざまな論者がそれぞれの議論を展開している。それらをまとめていえば、教育人間学には二つの理論化要求が与えられているといえる[6]。第一に、さまざまな教育実践を現に規定している現実的人間像を雑多な形姿のまままるごととらえ、それらを批判的原理的に検討して、人間の本質と現実と理想を統一的・人間学的にとらえることであり、第二に、個別諸科学の無秩序な展開がもたらすさまざまな知見を、それぞれが立脚する人間像を批判的原理的に検討して、統一性を見出し、それによって人間学の理論的発展に寄与することである。この二つの要請からも明らかなように、教育人間学には、原理的哲学的な特性と統合学的な特性との二つがある。教育人間学を〔領域的なカテゴリーと見なすのか、それとも方法論的なカテゴリーと見なすのか〕という今日まで繰り返されてきた係争問題は、今述べたような原理的哲学的特性と統合学的特性という一見して調停しがたい異質な二つの特性と深くかかわっているのである。

教育人間学を領域的カテゴリーとみる立場には、次の三つを想定し区別することができる。第一に、教育理論全体を構成する諸分科のうちで、統合学的色彩をもつ一つの分科と見る立場、第二に、教育哲学による包括的・原理的検討に先立って、経験的実証的諸分科の知見をなんらかの仕方で理論的にまとめあげておく、一種の統合学的予備学と見る立場、第三に、教育の理論と実践を固有の理論的基礎とする、人間学の一つの特異な類型と見る立場、の三つである。いずれにせよこれらはすべて、教育人間学になんらかの理論的統合を期待する立場である。

これに対して、教育人間学を方法論的カテゴリーとみなす典型例は、よく知られているようにボルノウの「教育人間学的な見方」[7]である。かれは、教育人間学という方法論的カテゴリーを構成する四つの原理として、ア)「人間学的還元の原理」、イ)「オルガノン原理」、ウ)「人間の生の個々の現象の人間学的解釈の原理」、エ)「開いた問いの原理」を挙げる。この場合、ア)とイ)の相補的原理が、結局はウ)の原理をいわば両極に向けて抽象的に分離したものであり、しかもエ)がウ)の理論的なあるいは学問倫理的な意味での前

提であることなどからすれば、この方法論的なカテゴリーの基本原理をウ)の「人間の生の個々の現象の人間学的解釈の原理」であるとみなすことができる。ボルノウはこの基本原理を、「生の諸事実のうちで与えられたこの特殊な現象が、人間の本質の全体のうちで意味のある必然的な部分であるととらえられるためには、人間の本質の全体はどのようになっていなければならないのか」という問いにまとめている。このように問いつつ答えていく作業は結局のところ、つねに新たな現象に直面しつつそれを手掛かりにして、そのつどに「人間」と「教育」という教育理論の始源（アルケー）に向けて問い深めていく「原理的」な作業に他ならない。これが、教育人間学に原理的哲学的な特性を要求する立場にたつものであることは、断るまでもなく明らかである。

70年代以降、ドイツにおいても我が国においても、教育人間学に関する研究書やアンソロジーの類が数多く出版されてきた[8]。しかし、残念ながらこの統合学か原理論かという学問の根本的性格規定に関する基本的対立に対して解決の示唆を与えうる仕事は、ほとんど見当たらないように思われる。これはいまだ解決されていない理論的懸案にとどまっているのである。

ところで、我が国においても今日までに直接に「教育人間学」と銘打ついくつかの仕事がある。しかし、それらのうちで森昭のそれのような統一性と体系性と徹底性とを備えた仕事は存在しない。したがって、教育人間学の展開という文脈で今一度、森の仕事を概観することによって、我が国で展開された教育人間学の範囲でこの分科の基本的な学問的性格をめぐる問題にどの程度の解答が示されているのかを、知ることができる。

3 『人間形成原論』

1) 人間生成という理念

森の主著である『教育人間学――人間生成としての教育』では、「人間全体を生成の相の下で (sub specie generationis) 総合的にとらえる」「統合的研究 (integrated study)」[9]がめざされている。京都学派の哲学的人間学重視に示されている人間存在の全体的統合的自己理解志向が引き継がれているのである。この理論構想には、「生成論的」な人間存在規定が前提されている。森によれば、人

間とはどんな単独のあるいは複合的な規定によっても決定的な仕方では定義することのできない奇妙な存在であり、正確にいえば、そのようなさまざまな規定へと「多様に生成できる」特異な「動物」なのである。

　人間存在の生成論的な自己規定は、さしあたってはまず、『教育人間学』での作業がその妥当性を立証すべき「作業仮説」である。のみならず、この規定は、在来の哲学や教育学の理論的再構成を促す「批判理念」でもある。たとえば、「多様に生成できる動物」という規定は「本質の歴史的生成」を意味し、人間の本質を大なり小なり永続的で固定的なものととらえてきた在来の哲学の「永遠主義・本質主義」[10]の原理的な欠陥を明らかにする。同時にこの規定は、人間が歴史的に生成する唯一の存在であるがゆえに「教育を必要とする唯一の生物」であるという理論的な自覚を欠き、さらに、このような人間の生成と存在の全体への原理的・哲学的な理論的かかわりをも欠いてきた、在来の教育理論の限界をも明らかにするのである[11]。

　教育理論の欠陥のうち後者の「限界」に焦点づけていえば、森によればこの限界を突破するためには、理論そのものがたとえば二つの対象領域の拡張を通して根本から再構成されなければならない。まず第一に、語源からして「子どもの指導（並びにその技術・テクネー）」のみを限定的に意味してきた在来の西欧型の「教育学」(pedagogy, Padagogik) は、人間の生成の全体とのかかわりに向けて「大人の教育」をも包含する理論へと再編成されなければならない[12]。さらに第二に、在来の理論は、教育実践への一面的な傾斜を乗り越えて、「学術的研究」としても再編成されなければならない。つまり、実践への一面的なかかわりからもっぱらその唯一の対象領域と見なされてきた「教育次元の教育的生成」を超えて、「教育以前の自然的生成」が、さらには「教育以上の実存的生成」が、対象領域と見なされるべきなのである。

　前者の「大人の教育」という発想は、すでに見たような『人間形成原論』での「生命鼓橋」論に引き継がれ展開されようとしたが、残念ながらそれは森自身の手によっては十分に展開されなかった。これは、私たちの研究の中心的課題である。ともあれ、森のいう「教育人間学」とは、対象領域を今述べたように拡大する教育理論でもある。そしてこの学は、拡大された視座の下

で、在来の理論と同様に、まず「教育とは何であるのか」という理論的問いを、次いで「教育はいかにあるべきか」という実践的な問いを、解明しなければならないのである。

　森によれば[13]、前者に対しては「教育とは人間の生成である」と、後者に対しては「教育とは人間の生成であるべきだ」と答えることができる。しかし、「人間の生成」こそが問われるべき当の中心的主題であることからすれば、この答えは、ことわるまでもなく「解答ではなく課題の提出」である。教育人間学はまず、「事実研究としての諸科学の成果の統合」を図り、次いで、この統合によってそのつど確定される知の集積を媒介として「実践に対して全体的究極的理念を与える」という仕事を遂行しなければならない。「人間生成」という仮説的理念は、このような論証の過程を経てこそ、その具体的内容が解明され、同時にその理念的妥当性が立証されるものと、見込まれるからである。

2) 教育人間学と人間形成原論

　教育理論における理論的統合と実践的理念の提起はこれまで、教育哲学の仕事であると考えられてきた。とすれば、人間生成という仮説的理念を解明する教育人間学の全体的自己理解の作業は、教育哲学の仕事の遂行である。しかしこれまでの教育哲学は、目の前にある教育現実にあえて直面し、状況的課題の解決に向けて諸学の認識成果を統合し、それらを原理的人間学的に基礎づけて状況的・理論的責任をまっとうするという、もっとも基本的な仕事を蔑（ないがし）ろにし、往々にして出来あいの思想の輸入業者の仕事にまで頽落し衰弱してきている（森 1969）。森の構想では、教育人間学こそが、まさにこのような在来の理論を批判し臨床理論的に再生させる、本来の教育哲学である。

　森は、『教育人間学』の課題を「人間諸科学の成果を統合することによって実践的理念を解明する」こととまとめているが、同時にこの大著が諸科学の「成果を学ぶことに急」で「後半の理念的論及は不十分」[14]であったとも振り返っている。関連して別の箇所では、二つの欠陥——生物学や心理学の学問的成果への接近に比して、社会諸科学のそれへの接近が弱体であること、「哲

学的考察の材料と問題は明らかとなったが、考察それ自体は不十分」であること——が指摘されている。森の構想では、実践的理念の原理的・哲学的な考察は、超越的・外在的にではなく、社会諸科学の知見などを媒介としてつねに経験的・現実的に、状況的責任に応答する仕方で展開される。とすれば、『教育人間学』で残された二つの課題は、結局のところ、「実践的理念」の「哲学的解明」という一つにまとめられる。森はこれを「教育実践学」の仕事であるとも規定している。この残された課題こそが、森の示唆にしたがうかぎりでは、遺著『人間形成原論』の主題である。

『人間形成原論』では、『教育人間学』での仕事は「教育人間学であるよりもむしろ生成人間学であり、あるいは人間生成論とでも呼ぶほうが適切といえるような性格のもの」であると自己批判され、さらに前著での作業では「人間生成の価値的人格的な頂点の考察が欠如」していたとして、これこそがこの著作の主題であるとも記されている。この主題としての「頂点の考察」とは、『教育人間学』で残された実践的理念の哲学的解明という教育実践学の仕事である[15]。

以上の議論を踏まえた場合、「教育人間学」と「人間形成原論」という二つの学問構想は、互いにどのように相関するのだろうか。両者は、同一の学問的営為の異なった呼び方なのだろうか。それとも、一方が他方を包摂するという全体と部分の関係にあるのだろうか。あるいは、両者は、ある特定の部分が重なりあうにしても基本的にはそれぞれに異なった別個の学問的営為なのだろうか。

森は繰り返し、「教育人間学」と「人間形成原論」とのかかわりについて述べている。したがって、両者の相関について先の三番目の仮説は否定されるから、問題は、両者の相関が全面的かあるいは部分的かに尽きる。これについて考える際に、まず注意しなければならないのは、「教育人間学」が二重に規定されているということである。教育人間学は、一方では、諸理論の統合と実践理念の原理的解明を行う営為であると規定されていると同時に、他方では、実践理念に関する本格的に教育学的な、すなわち教育哲学的・教育実践学的な検討が始まる前に、それに向けて関連する諸学の成果の「秩序づ

け」や「中継」などの整理を行う「準備のための」予備学であるとも規定されているのである[16]。前者であれば、教育人間学は人間形成原論をそのいわば後半部分として包摂するだろうが、後者であれば、教育人間学は人間形成原論という後半の準備をする前半の予備学であるにすぎない。この二重の学問的規定は、明らかな矛盾である。森の議論をたどるかぎり、教育人間学の学問的規定に今述べたような矛盾が存在することを否定することはできない。ただし、森の本来の意を掛酌するなら、私たちは、かれが「教育人間学」に在来の教育哲学の自己批判とその教育実践学的な本来の展開という二重の意味を込めざるをえない理由を承認することもできる。

　教育人間学はまず、在来の教育哲学の狭さと惰性への批判から出発し、これを再生させようとした。したがって、個別諸科学に学びつつ在来の理論の自己批判を具体的に遂行する「統合学的な」教育人間学の展開こそが、『教育人間学』でまず実際に達成された作業の大半を占めたのである。しかしながら、この膨大な統合学的作業は、教育人間学が本来遂行するものと期待された教育哲学的・実践学的な理論的営為に対しては、所詮「予備学」であるにすぎない。森は『教育人間学』において、一応完結した体裁をもつこの著作そのものを「教育人間学の前教育学的基礎づけの試み」とも規定している[17]。この自己規定には、本来の意図と現実的達成との間にある大きな齟齬の自覚が反映しているものとみてよい。こうして、教育実践学ないし教育哲学の仕事を担う教育人間学の本来的な仕事は、『人間形成原論』にゆだねられた。

　消極的・批判的な統合的予備学および積極的・構成的な哲学的原理論という教育人間学の学問的性格のもつ二重性こそが、「教育人間学」と「人間形成原論」の学問的相関の規定における外見上の矛盾を実質的に調停するものである。『教育人間学』で『人間形成原論』の予備学として展開されたのは、批判的で統合論的な教育人間学であり、『人間形成原論』で展開されたのは、哲学的原理論としての教育人間学である。森のこの学問論的規定は、先に触れた原理論か統合学かという在来の教育人間学の基本的な学問的性格をめぐる対立に対して一つの解決策を提起するものとみなしてよい。

3) 教育の究極的目標

　それでは、『人間形成原論』ではどんな考察が展開されているのだろうか。この著作ではなによりもまず、相互主観的に合意可能な実践的目標が見失われ深い混迷に陥っている教育状況において、あえて究極的な教育目標を探究するという、原理的哲学的な教育実践学の展開が試みられている。森によれば、教育目標に関する状況的混迷は、現代人の一人一人にその生涯を通しての実存的な意味模索・価値模索を課題づける。この各人の実存的模索の軌跡が、この著作の後半部で「生命鼓橋」という比喩でとらえられる。おそらくこれが、著作の結論部分での「教育の究極的目標」についての考察の中心的主題となるはずであった。

　意味模索、価値模索、さらには生涯成就、自己成全、そして生命鼓橋などの『人間形成原論』の中心的タームはいずれも、ポスト・ポストモダンに向かう時代の状況的な必然性に促される各人の自己規定ないし自己生成の努力の構成要素として位置づけることができる[18]。しかしこの生涯をかけての自己生成は、人間存在の本質的規定によって強いられるものでもある。森は、「人間にとって教育とは何か」というあの『教育人間学』における主導的・根源的な問いを今一度より広い文脈で問いなおし、人間存在をあらためて包括的に再規定する。人間とは、「自然の被造物として生まれそして歴史の創造者となる存在であり、しかも生涯を通じて自然的生命を生きつつ同時に歴史的世界に生き、このゆえに、世界との間にも、自分との間にも分裂を深めつつ、一個の人格的主体として自己を作っていく」存在[19]である。人間存在は、「創造的非確定者」であり、「実存的多重分裂者」であり、「世界に開かれた動物」であり、「自己に目覚めるもの」であり、「彼方に思いを馳せる者」なのである[20]。教育は、まさにこのような人間の特殊な存在のありようと不可分に結びついている。つまりそれは、自分の存在を確定し、分裂をそれなりに統合し、自分の世界を確立し、未知と未来に向けて自己投企しようとする各人の努力への他者からの応答であり、一言でいえば、このように自発的に自己生成的であらざるをえない「生成をすすめる人間の形成」なのである。この各人の生涯を通しての自己生成が、条件さえ整えば、生涯成就や自己成全を可

能にし、その軌跡として生命鼓橋を描く。各人の意味模索・価値模索は、状況的必然性に強いられて露呈するものであるばかりではなく、人間の本質的規定に必然づけられたものであるともいえるのである。

4）人間形成原論から人間形成論へ

『人間形成原論』では、『教育人間学』での統合学的な検討をより広い文脈で今一度繰り返しつつ、究極的教育目標という実践的理念の原理的哲学的解明が試みられている。『教育人間学』から『人間形成原論』への理論的展開は、構想された「教育人間学」が原理論と統合学という二つの理論的要請を相互補完的に充足していく過程である。私たちは、この理論的軌跡から多くを学ばなければならない。

けれども今日では、教育理論の展開においても教育現実においてもすでに、森が直面したそれとはかなり異なった状況にある。それでは、私たちは森の理論展開のうちの何を引き継ぎ、何に修正を加えるべきか。森によってもなお十分に展開されることのなかった「教育人間学」や「人間形成原論」を、直接に無批判に受け継ぐことはできない。とくにその際、統合論に偏りすぎて森自身によって放棄された「教育人間学」を継承することはできないし、逆に、原理論に偏って命名された「人間形成原論」を引き継ぐこともできない。私たちは、統合論と原理論との間の生産的で理論構成的な緊張をきちんと継承し、しかも森の理論に本来内在している教育現実への自己関与性――すなわち日常性から出発する「臨床的」理論への基本的志向性――をも自覚的に継承したいと考える。このように原理論、統合論、自己関与性を特質とする新たな分科を「人間形成論」と名づけたい。これまで私たちが達成してきた人間形成論の内容的展開については次節で総括するが、ここではまずこの新たな分科の方法論のうち森理論に直接由来する部分について論じておこう。

4　人間形成論

1）三つの方法原理

『教育人間学』から『人間形成原論』に至る理論的展開は、一貫してほぼ同

一の方法論にしたがっている。これをあえて抽出し整理するとすれば、次の三つにまとめることができる。

　第一に、教育ないし人間形成を不可欠の契機として内在的に組み込んでいる人間の存在と生の「全体」を、「生成の相の下に」とらえるべく努めること。

　第二に、逆に、教育ないし人間形成を、つねに生成の相の下にある人間の存在と生の全体とのかかわりから、包括的・原理的にとらえるべく努めること。

　第三に、独断的教条的なきめつけや蒙昧で臆病な思考停止などの一切を排して、理論を、所与の教育現実や教育実践経験の蓄積や人間の生成と形成に関連する人間諸科学の認識成果へと、開いておくこと。

　以上三つのうち、第一と第二の方法は相互補完的に、教育理論と人間学との間で繰り返されるべき恒常的・永続的循環を示している。この循環は通例、どんな「教育人間学」と銘打つ学問的構想にもつねに込められている。この循環に焦点づけていえば、第三は、この循環の契機として教育現実、教育実践、個別的認識成果の三つを挙げているともいえよう。臨床的人間形成論の理論構成は、この三つの方法原理のうち第三の教育現実に焦点づけたものと考えることができる。

　ところで、この第三の前半部分は、先にも触れたボルノウのいう「開いた問いの原理」に対応する。さらに、第一と第二の方法原理が示している教育理論と人間学との間での限りない理論的循環は、ボルノウの所論に含意されている理論的営為、すなわち、そのつどの「特殊な現象」を契機として「人間の生の個々の現象の人間学的解釈の原理」にもとづいて際限なく繰り返される理論的営為に、対応する。こうして、三つの方法論的原理とボルノウのそれとは、かなりの高い程度に重なりあう。それでは、両者のあいだにかりに差異が存在するとすれば、それはどこに見られるのだろうか。

　両者の差異は、さしあたって、統合学的な志向性の有無に、もっと具体的にいえば個別人間諸科学の認識成果へ執着する度合いの違いに認められる。このことは、『教育人間学』の最大の特徴の一つである膨大な実証的知見の統合の試みに類する仕事が、ボルノウのそれにはほとんど認められないとい

うことに、端的に示されている。これはたんなる嗜好の差異だけを意味してはいない。それは、これまで蓄積されてきた原理的哲学的諸業績への評価という点で、両者の立場の微妙な差異を反映しているものと理解されるのである[21]。

　森の場合、教育の原理的な考察は、在来の理論的蓄積を直接に継承することはできないと考えられている。つまり、そのつど輸入品の意匠変化にふりまわされてきた近代化以降の我が国での「理論的蓄積」と、こうして自生的な根から切断され衰弱した「理論的伝統」とからは一度身を引き離し、かわりに、個別的諸分科が所与の教育現実と格闘しつつ次々に提起してくる実証的諸知見をきちんとうけとめ、これを原理的に検討し、その成果を自分のうちに統合し、これを契機として理論の根本的再編成を繰り返すという迂回路こそが、真摯にたどられるべきである。これによってのみ、原理論は、実質的に再生できると考えられるからである。この「統合学」的な努力による否定的媒介の必要性に関して、森とボルノウの理論的構えは明らかに異なる。

　しかし、森の死後四十年近くたって、今日の理論状況は、森の存命中とはかなり食い違ってきている。この間に、我が国では、高度産業化に対応する学校複合体の巨大なシステム化が進行するとともに、その機能障害が際だってきた。教育に関するさまざまな学会では、かつてのように「先進」各国の諸理論の無媒介な輸入が評価される度合いはますます低くなり、かわりに、巨大な自生的現実との格闘が、そして（この格闘を前提として互いが互いのローカルな足場にたつ限りで）相互性のある国際的研究交流が大きな地歩を占めてきている（TANAKA 1997）。つまり、理論状況の指し示す基本的な方向は、森が一歩を踏み出したまさにその方向に向かいつつあるといえるのである。私たちはおよそのところ、森が身をもって指し示した方向、すなわち理論の統合化、臨床化、反省化に向かう方向をたどることで誤ることはないと、判断できるのである。

　これまでのさまざまな教育人間学の構想では、その学問的な自己規定においては「統合学」としての性格と「原理論」としての性格との双方が表明されることが多かった。そのくせ、実現された議論においては、いずれか一方に

偏る場合が大半である。すでに見たように、森は、矛盾をおそれることなく両者に同等の強調を置いてきた。それは、理論に私たちが直面している日常的な教育現実への応答性ないし責任性を確保させるためである。京都学派以来の臨床性の重視である。私たちは、このような理論の臨床化に向かう基本的な姿勢を、臨床的人間形成論の構築という形で継承する。

2) 人間形成論と日常的な教育現実

　人間形成論は、所与の教育現実へ応答するために、実証的経験的な個別的諸科学が次々に提起する新たな知見を受けとめ、それを手掛かりにして繰り返し日常的現実へ臨床的に立ち返り、そこにおいて知見そのものの現実への構成性と妥当性を検討する。そして、新たな現実とそれに由来する新たな知見についての統合学的な考察を教育と人間存在に関する原理的な再検討の契機として、そのつどに原理論を建て直し、さらに、このように再編成された原理論を土台として新たな現実と知見の検討に立ち返る。この「新たなもの」への限りない「自己拡散」とその拡散の原理的考察への「自己統合」との間の永続的循環こそが、人間形成論のもっとも基本的な方法である。人間形成論とは、まさにこのような拡散と統合との理論的循環を通して、所与の教育状況の全体を包括的に把握し同時に日常的な教育的諸価値を自覚的にとらえかえすことをめざし、さらにそれによって、「教育」と「人間」に関する自己理解を再規定することを試みる、統合論的・原理的な理論的試みなのである。本節でのこれまでの人間形成論の学問論的作業は、この循環をある局面ですっぱりと切り取った切断面なのである。

　人間形成論の構成契機は、日常的な教育現実であり、教育実践経験の蓄積であり、経験諸科学の認識成果である。これらはいずれも、ごく日常的な教育状況に根ざしている。人間形成論の拠り所は、私たち自身の自然で根源的で前反省的・前理論的な基盤である日常的生活世界である。この前理論的な日常性の理論的把握は、どうすれば可能となるのだろうか。直接に与えられている具体的・日常的な経験への立ち返りという人間形成論の方法論的な出発点は、たしかに一見すると、現象学のいう「自然主義的態度による世界定

立のエポケー」という操作と類似している。しかし、人間形成論がめざすのは、世界を定立する純粋意識への還帰ではなく、理論的営為に先立ってありつねにそれを包み込む、しかもどんな場合でも歴史性と社会性に媒介された、複雑な私たちの具体的・日常的な経験への臨床的な立ち返りである。人間形成論は、この日常的な前理解を理解にもたらそうとするいわゆる「解釈学的循環」を繰り返す以外のどんな格別の方途ももっていないのである。これが、人間形成論、さらには臨床的人間形成論の、もっとも基本的な方法である。

　それにしても、日常的理解の前理論的な与件であり土台である当の日常性そのものは、さらにいえば、この日常的自明性の実質である伝統は、どうすれば対象化可能なのだろうか。いいかえれば、解釈学的循環はこのどんな自省をもはねつける伝統の堅固な自明性をどうすれば突破できるのだろうか。伝統に即した日常的で自明な即自的理解（シュッツのいう一次的な構成）の二次的な理論的構成は、通常は、日常性を相対化する特別の理論的足場を仮構することによって試みられる。文化人類学や比較社会学や歴史学などが用いる空間的・歴史的な「比較」という方法がそれである。私たちはこれまで、これらの分科が精力的に紹介してきた数多くの新奇な諸知見によって、私たちにとって自明な知識が特定の状況に制約されたあくまで特殊なものにすぎないことを、たびたび思い知らされてきた。今後もこれらの知は、自明性の拘束から解放されるのに有効であるだろう。

　もっとも、比較のような外挿的方法ではなく、日常的自明性の理論的相対化を、この社会のさなかで自分たち自身の手で意識的計画的に実行しようとする試みもある。フランクフルト学派の批判理論は、その一つの典型である。この学派は総じて精神分析を高く評価する[22]。それというのも、精神分析は、病理的に拘束され自己統制の自律的能力を失い病んでいる人々の病理的メカニズムからの当の本人自身の解放——スローガン的にいえば、フロイト初期には「無意識の意識化」、後期には「エスあるところに自我をあらしめる」——を操作目標としており、批判理論にとっては、まさにこのような自己解放こそが求められたからである (Habermas 1976)。しかし、たとえば『精神分析概説』における「死の衝動」概念導入に関する状況的説明に示されている

ように、晩年期フロイトの治療実践に直接は依拠しない「超心理学」という「理論的構成物」ですら、大きな局面から見れば、在来のパラダイムでは処理しきれない異質の治療経験になんとか対処しようとするかれの努力を間接的な——しかし決定的な——きっかけにしている。精神分析における理論構成は、おおよそつねに、治療実践の進行と並行しているのである。

　これに対して、批判理論の場合には、ホルクハイマーの初期理論に一瞬垣間見られる幸福な一致を除けば、批判理論の理論構築が、社会的実践主体である「人間」の批判的「自己認識」の獲得でありえたことは、かつて一度もなかった。批判理論の知の獲得と相互規定の関係にある社会的実践を見出すことは、きわめて困難である。七十年代西独におけるこの学派の第三世代に指導された一連の社会的・教育的運動は、一見すると理論と実践の相互規定性が成立した例外的事態であるようにも思われる。しかし、これらの成果があまり芳しくはなかったことからすれば、相互規定性は幻想であったというべきだろう。この学派には、社会的現実との実践的現実的なつながりに対するよく知られたホルクハイマー・アドルノの禁欲のほうが、似つかわしい。しかしこの場合には、理論構築は社会的現実との直接的な結合の回路をもたず——「内在的」ではなく——「超越的」で外在的な批判であるにとどまるのである。

　もっとも、日常的自明性の相対化は、かならずしも学問的営為によらなくても、まず「生きられる」場合がある。たとえば、歴史的な変動期に生きる人々や、中枢的な文化から疎隔され辺縁で生きるマージナルな人々にとっては、かれらの日常性そのものがすでに過去と未来、辺縁と中心とに分裂している。この場合、分裂したいずれの側も、他方の側によってあらかじめ相対化されている。私たちは今日巨大な過渡期に生きている。この過渡性については、ポストモダンとポスト・ポストモダン、産業社会と成熟社会など、さまざまに語ることができる。いずれにせよ、目の前にある教育現実に真剣に向き合おうとする限り、私たちにとってもはや自明な伝統も日常性も堅固な形では存在していない。認識や行動を規制する自明な拘束力はたしかに存在しているが、この自明性を対象化することは、本来それほど厄介なことでは

ない。自明性に反省を加えようとするときに私たちに要求されることは、認識のための手練手管ではなく、自己欺瞞のメカニズムを排除して、もはやないものはないものとして率直に認めることだけである。この意味で、日常的自明性からの解放に関しても、私たちは、森昭のたどってきたのと同様の地道な方途以外の格別の術をもたないのである。

それでは、「教育学の人間形成論への再構築」という課題を達成しようとする際にも、ただ森の理論的軌跡をただ無批判にたどればよいのだろうか。そうではない。もしもそうであるなら、この理論的試みは、「教育人間学」ないし「人間形成原論」と名づければよいことになる。私たちがあえて「人間形成論」という言葉を用いたのには、一定の森理論への留保が込められているのである。

3) 統合学と原理論の統一としての人間形成論

統合学と原理論とを同時に追求するという森の基本的な学理論的志向性は、所与の教育現実への理論の応答性・責任性というかれの理論構成上の倫理的前提とともに、あくまでもしっかりと引き継がれるべきである。私たちはこれを、拡散と統合とを繰り返す人間形成論の螺旋状の理論的循環という形でうけとめる。「ライフサイクル」、「異世代間の相互生成」、「教える存在の生成」、「学校複合体の成立と機能障害」などのテーマはすべて、このような理論の拡散と統合の循環の契機として機能している。とはいえ、この私たちの作業を、統合学的な予備学の色彩が強すぎて森自身によって放棄された「教育人間学」と呼ぶことはできず、かといって、統合学のニュアンスを振り払うために過度に原理論に偏って命名された「人間形成原論」と呼ぶこともできない。私たちが、「人間形成論」といういささか中立的な名称を用いてきたのはこのためである。

人間形成論は、所与の教育現実との直接的あるいは間接的な臨床理論的かかわりを契機として、理論的な拡散と統合を繰り返しつつ、教育と人間存在について徹底した包括的原理の検討を加える。つまり、「人間からみて教育とは何か」という人間存在論的人間形成論の問いと「教育からみて人間存在

とは何か」という人間形成論的人間存在論の問いを、互いを基礎づけるために往復的循環的に問い続けるのである。

このように理論的反省を加えられた教育把握・人間把握が、新たな現実的契機のもたらす理論的な拡散と統合の出発点となり基盤となるとともに、他ならぬこの理論的反省の対象ともなる。それでは、今日の教育状況においてこの理論化の主題を、何に求めるべきか。私たちはこの理論化の主題として「ライフサイクル」や「異世代間の相互生成」を選択した。この主題選択は、私たちの教育現実から深く根拠づけられるが、そればかりではなくこれは実は、森の理論展開において残された課題を引き継ぐものでもある。

森の理論に残された最大の仕事は、「生成」から区別された「形成」ないし「教育」を正面から問うことである。『人間形成原論』では、『教育人間学』での「形成」ないし「教育」の視点の欠如が自己批判されている。それにもかかわらずこの課題が『原論』で達成されたとは、かならずしもいえない。『原論』で実際になされているのは、「子どもを成人にまで教え育てる人々の営み」という「教育」の「原型」的定義[23]を踏まえて、これを人間化、社会化・文化化、人格化と順次拡大された視野から再把握し、最後にこの拡大された教育把握を踏まえて、「人間生成の自覚的な、特に価値的・人格的な頂点」ないし「人間形成の目的」を問うという作業である。この要約にすでに明らかなように、『原論』の究極的課題においてなお「形成の目的」と「生成の頂点」との同一性が無前提に仮説されているのであり、したがって、形成と生成との異同あるいは相関などは、それとして論じられてはいない。『原論』のもっとも基本的な骨格は、突き詰めていえば、「形成」と「生成」、さらに「発達」という三つの概念を「目的」ないし「理念」という一点に、無媒介的・直接的に結びつけることによって成立しているのである。

このことは、振り返っていえば、「人間生成の理念」を内容とする「現代社会における教育の問題」にすべての議論が収斂していくという『教育人間学』の構想にも、同じようにあてはまる。そればかりではない。そもそも『教育人間学——人間生成としての教育』という——教育、人間生成、教育学、人間学、教育人間学、人間生成論などのどれかに焦点づけようとしてもかなら

ずしもそれがうまくいかない——きわめて曖昧な標題のうちにすでに、「人間形成」、「教育」、「人間生成」の三者の理論的措定における非反省性が象徴的に示されている。すでに前章でみたように、形成と生成は、ともに「表現的生命の表出」であって、この点において両者に本質的な違いはない。とすれば、形成と教育と生成をきちんと区別しないこの非反省性は、逆に、森の理論がこの点で西田・木村のそれを非自覚的にではあれ継承していることを示しているとみることができる。この非反省性に理論的反省を加えることが、森の議論を継承しようとする人間形成論の最初の課題である。それにしてもこの人間形成論は、森以後の教育人間学の展開とどのような位置関係にあると考えるべきであろうか

4) 森以後の教育人間学の展開と人間形成論

　森以後今日に至るまで、人間形成原論については新たな展開はみられないが、教育人間学についてはドイツと日本で若干の展開があった。ドイツでは七十年代までのボルノウに代表される哲学的・存在論的な議論とロートに代表される統合論的・実証科学的議論を両極とする理論構成の伝統が継承されて、新たな理論的試みを生み出してきた。ツィダルツィルやヴルフが典型的である[24]。そして我が国ではあいかわらずこれらをほぼ即時に紹介する労苦に満ちた仕事[25]がなされてきた。

　しかしたとえばヴルフのいう「歴史的教育人間学」は、在来の原理論的統合論的教育人間学という基盤に、フーコー・アリエス流の考古学ないし社会史の発想を接ぎ木し、ここでできあがる大きな枠組みのうちにフランスなどから流入した新たな雑多な知見を無造作に注ぎ入れてできている。この理論構成の仕方は、臨床的なそれとは正反対である。臨床理論的発想では、いまここで出会う事象についての日常的実践者の一次的解釈についての二次的解釈として援用するために、歴史的解釈や存在論的解釈が引きあいに出される。このような一次的解釈と二次的解釈との往復的循環を通して、実践への関与と理論構築が同時に進むものと考えられているのである。しかしヴルフ的にいえば、一次的であるのは原理的統合論的な基盤とそのうえに屹立する歴史

的事象という理論構成であり、今ここで出会われる事象は、この構成を前提として二次的に解釈される。理論構成の契機は、新しい理論的成果との出会いやその移入ではあっても、新たな教育現実との出会いではない。教育現実は、新たな理論の適用対象ではあっても、理論が新たに生成するフィールドではない。これは典型的な外在的・啓蒙的理論であり、私たちのめざす臨床的理論からすれば、はっきりとした理論的倒錯である。私たちのめざす臨床的人間形成論の構築は、この我が国にも蔓延する理論的倒錯[26]を逆転させようとする森の志向性を継承しようとする理論的試みなのである。

　ドイツでの理論展開に対応して、我が国でも森以後、教育人間学にはつねに一定の関心が向けられてきており、すでに述べたようにドイツでの新たな理論展開はほとんど間をおかずに即時に紹介されてきた。この紹介の集大成が氏家の大著 (1999) である。ここではドイツにおける教育人間学の発端からツィダルツィルに至るまでの業績が、統一的な観点から体系的に紹介されている。紹介を超える新たな理論構築も試みられている。その典型は矢野のめざす「教育人間学」の構築であり、西平のめざす超越領域を含む包括的な人間形成論の構築である[27]。これらについては、学問論の上でも、私たちの相互性論との関連でも、集中的な議論を行う必要がある。しかしこれについては、本研究の議論を前提として別の機会に試みることにしよう。

　森の『人間形成原論』に結晶する諸業績にとって残された課題は、「人間生成」との異同ないし相関を自覚的に念頭におきながら、「人間形成」、「教育」をそれとして正面から問うことである。この「人間形成」と「教育」の根源的な再検討は、たとえば『教育人間学』における「大人の教育」や「教育概念の学術的用語への拡大」という示唆や、『人間形成原論』における――「生命鼓橋論」としての――「ライフサイクル」論や異世代間の相互性の指摘を正面から引き受ける仕方で、試みられなければならない。このような理論的作業が私たちの人間形成論であるが、次節ではこれについて具体的内容的にみてみよう。

第2節　人間形成論の構造 (1)
――発達、教育、教育目的、教育可能性の再考――

　伝統的教育学 (pedagogy) は、「子どもを導く術」という語源的意義が示している視野の制約をうまく超えることができず、子ども期以外の人生の時期における生成や、他世代へ助成的に働きかけることによる大人世代自身の生成などを把握しそこなってきた。さらに、伝統的教育学は、大学における関連講座の制度化、拡大、分業などによって、細分化された業績の巨大な自動生産メカニズムが成立するとともに、臨床性、自省性、理論的統合性などをますます喪失してきている。今日、教育理論においては、かなり広い範囲で、臨床的研究、フィールドワーク、質的研究などが、かなりの頻度で議論され、実際に展開されている。これは、学校複合体の内在的危機への反応であるとともに、実践や教育現実とはディタッチに自動的に産出される理論生産物への強い失望への反応でもある。教育の理論が臨床性や自省性や統合性などを獲得するためには、ライフサイクルの全体と異世代間の相互生成を主題とし、大人として教育現実のなかで生きる理論生産者自身を理論の対象へと自省的に組み入れなければならない。この理論的要請に応えるのが、人間形成論である。

　人間形成論は、伝統的教育学の中核をなす「発達」と「教育」という概念対を、「ライフサイクル」と「異世代間の相互性」という概念対に書き換える。これによって、「子どもの大人への発達」と「子どもの発達への大人の働きかけとしての教育」に制約されてきた伝統的教育学の視野は、「ライフサイクルを通しての成熟」と「異世代間の相互規制ないし相互性」という包括的視野へと突破されるのである。本章でこれまで論じてきたのは、伝統的教育学が人間形成論へ向かう自己再構築運動の前史である。本節では、人間形成論の主題であるライフサイクルと異世代間の相互生成という概念対について、それぞれに具体的・内容的に議論する。それに先立ってまず第1節では、伝統的教育学の骨格を構成してきた「発達」、「教育」、「教育可能性」、「教育目的」などの中核概念について原理的反省を加え、これらの原理的諸点からみても人間形成論への移行が不可避の課題であることを、まずあきらかにしておきたい。

1 「発達」、「教育」、「教育目的」、「教育可能性」

1)「発達」と「教育」の価値低下

「発達」と「教育」という二つの言葉は、今日では誰もがしばしば口にするごくありふれた日常語である。しかも両者はまとめて「教育は子どもの発達を促す働きである」と考えられてきており、これが自明な常識として教育の関係者たちに共有されてきた。しかしこの常識は、今日では大きく揺らいでいる。これが、教育学の人間形成論への再編成を促す社会的文化的背景である。

しかし「発達」と「教育」という二つの言葉のイメージは、今日でははっきりとした輪郭を失い、すっかり曖昧になってしまった。なによりも、かつてこの語の響きに確実に感じられた信仰に近い好ましさの感じや楽観的な色あいなどは、今はもう大きく失われてしまったのである。きちんと議論しようとすれば、誰もなんらかのためらいやしこりを感じずにこの言葉を口に出すことはできない。これは、この言葉を組み入れる社会的・文化的文脈の巨大な変化がもたらした事態である。

すでに1970年代前後には、「教育」に疑念を投げかける議論が噴出した。これには、合衆国や英国での学校のオープン化やインフォーマル化などの穏健な改良主義的主張から、イリッチなどの主張した脱学校論やドイツでかなりの支持をえた反教育論などの極端な議論に至るまでの大きな幅があった[28]。しかしこれらの議論はいずれも、学校と教育への反感という一般的風潮から力を得たのである。

この反感は世界的な出来事である。我が国でもたとえば90年代はじめまでは中等教育段階の諸学校には、いつ生徒たちが荒れに転じ学校全体が機能喪失に陥っても不思議はないというきわめて危うい空気が充満していた。今日では反抗の直接的表出はいくぶん衰弱し、その多くの部分は消極的な拒否や引きこもりへと後退している。消極的反応とは「学びからの逃走」であり「不登校」であるが、後者の不登校の子どもたちの作文や作品を集めたぶあつい本（石川ほか 1993）を眺めていると、これはけっして例外的な子どもたちの疾患ないし疾病ではなく、むしろ、ある巨大な社会集団のメンバーが共有する

行動様式であり——行動様式を文化と呼んだかつての文化人類学の規定を用いるなら——「文化」でさえあると思われてくる。子どもたちの反教育的反学校的風潮に対応して、父兄たちにも同様の傾向が認められる。これはある場合には教育や学校への無関心であり、別の場合には無能な学校や教師への反感である。たしかに後者の多くは進学指導に無能な教師や学校への反感や怒りであったり、盲目的な学歴信仰や学校信仰と裏腹であったりする。しかしこれらの功利的思念においてすら、学校と教育は当然必要でありよいものであるという了解はすでに崩壊し自明性を失っているのである。

「発達」もまた、溌剌としたイメージを失いすっかり色褪せた。この言葉もかつては、大人への成長というくっきりしたイメージを結んでいたが、今日では肝心の人生の区切りそのものがすっかり曖昧になった。人はいつ大人になり、老人になるのか。つまり、子ども期や成人期は、いつ終わるのか。この人生区分の曖昧化とともに、年齢役割と関連する子どもらしさ、大人らしさ、老人らしさなどの「らしさ」という規範もまた、行動への規定力を大きく失っている。大人や成熟した人格など「完全な状態」(the complete state) への直線的進歩をイメージさせる発達という言葉は、区切りもなく終わりもない人生のイメージが支配的になればリアルではなくなるのである。

「発達」の輪郭喪失は、大きく見れば、「開発」の価値低下と連動している。発達と開発はともに、"development" や "Entwicklung" の訳語である。近代社会は、無限の「進歩」や「進化」を楽天的に信じて積極果敢に世界を開発し構築する雄々しさや潔さや爆発的なエネルギーなどを特質としている。しかし、このアクティヴィズムを支える素朴な人間中心主義は、「開発」がその巨大な成果の反面に生み出した惨めな結末（国際的・国内的な経済的文化的格差の拡大、宗教的・民族的対立、人種差別や民族浄化、環境破壊や公害、人間の内面の操作化）によってすっかり色褪せてしまった。

近代の思想は、地球の位置や人類の地位を相対化し、さらに人間の尊厳の根拠である自由意思に基づく自己決定性をも社会的決定論や無意識の決定論などによって相対化してきた。地動説、進化論、マルキシズム、フロイディズムなど、無反省な人間中心主義を相対化し価値的に貶めてきた近代思想の

歩みにとっては、発達と開発の価値低下はその不可避の帰結である。加えて、冷戦の終結とともに、進歩や開発などとイデオロギー的に癒合してきた近代化路線（社会主義・共産主義や民族主義運動を含む）もまた、すっかり威信を失った。「開発」はむしろ、物心両面に及ぶ破壊である。限りない成長や発達は、明らかな幻想であるばかりではなく、破壊的ですらある。こうして世界がポストモダンの圏域に立ち入れば立ち入るほど、モダンと固く癒着した「発達」は、否応なしに価値低下せざるをえない。そして、モダンの衰弱の必然的帰結である「教育」と「発達」の価値低下とともに、教育は子どもの発達を促す働きであるとする常識そのものもまた根底から揺らぐのである。

2) ライフサイクルと異世代間の相互性へ

「教育は子どもの発達を促す働きである」という命題の読まれ方には、大きな幅がある。たとえば、発達を所与の社会文化への適応と読み、教育を一人前の成員への社会化や文化化の働きと読むこともできるし、発達を個人としての完成と読み、教育を人格化の働きと読むこともできる。さらにこの命題を、ボルノウのいうところの「教育に関する植物栽培モデルと粘土工芸モデル」(Bollnow 1959) の二つから読むこともできる。植物栽培モデルでは子どもは能動的な発達可能態であるから、教育的働きかけは消極的であるほかはなく、成長のための条件整備に限られる。これに対して粘土工芸モデルでは子どもは受動的な発達可能態であるから、教育的働きかけは積極的であるほかはなく、大人が設定した目的像に向けて子どもを形成することがめざされる。先の社会化文化化と人格化との拮抗は、完全にとはいえないがほぼこの粘土工芸モデルと植物栽培モデルとの拮抗に対応する。

しかしこの概念対のいずれにあっても、「育つ側」の成長は視野に含まれているが、「育てる側」の——とくに育てることによる——成熟を含めた「相互的な」成熟は、まったく視野に組み入れられていない。教育は子どもの発達を促す働きであるとする常識的命題に欠落しているのは、ライフサイクルと異世代間の相互性という二つの発想である。モダンの衰弱とともに大きく動揺している「発達と教育」という伝統的な考え方は、「ライフサイクルと異

世代間の相互生成」という新たな概念対によって根本的に見直されなければならない。この見直しや読みかえや建て直しというポストモダン的な課題を引き受けるのが人間形成論である。

　発達と教育という中核的概念の見直しは、在来の教育学の根本的な組み替えを要請する。ところで、在来の教育学のもっとも基本的な骨格は、〈学習とこれを促す教育が学習者の発達という形で、教育の目的と教育の可能性とを実践的に結合する〉という構図である。教育学の根本的組み替えは、この構図そのものの書き換えを要求する。実際に、教育の目的と可能性という在来の教育学の「根本概念」(Herbart) について少し立ち入って詮索してみると、ここでも、教育学の人間形成論への組み替えが不可避的に要請されてくる。以下ではまずこの二つの根本概念の原理的再検討を試みてみよう。

2　「教育の目的」の読み換え

　教育について語る際、多くの場合まず、その「可能性」と「終わりないし目的」(an End) が思い浮かべられる。この場合の「教育」は、その可能性を前提にしてその目的を実現する目的的過程であり、目的合理性ないし道具的技術的合理性に規定されている。「目的」との関連で把握された「教育」は、制約された合理性に規定されているのである。これに加えて、すでに森昭の理論でみたように、体系的に整備された理論の多くにおいてすら、語られる教育目的の詳細な内実やそれが編み込まれている文脈について十分な反省が加えられているわけではない。それとして意図することもなくいつのまにか社会的に有力な価値や規範に適合した仕方で設定されている教育目的は、あれこれ詮索するまでもなく実効的である。したがって、このようにして設定された目的については細かな反省が加えられることはない。こうして教育目的の設定は、多くの場合非反省的なままにとどまりうるのである。であればこそ教育目的については、それを規定する特定の合理性に十分に留意しつつ、その内実や文脈について立ち入った検討が加えられるべきである。

　ところで今日では、「大人になる」ことや「老境にはいる」ことなどの人生の区切りが、あまりはっきりしなくなってきた (田中 2003)。人生の区切りの

曖昧化に加えて、学校の価値低下や社会の高齢化や高度情報社会への移行なども重なって、我が国でも、生涯教育や生涯学習がさかんに口にされ、学習社会についても議論されている。「生涯発達」(lifespan development)という言葉も一部では用いられている。この言葉は、一本調子の上昇のイメージを想起させて一般にはあまり馴染まれてはいないが、ともあれ青年期を超えて成人期からさらには老いや死の時期にも及ぶ「発達」や「教育」が論じられているのである。ここでは、教育の目的 (an End) についての在来のイメージは大きく損なわれる。教育や発達は、子どもが大人になる時点で終わるわけではなく、生涯をかけて"endless"に続けられる。この"endless"なイメージによって損なわれるのは、"an End"として語られてきた在来の教育目的のイメージである。

　この"endless"な教育や発達というイメージの蔓延は、どんな社会変化に依拠しているのだろうか。たとえば、グローバリゼーションという名の (個別国家の枠組みをやすやすと超える) 産業社会の高度化があり、さらに、このグローバリゼーションのもとでの先進諸国家の枠内でのポスト産業社会としての成熟社会への移行などがある。この急角度の変化によって、これまでの社会では実効的であった目的の多くが、根底から価値的に相対化されている。この判断がどの程度妥当なのかについて即断することはできないが、少なくとも今日の社会では支配的な価値や規範についてアノミー的な混迷が認められることはたしかである。支配的イデオロギーに直接に規定された単一の教育目的把握といった単純な把握では、もはやこの錯綜した現実には対応できない。アノミー状態ではどんな目的規定もそれなりに有効であるが、その限りで、すべての目的規定は価値的に相対化されているからである。それでは、生涯教育などの観点から述べられる目的のイメージは、この新たな社会状況に対しては適合的であり実効的であるのだろうか。この点についての判断も容易ではないが、少なくともここでは在来の目的は以下のように読み換えられなければならない。

　生涯教育や生涯発達という発想のもとでは、もはや単数大文字の教育目的 (an End) について語ることはできない。教育目的は、第一に、そのつどの人

生段階でそれぞれに成熟する個人とその成熟を助成して成熟する人々によって設定される複数小文字の目的 (ends) である。複数小文字の目的とは、そのつどの人生段階で「何かができるようになる」という目的合理的・道具的合理的な諸過程である[29]。こうして他世代との生成的な関わりのなかで、子どもは子どもなりに、大人は大人なりに、さらに老人は老人なりに成熟する。とはいえ第二に、教育目的は、「何かができるようになる」というささやかな目的的道具的連関に位置づけられるものだけには限定されない。むしろそのつどの人生の瞬間における自己目的的充足もまた、教育目的となるのである。

「何かができるようになる」という複数小文字の目的に向かう諸過程は、人生の時間軸に水平的に沿う無数の小さなベクトル群である。これに対して瞬間的充足という自己目的的生起は、人生の時間軸に対して垂直的に屹立するさまざまなレベルでの爆発である。この二つの教育目的への書き換えによって、融通のきかない固着した教育目的のイメージは、生成的で流動的なものへと変わる。このイメージ変化は、(発達と教育という)伝統的概念対の(ライフサイクルと異世代間の相互性という) 新たな包括的で生成的で流動的な概念対への書き換えに見合うものであるといえよう。

在来の教育学は、「教育の目的」と「教育の可能性」と両者をつなぐ「発達と教育」という堅固な基本的構図によって語られてきた。しかし「教育の目的」のイメージ転換によって、この構図もまた人間形成論の構築につながる根底的転換を迫られる。同様の事態は、「教育の可能性」についても見られる。以下、これについては少し詳しく見ておこう。

3 「教育の可能性」の読み換え
1) 教育可能性への問いとその規定

教育可能性は、人間形成という事実的与件の成立根拠を考える場合には、なによりもまず最初に問われる。ヘルベルトは晩年期の『教育学講義綱要』での体系の冒頭に、「教育学の根本概念は生徒の陶冶性 (Bildsamkeit) である」という命題を掲げている (Herbart 1980)。これは、教育可能性が教育理論の体系的な構成にあたって、最初に位置づけられるものであることを示している。

しかし教育可能性は、なによりも教育実践のうちで、わけても失敗しあるいは成立さえしなかった実践への実践者の反省においてこそ、はるかに深刻にそして徹底的に問いつめられる。プラトンが繰り返し問う「徳を教えることができるのか」という問い（プラトン 1974）は、人格的自律化をもたらそうとする教育の成立可能性を問うものであるが、この問いは、切実な実践的問いかけのもっともラディカルな形である。教育可能性を問うことは、教育の理論構成の上でも、実践の関心からしても、不可避である。教育可能性に関する議論は、実践的な問いかけと理論的な問いかけとの二つに引き裂かれながら、それぞれの仕方で応答の道筋をたどるのである。

「教育可能性」は、多くの論者によってさまざまに規定されており、一定の共通理解を見出すことは容易ではない。あえて定義を試みるなら、まず実践との関連に留意しなければならない。教育可能性は、「教える側」（個人、集団、世代、制度をまとめて「教師」と呼ぼう）の教育実践によって開かれる。したがって、それをただちに「学ぶ側」（これもまとめて「生徒」と呼ぼう）のなんらかの実体的属性として規定することはできない。教育可能性にはつねに、「教師が教育的働きかけによって生徒のうちに切り開く教育的働きかけの余地」という相互行為論的・関係論的なニュアンスがある。これに加えて「生徒の自己生成」との複雑な相関がある。教育可能性はたしかに、生徒の自己生成力の実現ないし展開である。しかし、シュプランガー（Spranger 1973）などの定義に示されているように、教育可能性は、教師の一定の教育意図を前提する。教師の意図が規定する「可能性」は、つねに生徒の自己生成力の発現とスムーズに同調するわけではない。教師の意図する可能性の実現は、ある場合には生徒の自発的な自己生成によって制約されるのである。

まとめれば、教育可能性は、次のように定義できる。「教育可能性」とは、「教師が教育的働きかけによって生徒の自己生成と切り結びつつ生徒のうちに切り開く教育的働きかけの余地」である。この定義に込められる生徒の自己生成との相関（切り結び）や教育的働きかけとの相関（切り開き）がどのように把握されるかによって、定義の具体的解釈は、教育万能論から教育無力論に至るまでの幅でさまざまに分かれる。種々の教育可能性規定はすべて、この幅

広い定義を限定する一つの解釈として、定義の範囲内にそれぞれに位置づけることができるのである。

2) 教育可能性の近代的把握

　教育人間学のいうように人間が生得的に「教育を必要とする存在」[30]であるとすれば、教育可能性は、実践的な意味では人類の歴史上いつでもつねに問題とされたと考えてよい。しかしこれが集中的に問われるのは近代以後のことである。近代以降個人は、身分・門地・性別・人種などの属性的（ascribed）諸契機によってア・プリオリに規定される存在者ではなく、むしろ業績（achievement）を達成しつつ自分をア・ポステリオリにしかも社会的に形成する存在者となってきた。ア・プリオリに制約されるとみなされた教育可能性は、フランス啓蒙思想における"souplesse"、"éducabilité"、"perfectibilité"などの強調、そしてロックの『教育論』（Locke 1963）やカントの『教育学講義』（Kant 1922）での教育の力への信頼などを端緒として、ただひたすらより大きく見積もられてくる。教育可能性の拡大は、属性的諸契機の規定力が理論的に相対化され、その反面で教育的働きかけの余地が理念上拡大されるという形で進む。今日では身体的面・知的面で障害のある人々の教育機会もまた、じょじょに拡大されてきているが、これもまた"ascribed"な諸契機の相対化という近代以降の一貫した文脈のうちにある出来事なのである。

　近代以降、教育の機会もまた、社会の成員を資本主義的産業構造に適応させ中世的共同体の解体を受けて国家的公共性へと統制し統合するために、ただひたすら拡大されてきた。教育機会の拡大は、理念的には無際限な教育可能性によって支えられる。逆にいえば、教育機会の爆発的な拡大は、これに見合う極度に大きな教育可能性の見積もりを要求する。教育機会と教育可能性の見積もりはともに、相互促進的・螺旋的に限りなく拡大するのである。この爆発的拡大は、高度産業社会で頂点に達する。現代の教育状況の特質は、すでに何度も指摘したように、学校教育の極端な大衆化・高度化によって学校・学校外の養育施設・教育産業・家庭・地域・職場などが互いに癒合して「学校複合体」とも呼ぶべき巨大なシステム連関を構築していることにある。

学校複合体の制度化は、教育可能性と教育機会の互いに促進しあう自動的で無機的な、つまりは非反省的な拡大の帰結なのである。

　この特殊な教育状況に対応して今日もなお、「無限の教育可能性」なるものへのきわめて楽観的な信仰が一定の力をもっている。たしかにこの「信仰」は、高度産業社会から成熟社会への移行に伴う社会階層分化にむかう趨勢のもとでかなりの力を失いつつある。しかしこの信仰はなお、徹底的に世俗化された社会での「代用宗教」の役割を保持している。教育可能性への無反省な信仰は、子どもたちをある場合には外からの加工に無際限に開かれた素材であるかのようにみなし、別の場合には努力万能主義という形で過剰な教育期待をかけ無意味な競争に駆り立てる。反省性の欠如した粗野な信仰は、啓蒙期の楽観論がもっていた現状変革力や革命性を失っているばかりではなく、子どもを物象化する抑圧的機能を果たしつつある。この非反省性に徹底的な反省を加えることが、教育可能性論の重大な責務である。子どもへの抑圧性は、近代以降の教育可能性把握にとってけっして無縁なものでもなければ偶然のものでもなく、むしろその本質的属性である。

3）教育可能性論の変革性と抑圧性

　教育への楽観論や教育万能論は、素朴な形ではたとえばフランス啓蒙思想において「教育の力」を賛美するエルベシウスなどに見られる。教育万能論は、封建的身分秩序を突破する革命的意義をもつ。そればかりではない。教育への楽観的信頼がなければ本来どんな実践も成立しない。教育実践とオプティミズムは切り離しえないのである。しかし、歯止めのない楽観論は、人間存在の技術主義的統制へ道を開く。教育万能論のこの両義的特質は、コメニウスの理論に明白に認められる。かれの議論は、近代以降での教育機会の無際限な拡大と人間形成の技術的操作化にともに弾みをつけた。

　コメニウスの理論では、教育可能性は、どんな子どもにも認められる無際限な「模倣」の能力として論じられている[31]。模倣の力によって子どもは、身分や性別などの属性的差異とは無関係にすべて教育の対象となり、人生の初期は「学齢期」になる。分業によって効率的に大量生産を行う工場まがい

のコメニウスの学校構想は、模倣論と学齢期論を必須の前提としている。「学校」という——かれの言葉によれば——「人間の工場」では、無際限な教育可能性をもつ大量の子どもたちが、マニュアルにしたがう少数の教師によって効率的に教授されるが、ここで子どもたちは、従順な物的素材であり、カリキュラムの順序にしたがっていわばベルトコンベアの上を移動し、一律に加工されるのである。コメニウスの議論の技術主義的・物象化的な特質は、個々の教育状況のユニークネスを無視する「普遍的技法」というかれの言葉や、大量生産の威力をみせつけた当時の最先端技術である印刷術を比喩的に用いる「教刷術」(didacographia)というグロテスクな造語などに、象徴的に示されているのである。

近代以降の教育可能性論の多くは、盲目的に拡大する教育の制度化を支える物象化的な技術主義と野合して、これをイデオロギー的に正当化する機能を果たす。これらの教育可能性把握は、封建的秩序を突破する革命的性格と生徒を物象化する抑圧的性格の二重性をともに帯びている。一部の教育可能性論は、物象化に対抗する議論を展開してきたが、批判の要点は、教育可能性を従来のように生徒属性とみなすのではなく、これを実践との関連から、しかも社会文化的歴史的な相関性／相対性の下で、再把握することにある。このような議論はドイツ教育学でじょじょに展開されてきた。

4) 教育可能性論の批判的・統合的再構成

ヘルバルトは教育可能性を、教育実践に先立ってある陶冶性という生徒属性として論じた (Herbart 1980)。これに対して、シュプランガーは教育可能性を、教師の実践が生徒の素質・発達・環境・運命などの制約条件へ対抗しながら生徒の内部に切り開く教育の余地であるとして、実践関連的に再規定した (Spranger 1973)。次いで、フィッシャーは教育の成立可能性を、人間の生物としての適応可能性・教育への心理学的レディネス・精神の自己規定能力などに分けて人間学的かつ階層論的に把握し、さらに教育可能性の歴史的文化的相対性についても論じた (Fischer 1976)。最後にフリットナーは、教育状況から抽象された陶冶性一般ではなく、「ある特定の時点である特定の状況

の下である特定の生徒に見出される」「具体的陶冶性」こそが問題であると述べ、この陶冶性は「教育関係」や「生徒のそれまでの歴史から出現する陶冶へのレディネス」に規定されるという（Flitner 1970）。フリットナーによれば教育可能性論は、このような陶冶性を把握しようとする実践者の反省を一般的に先取りするのである。

　これらの議論は、生徒属性として論じられてきた教育可能性を、それを組み込む社会的な文脈の全体から実践関連的にとらえ直そうとしている。こうして教育可能性は、操作性への無反省な頽落を免れ、それを制約する社会文化的諸条件／それを開発しようとする教育的諸力／それをとらえ返そうとする学習者の自己生成などとの力動的な相関から、ダイナミックにしかも全体的構造的に再把握されるのである。先に示した「教育可能性」の定義——「教師が教育的働きかけによって生徒の自己生成と切り結びつつ生徒のうちに切り開く教育的働きかけの余地」——は、この再把握を受け止めるものである。しかし残念なことに、これらの議論を継承しているはずのロートやゲルナーなどドイツの教育人間学では、議論は再びヘルバルトのそれにまで後退させられており、教育可能性は今一度教育必要性とともに人間存在の本質的属性と見なされている（Roth1966, 1971／Gerner 1974）。かれらの議論は、シュプランガー以来の議論が切り開いてきた教育可能性の状況拘束性や実践関連性などという重大な論点を、今一度見失っているのである。これらの教育可能性の力動的で全体的な構造に関わる知見はむしろ、今日の個別教育諸科学や社会諸科学の領域で、それとして十分に自覚されていないままではあるが、大量にしかも洗練された仕方で提出されているとみることができる。

　教育技術学や教育工学は、教育可能性の効率的で最大限の実現のための技術開発を目指してさまざまな成果を挙げてきており、心理学のさまざまな領域においても学習可能性の開発に関して多くの議論が展開されている（田中1983, 1994A）。社会学のさまざまな領域でも、教育可能性を制約する諸条件について多くの生産的な知見が積み上げられている。たとえば、ミクロ社会学のレベルでは、自己成就的予言やラベリング論や教師期待効果論などを応用する諸研究が、教育可能性の実現に関わる相互行為論的な次元に着目して、

多くの成果を上げている。さらにマクロ社会学のレベルでも、バーンシュタインやブリュドゥー／パスロンらによって、階級・階層や文化の再生産に関して多くの議論が展開されており、教育可能性の実現への社会的文化的制約に関してきめ細かな議論が展開されている（田中 1983, 1987, 2000）。しかし、このようにして提起された知見は、シュプランガー以来の議論の生産的展開を補強するものとして十分に生かされてはいない。この理論的統合が今日の教育可能性論の課題である。それにしても近代以降の教育可能性把握の抑圧性は、これらの議論の延長上で実際に克服可能であるのだろうか。

5) 教育可能性の反省的再把握

教育可能性へのオプティミズムなしにはどんな教育実践も成立しえない[32]。このように実践にとっての基盤である教育可能性は、近代以降の教育理論にとっては理論構成上の根本概念でもある。しかし近代教育学での教育可能性の過度な強調は、努力万能論などの形で子どもたちに対して抑圧的に機能する。この抑圧性を克服するためにはなによりもまず、生徒属性に限定して把握された教育可能性をそれを組み込む関係構造の全体から実践関連的にとらえ直すことが必要である。つまり教育可能性を、実践者や理論構成者を含む文脈の全体から批判的・反省的にとらえなおさなければならないのである。

人間存在の際限のない対象化的物象化的操作に対抗するのには、人間的自然を含む自然総体への畏敬を回復することや存在のうちでの人間の分を弁えることなどの反省的な視点が有効である。野生児神話などによって近代的に粉飾された無反省な教育万能論にとっては、障害や老いや死へ向き合おうとする議論が、時として、失われた機能の積極的な「補償論」から、本人と周りの人々による障害や老いの「受容論」へと真摯な後退戦を戦っているのを知ることが適切な解毒剤になる[33]。たとえば老人の生活の指導理念としての「活動」説は、きわめて常識的ではあるが、場合によっては不可避の衰退に直面する老人たちにただ無意味な苦痛を強いる。これに対抗して、老いを受容する静謐な生活を志向する「引退」説が述べられる。これもまた後退戦の顕著な実例である。教育への楽観論と悲観論は、教育への全体的反省を導く

不可欠の二つの視点であり、ともに相補的なのである。このような反省を通して、教育可能性は操作性・抑圧性への無反省な頽落を免れることができる。

しかしながら、教育可能性把握の抑圧性は、実は、近代教育学の本質的属性であると考えることもできる。近代教育学は教育を、啓蒙主義的な理念の下で、子どもの受動性・客体性から能動性・主体性へ向かう自律化の過程——これが「発達」である——を助成する営為であるとみなしてきた。自律化とは、操作されるものから操作するものへの発達である。ここには、「教育的配慮」にもとづく操作性の有無を基準として、教育主体と学習主体との間に力の非対称性が前提されている。この非対称性という前提のもとで、教育可能性は一方的に生徒の側に帰属させられ、操作性や抑圧性のもとにおかれたと考えることができるのである。とすれば、教育可能性把握の抑圧性を克服するためには、近代教育学の本質部分に前提されているこの非対称性を、根源的に再考しなければならない。このような再考は、在来の教育学を人間形成論へと再構成することを促すものである。

6) 教育可能性論から人間形成論へ

カントの「自律性」が自然的傾向性の自発的抑圧を必須の条件としていることからあきらかなように、近代教育学における教育主体の自律性そのもののうちには、自分自身への操作的支配と従属が、不可欠の契機として組み込まれている。加えて、力の非対称性は、主人と奴隷の関係に見られるように、サディズム／マゾヒズムの絶対的相互依存をもたらす。教育主体の主体性は、「主体／従属者 (sujet)」のそれである。他方、学習主体の主体性もまた多くの場合、その気もないのにその気にさせる「誘惑術」(宮沢康人) によって人為的操作的に作り上げられる擬似的な主体性である。このような物象化的操作的な教育では、教育される側の教育可能性が無際限な量と見なされ、抑圧的操作の対象になることは免れえない。しかしそればかりではない。ここでは、教育する側もされる側もともに、その存在可能性のあまりにも多くの部分がこの物象化的関係に向けて制約されてスポイルされる。この貧困な状況を脱却するためには、操作性や力の非対称性が無効にされる地点、すなわち相互

性へ理論の焦点を当てる必要がある。このような視角の転換によって、教育可能性把握の抑圧性は根底的に回避可能になると見込めるのである。

　力の非対称性のもとでは、教育は、被教育者の教育必要性と教育可能性に応える教育者の一方的な活動である。ここで前提されているのは、「人間は高度に教育の必要でかつ教育の可能な存在である」という知見である。これは、在来の教育人間学が広くコンセンサスを得ることができたほとんど唯一の理論的成果である。しかし人間は、「教える存在」(homo educans)でもあり、「自ら教育を担うことを避けることのできない存在」である[34]。しかも、このようにして教育を担うことが、教育する者自身の成熟にとって不可欠の契機である。在来の教育理論が見落としてきたのは、教育を担う存在という人間存在の規定と異世代間の相互性である。この二つを組み入れるなら、在来の「教育学」(pedagogy, Pädagogik)は、その語源によって制約された「子どもを導く術」という狭い自己理解から解放されて、ライフサイクルの全体と異世代間の相互性を主題的に議論する「人間形成論」へと再構成されなければならない。

　人間形成論は、人間存在を「教育必要な存在」、「教育可能な存在」、「教える（教育を担う）存在」の三者から総合的に再規定するが、この三つの人間存在規定は互いに補いあって、異世代間の相互生成連関を指示する。この人間存在の再規定は、在来の教育学の前提にある「教育主体と学習主体との教育的配慮を媒介とする実体的・非対称的分裂」という構図を破壊する。人間形成論は、互いの存在への互いのレスポンスによって互いに成熟していく異世代間の相互性[35]という新たな発想によって、在来の非対称的な教育関係論を書き換えるのである。ここには、人間存在をパトスとしてとらえる人間観が前提されているが、ともあれこの相互性理論は、教育可能性の相互行為論的把握を高次化させ前進させる。このような視点においてこそ、教育可能性把握の抑圧性は批判的に克服される。

　以上述べてきたように、在来の教育学の基本概念であった発達、教育、教育の目的、教育の可能性などは脱状況的、脱人間的であり、教育学本来の実践性や臨床性には似つかわしくない。これらの伝統的中核概念は、「ライフサイクルと異世代間の相互性」という対概念を中核とする人間形成論におい

ては、もはや理論構成の骨格ではなく、むしろその部分的契機としてあらためて位置づけられなければならない。こうして人間形成論は、ライフサイクルの人間形成論と相互性の人間形成論から構成される。以下ではこの二つの内容について順次検討することにしよう[36]。

第3節　人間形成論の構造 (2)
―――相互性の人間形成論とライフサイクルの人間形成論―――

　人々は、それぞれのライフサイクルの交点で互いにかかわりあい、ともに成熟し続ける。成熟は、青年期の終わりの出来事でもなければ、人生の終わりの出来事でもない。老人は老人なりに、大人は大人なりに、そして幼児は幼児なりに成熟し、またそれが課題づけられてもいる。ライフサイクルのそれぞれの段階における成熟は、さまざまな世代のライフサイクルが重なりあう部分における相互生成の成果である。異世代間の相互性の人間形成論は、まさにこの世代の重なりあいに焦点を当てる。人間形成論は、相互性の人間形成論、ライフサイクルの人間形成論として展開されなければならない。本節ではこの二つの人間形成論について考えていくことにしよう。相互性の人間形成論の方から検討するが、そのためにまず、相互性と教育関係との関連について考えてみよう。

1　相互性の人間形成論
1)「教育関係」の成立から機能障害へ

　教育関係という言葉は、日常語としてあまりなじまれていない（新井 1997／宮野 1996）。しかしここでは、教育の意味あいをおびるすべての人間関係を指すために、あえてこの言葉を用いることにしたい。親と子や、教師と生徒に限らず、日常的な人間関係の多くは、場合によって「教育」の意味あいをおび、「教育関係」となる。それでは、〈教育の意味あいをおびる〉とは、どんなことなのだろうか。

　「教育」という言葉は、江戸末から明治にかけて、学校教育制度を欧米から輸入するにあたって、翻訳のために漢籍から援用された（森 1968）。今日で

もどこかまだ外来語の臭みがあるのはそのためである。もっとも、関連する原語（"education"、"pedagogy"など）にも、そんなに古い歴史があるわけではない（栗原1998）。にもかかわらず、「教育」という言葉は、私たちに、かなりくっきりした一群のイメージを呼び起こす。それはまず、「これが私たちの家族だ」という強い感情をもち子どもたちへ教育的に配慮する「近代家族」のイメージであり、さらに、大人の社会的責任を猶予された子ども期・青年期という「モラトリアム期」のイメージであり、最後に、難易度に即して整序されたカリキュラムと学級制・学年制をもつ「近代学校」のイメージである。

　もう一度このイメージ群を、眺めてみよう。そうすると、教育的家族やモラトリアム期や近代学校などのイメージが、互いに互いを支えあい強めあって一つになっていることがわかる。〈教育の意味あいをおびる〉というのは、この一種独特のイメージ群にまとわりつかれることである。「教育関係」とは、このイメージ群にまとわりつかれた人間関係であり、あえて言葉でいえば、（教育へと）配慮する大人と配慮される子どもとの間の、力の非対称性の下で（教育へと）互いに自発的に規制しあう、特殊な人間関係である。

　それでは私たちは、この特殊に西欧近代的な教育関係に、いつ、どのようにして、出会ったのだろうか。そして、私たちの教育関係は、今日どのような問題に直面しているのだろうか。まず、これについて考えてみよう。

(1) 「教育関係」の原風景

　教育関係とのはじめての出会いを描く印象深いエピソードがある。愛媛県に近代学校が導入されたきっかけは、明治7年に、桧垣伸という一人の教員が、士族の秩禄処分で入手した乏しく貴重な資金を用いて上京し、東京師範附属学校の授業を参観したことだった（桧垣1922）。かつて藩学の助教であった桧垣は、当時25歳。明治5年に設立された啓蒙学校（松山／味酒小学校の前身）の主座教員（校長）であった。啓蒙学校では、学制に掲げられた「唱歌」などはどんな学科か見当もつかず、したがって教えられなかったが、他の主要な学科は、「屋敷大広間の正面に端座する教師の前へ生徒が順番に出かけて、教授を受ける」「寺子屋式旧套の」「教授法」によって、なんとか教えられていた。この旧来の教授法の常識は、桧垣の東京での見聞で、あっさりとくつが

える。
　東京の附属学校では、「長方形な洋式建築の教室のなかで、整然たる一斉授業が行われ、教室の出入りには、〈一、二〉の号令に足並みを揃える。〈礼〉の一令で全生徒が恭しく敬礼する。質疑応答に挙手をもってする」などの、「活気旺溢せる新式の教授」が展開されており、桧垣は、「まったく魂を奪われた」。松山に帰った桧垣は、相当額の寄付金をすばやく集め、二階建ての校舎を新築し、新式授業に着手した。
　東京でこの進取の気性に満ちた教員を驚かせたのは、一斉授業における教師と生徒の秩序だった相互行為であり、これを可能にする特別の空間であった。桧垣の近代学校との出会いとは、実は、「教育関係」とのはじめての出会いだったのだが、それは、身体・行為の自発的統制によって一斉授業を構成する教師と生徒集団の――つまり、「教育的配慮」という関係構成意図にいわば自発的に「従属する主体」（フーコー 1977）どうしの――奇妙だが迫力のある「関係」であった。しかしそもそも欧米にあってすでに近代学校そのものが、すでにみたコメニウスの論に明らかなように、「従属する主体」に支えられ、しかもこのような「主体」を産出する特殊な装置として、構想され構築されてきたのである。近代学校は、その端緒的構想にはっきりと認められるように、加工に向けて自らを自発的に整序する「従属する主体」を形成し、かれらに支えられる。コメニウスの大量生産型学校構想は、欧米では19世紀における義務教育制実質化の流れの中でやっとリアルなものとなった。我が国における近代学校の制度化は、これとほぼ同時代の出来事である。桧垣が教育関係と出会ったのは、まさにこの時代においてであった。

(2)「教育」の予備的理解——教育関係の前代的基盤——
　それでは、近代学校導入以前の我が国には、「教育」という言葉の喚起するイメージ群は、まったく存在しなかったのだろうか。そんなはずはない。桧垣は、近代学校のイメージと出会った。しかし、かれ自身が「教育」に結びつくイメージをなんらもちあわせていなければ、近代学校との出会いは、珍奇なものを見聞した一過性の驚きでしかなかったに違いない。桧垣はこの驚きを、近代学校創設の実際的努力に結晶させた。とすれば、かれのうちに

はあらかじめ、近代学校のイメージを受け容れるなんらかの予備的理解が存在していたはずである。議論を、もっと大きな文脈に広げてみよう。我が国は近代学校制度を急速に導入したが、この革新的仕事は、あらかじめなんらかの形で教育に関する理解が集合的に共有されていなかったとすれば、およそ不可能だったはずである。それでは、どんな理解がどのように存在していたのだろうか。

　少なくとも江戸時代にはすでに、「教育」の予備的理解が存在した。状況証拠は数多くある（〈産育〉編集委員会 1983）。寺子屋や藩校など前代的な教育制度の普及と充実、識字率の高さ、子どもたちにせめて読み・書き・算盤くらいは身につけさせたいという親たちの切実な意欲など。一部の都市では、おもちゃなどが商品化され、子ども文化が大人文化から分離する兆候がみられ、さらに農村の一部では、あきらかに「計画的な」間引きが蔓延しており、しかもそれらは、（単純な貧困ではなく）冷徹な経済計算や教育的配慮に基づくものとみられる。これらの状況証拠には、教育的配慮の主体である大人も配慮の対象である子どももともに教育関係に向けて物象化し操作する集合的心性（マンタリテ）の存在が示されている。桧垣に近代学校との実務的な出会いを可能にさせたのは、おそらくはかれ自身がいくぶんかは共有していたこのようなマンタリテである。

　少し一般的にいおう。近代になると、人間の手は、人間外部の自然ばかりではなく、人間内部の自然にまで及んでくる。人為的操作が、人間存在の自然的・生物生理学的レベルにまで加えられるのである。たとえば、生・老・病・死が、家族や共同体の手を離れて、一方では個人の問題に切りつめられ、他方では病院や施設や葬儀社などの制度にゆだねられる。からだの人為的操作によって、こころは「具体的な」基盤から遊離し、こころから疎外されたからだもまた、肉体へと物象化される。心身の分裂とともに、「子は天からの授かりもの」とか「死は順送り」とかの前代的知恵も基盤を失い、すっかり無力化する。私たちは今日までにおおむねこのような変化をたどってきた。「教育」は、この人間的自然の人為的操作の重大な一環である。

　「教育」の出現とは、家族や共同体からの養育機能の離床であり、それと

表裏をなす学校の制度化である。前代的な養育の関係は、近代家族、モラトリアム期、近代学校という互いに互いを支えあい強めあう新たなイメージ群にまとわりつかれて、教育関係となる。教育関係とは、(教育へと)配慮する大人と配慮される子どもとの間の力の非対称性のもとで、(教育へと)互いに自発的に規制しあう特殊な人間関係である。この関係は、学校教育制度の拡大による巨大な学校複合体の出現とともに、社会のなかでごくありふれた日常的なものとなるのである。

(3) 学校複合体の成立と機能障害──教育的総動員体制の展開と挫折──

　我が国における教育制度は、これまでひたすら大衆化・高度化され、結果として高度大衆教育システムを組織してきた。このシステムはさらに、家族、地域、企業、教育産業(塾、予備校など)、関連施設(養護施設、里親、児童相談所、家庭裁判所など)を巻き込んで、青少年を丸ごと収容する巨大な学校複合体になった(田中 2003)。学校複合体は、国民国家への成員統制と経済競争への人材動員の組織である。しかし学校がひたすら量的に拡大される時代はすでに終わった。経済成長の鈍化と全体社会の成熟した階層社会への移行にともなって、学校複合体は今日、深刻な機能障害に陥っているのである。

　巨大な学校複合体は、昭和初期15年戦争下の国家総動員体制の下で、その輪郭をあらわしてきた。すでに述べたように、京都学派の座談会(髙坂ほか 1943)は、当時の総力戦論の一応の到達水準を示しているが、ここでは、総力戦への総「動員」体制が国民の「自発性の調達」という「教育」問題であることが、繰り返し論じられている。総動員論における国家規模の「従属する主体」形成論は、そのまま、敗戦後の国民国家への成員統制と経済競争への人材動員のための組織(学校複合体)の基礎理念でもある。

　学校複合体は、どのように制度化されたのだろうか。今一度、この制度化過程を振り返っておこう。昭和10年の天皇機関説事件をみてみよう。それまでの教育体制においては、義務教育段階で、全国民へ天皇制への超国家主義的心性が教え込まれ、高等教育段階で、少数エリートへ合理的で法秩序に適った天皇機関説が教えられていた。この顕教・密教の二重体制(久野ほか 1956)は、天皇機関説の公的場面からの追い落とし(国体明徴運動)によって

無理やり統一され、教育体制は全体として、国家総動員体制／総力戦体制に組み込まれた。しかし戦争遂行組織から合理性を排除することは、組織そのものにとって自殺行為である。超国家主義的教化とともに、戦争遂行のための技術的合理性の教育もまた、教育体制全体の課題になる。総力戦への総動員体制に向けて統合され再編された教育体制は、戦争遂行への人材の養成と総動員、超国家主義的教化、技術的合理性の教育などの混在する、アマルガムであった。

　総力戦下の教育体制は、敗戦直後の教師たちの振る舞いや教科書の墨塗りなどの賑やかな表層を潜り抜けてみれば、全体としては、戦後における国民統合と経済戦争への総動員体制へ比較的スムーズに移行した。この移行を象徴的に示すのが、すでにみた『山びこ学校』(無着 1951) である。『山びこ学校』が象徴的に示しているように、戦後のさまざまな社会領域での運動の多くは、「たとえそれがいかに社会システムの外部からする抵抗であるかのように現象したにしても、基本的には人的資源の機能主義的統合という、戦時期にすでに設定された総力戦体制づくりの軌道の上をたどるもの」(山之内 1997) であった。国民統合と経済戦争への総動員体制の確立に向けて、社会の下位領域のすべてが組織される。巨大な学校複合体の成立は、人的資源総動員体制確立の重大な一環であった。

　敗戦後の経済的総力戦は、高度な産業・消費・情報社会の成立と東亜共栄圏の一応の実質化をもたらした。しかし経済的成功は、経済領域本体において空洞化をもたらし、他の生活領域のすべてに深い意味喪失感をもたらしている。教育においてこの状況に向きあうためには、どんな仕事が必要なのだろうか。このことについて考えるためには、まず、教育関係の病的な面に着目しなければならない。必要な仕事は、この病理性との対決であるはずだからである。

(4) 教育関係の病理とその克服——シュレーバー症例と相互性——

　学校複合体の中核は、学校である。ところで、先に桧垣の事例で見たように、近代学校と成員の自己規律化は、互いが互いにとって必須の前提条件である。近代学校は、自己規律的な「従属する主体」によって効率的に運営されるが、

他方で、まさにこの近代学校こそが、ほかならぬ「従属する主体」を効率的に生み出すのである。しかしこの力の非対称性のもとでの近代学校と自己規律化との癒合には、病的な面がある。それを象徴的に示すのが、近代学校へ導入された近代体操である。

　近代体操は、学校教育制度導入とともに早くから我が国に紹介され、お雇い外人による直接の指導を体験できない地方には、壁掛け型の体操法図が配布された（石橋 1986）。「謝氏体操法図」をしばらく眺めていると、この体操の基本理念が、強固な（当初は教師の、やがては生徒自身の）意志の下で、身体全体をバランスよく使用することであることがわかってくる。身体各部を使用する場合には、そのつど強迫的なまでに几帳面にバランスが図られ、左の使用には、かならず右の使用が追随する。鍛練の持続は、やがて鍛練する意志そのものを強化する。体操は、心身の均衡と意志的自己統制の訓練である。体操法図の原著者シュレーバー博士の子息が、『回想録：ある神経病患者の手記』（シュレーバー 1991）で知られるダニエルである。この自伝は、フロイトの数少ない症例研究の一つ（フロイト 1969）で分析され、以後さまざまな人々の議論の対象となってきた。問題は、ダニエルの疾病と養育歴との関連である。

　シュレーバー博士の子息たちは、兄の拳銃自殺と弟の発病・人格荒廃という不幸に見舞われた。かれらの幼少期での父博士の異様な養育行動（シャッツマン 1975）によって、幼い兄弟の心身は、間断なくしかも苛酷に統制された。扱いがあまりにも苛酷であったので、兄弟たちは自分たちで妄想を産出して、かろうじて内的なバランスを図ったともいえよう。幼い兄弟の心身の統制は、博士が考案し息子たちに実際に使用したグロテスクな姿勢矯正器などに見られるように、体操に比べてはるかにサディスティックである。それにもかかわらず、養育行動や養育器械に認められる〈欲求の統制、心身の均衡、身体各部の均衡、意志の強化〉という博士の養育の基本理念は、かれの体操の基本理念と頑固に一致しているのである。

　近代学校の導入とは、シュレーバー体操が象徴的に示しているように、強い教育的配慮による力の非対称性の下に自他の心身を物象化的に操作する構えの輸入であり、心的障害の発症契機となりうる規律化の導入であった。近

代学校は、関係者、時間・空間、目的・内容・方法などの構成要件のすべてを物象化的に組みあわせ、一つのシステムを組織する。歴史の流れにおいては、この強固なシステム化に対して、これとは別の社会的連帯形式を求めるヒューマニスティックな対抗運動が、くりかえし拮抗してきた。たとえば、システムの構成要件である「従属する主体」を関係構成「主体」へ再生させ、システム的教育関係をエリクソンのいう「相互性」(mutuality)に彩られた関係に再編成しようとするのである。相互性という観点から見るかぎり、大人ばかりではなく、子どももまた、教育関係を構成する主体である。そればかりではない。死につつある老人も、まだ母親の胎内にいる胎児すらも、一方的に配慮される存在ではなく、教育関係の一方の当事者であり、教育関係を構成する主体である。

2) 異世代間の相互性とシステム化

エリクソンの規定 (Erikson 1964) を今一度くりかえすなら、年長の世代は、年少の世代がうまく成熟できるように「規制」しようとして、まず、相手にあわせて自分自身の生き方を「規制」する。赤ん坊に睡眠と覚醒のリズムを教えるためには、まず母親が赤ん坊のリズムに同調しなければならない。こうして「赤ん坊は家族から支配されると同時にその家族を支配し育て」ており、逆に「家族は赤ん坊によって育てられながら、赤ん坊を育てる」。この異世代間の「相互性」は、老年世代と中年世代とのあいだにも成立する。中年世代に対して、衰えつつある老年世代と成長しつつある年少世代がともに、自分たちの成熟を助けるように呼びかける。そしてこの応答体験[37]を通して中年世代自身が成熟するのである。パトスとしての人間存在どうしの応答関係である。今日では、大人が教える存在へと十分に成熟すること、老人が自分の老いと馴染むまでに成熟すること、死んでいく人が自分の死を受容するまでに成熟することなどがすべて、ひどくむつかしい問題となっている。ライフサイクルの全体を通した成熟や異世代間の相互生成は、学校や家庭や地域が教え育てる力を大きく失っている今日、ますます重大なテーマとなってきているのである。

人間形成論はこのような異世代間相互性を主題化するが、この広い理論領域のうちでどんな主題を取り上げてみても、人間形成の基本的構造を示すまったく同じ図柄が現れてくる。たとえば、子どもの「独り立ち」(ひとりだち)の冒険は、まわりの人たちとの相互信頼で支えられる。子どもは、親たちから信じられ親たちを信じることができるときにこそ、この信頼をいわば跳躍台にして親たちからの自立という冒険の道を歩むことができる。子どもの自立への成熟は、これを支える親たち自身の「生み出す力」(generativity) の獲得・成熟と噛みあって、相互生成のネットワークをつくりだす(Erikson, E.H. & J. 1981)。同じように、死にゆく人々の「一人発ち」(ひとりだち)の冒険もまた、まわりの人々との相互信頼で支えられる。死にゆく人の死の受容への成熟もまた、これを支える人々の「生み出す力」の獲得・成熟と噛みあって、相互生成のネットワークをつくりだすのである(田中 2003B)。

　しかし高度産業社会では、すべての生産と消費の単位が、さまざまなネットワークに組み入れられ組織されている。このような場では、すべての構成員の活動は技術的合理性にもとづいて効率的に組織される。誰もがモノのように合理的に操作される人間関係では、相互性において成熟しあうことはきわめて困難である。たとえば、ともすれば多くの人々、わけても女性たちが、「家事や育児や仕事が個人的な自己実現の妨げになる」と感じているのは、この一般的風潮によるものともいえよう。互いの成熟を促進しあうためには「相互性」が求められるが、しかし他方、これだけ大きくなった組織を運営するためには、モノどうしが合理的効率的に作動する「システム」をつくり、これを維持するほかはない。この「相互性とシステムとのせめぎあい」こそが、今日の人間関係の根底にある最大の問題の一つである。このせめぎあいについて具体的に考えてみよう。

(1) **生成、凝固、解体**

　典型的事例をみてみよう。以下の「ホスピタリズム」と「児童虐待」の事例は、愛媛県の児童相談所心理判定員である鷹尾雅裕によって詳細に報告されたものであり、すでに前著でも検討した[38]。ここでもこれらの事例を、本研究での議論に必要な程度に切り詰めて今一度要約しておこう。

事例1　家族解体と施設漂流

　男児Zは、家庭にめぐまれず、出生地の町役場からの依頼による児童相談所の施設処置によって二歳時から養護施設に収容されたが、中学への進学時から、収容他児への暴力沙汰などの激烈な不適応症状を示した。Zは、施設職員のさまざまな働きかけを受けながら、しかし治療的・教育的にはほとんど何の目立った成果をも示すことなく、不適応行動を繰り返した。この結果、Zは児童相談所の三度の一時保護を挟んで、養護施設、精薄児施設、教護院、精神薄弱者授産施設などさまざまな施設をたらい回しにされることになった。

事例2　児童虐待と凝固家族

　地方小都市の公共賃貸住宅に住む、父親と二人の連れ子、母親と連れ子、父親と母親のあいだにできた三人の子どもからなる八人の家族では、まず、父親の連れ子である男児Aに対して父母が、およそ二年間にわたって持続的に心身両面へ極端な虐待を加えた。近隣の人々、学校、警察、病院、児童相談所などが次々に善意の救済行動をとったが、虐待そのものをとどめることはできず、Aは、中学の最終学年を親族宅に避難し過ごした。Aが中学を卒業して父親と同じ職業に就き、自宅に帰ると同時に、虐待の対象は、母親の連れ子である男児Bに移った。

　Z事例は、子どもが家族的人間関係にめぐまれないままに施設措置された場合の、ホスピタリズムの出来事を示している。ここでは、Zにかかわる職員たちはすべて、役割規範に拘束されたシステム役割行動と治療的・教育的な相互性との間で引き裂かれる。そして、Zとのかかわりの失敗は、施設のシステムとしての力量の自己検討と改良の契機となる。これらの機制をできるだけ一般化して議論してみよう。

　近代以後のコメニウス、ペスタロッチ、マカレンコ、ランゲフェルトなどの典型的な教育理論の背後には、つねに戦災孤児の影がある[39]。これらの孤

児についての現象記述がホスピタリズムの記述と酷似していることからすると、ホスピタリズムは近代教育学の成立と展開にとってきわめて重要な契機であるといえるであろう。しかも、Ｚ事例が施設の高度なシステム化の契機でもあることを拡大適用していうなら、ホスピタリズムは、近代以後の学校複合体のシステム化にとっても、さらにこれに対応する近代教育学の展開にとっても不可欠の契機であるといえるのである。

　次の虐待事例では、外部から家族への「虐待する親」といったラベリングが家族内外の境界を作りだし、さらに虐待そのものが「犠牲の羊」戦略によって、家族の内的結合を生み出している。このように病的に癒合する家族を、「凝固家族」と呼ぼう。とすると、Ｚ事例と虐待事例は、解体と凝固という正反対の方向から、まるでネガがポジを浮きださせるようにして、近代家族のノーマルな様態を浮き彫りにするといえる。近代家族は、1人1人の成員のライフサイクルにそった変化や危機に応じて、不断にその結合を再構築しなければならない。いいかえれば近代家族はつねに、危機を契機として家族成員それぞれの力が交わり拮抗し押さえつけあい伸ばしあう、力動的な生成過程にあるのである。このような成員の相互性による生成が遮断された二つの典型的な関係様式を、私たちは、解体と凝固に見ることができる。

　生成と凝固と解体という三つの関係様式は、社会集団の三つの組織化様式でもある。今日では、学校複合体を構成するすべての下位組織に、生成と凝固と解体が見られる。学校複合体は、社会化と人材配分という社会機能のいずれにおいても、機能過剰による機能障害に苦しんでいる（田中 1987, 1989, 1999A）。機能障害に苦しむ集団の関係様式は、生成ではなくて解体か凝固かのいずれかに偏る。通常の場合なら、学校複合体に収容される青少年へのかかわりを契機として、ある程度は成員全体の生成と成熟を可能にする異世代間の相互性が組織される。しかしこの相互性は、成員を含めて関連するすべてを機能要件として物象化するシステム化の力によって妨げられ、ある場合には凝固や解体がもたらされる。次項では、成員の行動様式のマニュアル化によって組織が機能不全に陥るメカニズムを、老人ホームと学校の二つの事例で具体的に見るが、このマニュアル化は、関係様式の解体／凝固の原因で

ありかつ結果である。

　今日の教育問題の中核にあるのは、すべてを物象化する「システム」と相互生成を可能にする「相互性」との拮抗という問題である。どんな組織や集団においても不可避のこの拮抗を、可能な限り相互生成の展開に結びつけるためには、どんな努力が必要なのであろうか。この焦眉の問題を考えるためには、私たちは、「子どもを導く術」という語源に制約された教育学の学問的自己理解を超えて、異世代間の相互性とライフサイクルを主題とする「人間形成論」を展開しなければならない。

　ライフサイクルを通しての相互生成は、「生み出す力」(generativity) の交錯や交流による異世代間のかかわりである。共同の仕事としての相互生成は、家庭や学校や職場などの人生のあらゆる場面で、「生み出す力」というパワーを共有する世代をこえたすべての人々の結びつきによって展開される。相互生成は、生み出す力を共有する人々によるパワフルな社会を創造する。相互生成の生み出すパワフルな社会は、ほかならぬこの相互生成を支える基盤となる。しかし今日の高度産業社会は、個々人の結合をただひたすら機能的なだけの「システム」にして、実質的な人間的つながりを分断しがちである。だからこそ、私たちは、学校や家庭や職場のあらゆる場面で、パワーの譲り渡しあいとしての相互生成というダイナミックで生産的な「相互性」を形作るべく努力するほかはないのである。私たちは、このような相互生成と新たな社会構築とのダイナミズムをうまく生み出すことができるのであろうか。

(2)「程の良さ」という共通感覚——システムと相互性の調停——

　高度産業社会でのテクノロジーに支配される相互行為の世界では、つねに同型の問題が発生する。それは、「システム」と「相互性」という二つの異なった対人関係様式の間の拮抗を超えて、この両者の間に適切なバランスを見出すという問題である[40]。

　人間による人間へのテクノロジーの行使は、物象化的に操作する主体自身をも物象化する。相互行為領域を技術的合理性によって組織するシステムは、内外へのテクノロジーの効率的行使に向けて全成員を機能要件として配置する物象化的組織である。この意味で、病院化社会／学校化社会の組織病理を

非難するイリッチの診断は基本的に正当であるが、この病理に対抗して「コンヴィヴィアルなもの」などを無媒介に提起する点では誤っている[41]。物象化に対抗して相互性などの組織様式だけを称揚する偏った議論は、むしろより一層の物象化やシステム化に加担する結果になる。システムの技術的合理性・効率性を無視するロマンティックで無反省な善意は、システムと相互性との間のバランスを求めて苦慮する人々の努力に対して破壊的であり、多くの場合かえってシステム的制度化のきめを細かくする契機となるのである。

　システムと相互性との調停という実践的・原理的な問題こそが、テクノロジーによって隅々まで組織された高度産業社会でのもっとも本質的な問題の一つである。それでは、テクノロジーが対人的に適用される日常的な場でシステムと相互性とのバランスを見出すためには、どのような努力が求められるのであろうか。このことを筆者が直接的間接的に関与した具体的事例を通して考えてみよう。

事例3　特別養護老人施設のシステム化
　M特別養護老人施設は、かなり潤沢な予算を与えられ進取の気性をもつ活動的な経営者を迎えて、実験的施設として開設された。収容者数に比して比較的多い職員は、体力と気力のある若手が多く、これに有能なベテラン職員が配置された。老人たちは、整備されたマニュアルにしたがってかなり徹底的な管理を受け、清潔で栄養状態も良好であり、しかも可能な限り、たとえ車椅子によってでも、食堂や外に出掛けて新たな刺激を受けるように配慮されている。しかし、老人たちの惚けが減少しているようには見えず、むしろ惚けは促進されているようにさえ見える。かわりに目立っているのは、懸命にマニュアルをこなす職員たちの腰痛などの疾病である。

事例4　教員集団とマニュアル化
　N中学は数年前に十数人の問題生徒を核とした生徒集団の荒れによって、授業が成立しないなどの異常な事態に陥った。当初有効な手立てをもたなかった教員集団は、父兄や教育委員会などの支持や、ある場合には警察など

の手を借りて、生徒集団にじょじょにきちんと向きあうに至った。この間に教員集団は、登校しない生徒や問題を起こした生徒に対処する方途について、集団内部で深刻な討論を繰り返しながら、一定のコンセンサスを獲得した。この場合大切なことは、適切な対処マニュアルができたことではなく、マニュアルを生み出し活用することのできる成熟した教員集団が生成したことである。こうして、生徒たちに対して隔離や指導や懐柔などの対処様式を見事に使い分ける教員集団の努力によって、生徒の荒れはじょじょに沈静化した。

しかし、荒れが表面上目立たなくなり、卒業や移動などによって生徒集団・教員集団がすっかり様変わりするにつれて、以前の教員集団の努力の結晶であった生徒集団への対処様式はすっかりマニュアル化し、むしろ生徒集団と無用な距離を作りだすものとなった。こうして相互性をつくりだす大切なきっかけを失った教員集団の仕事は、ルーティン化する。生徒集団との内的な関係を失い、なおかつ教育という仕事に従事する教員集団は、じょじょに頽廃する。

二つの事例にみる頽廃は、集団や組織が相互性とシステムとの緊張関係を失うことの惨めさを象徴的に示している。どんな相互行為状況にあっても、同型的な行為の反復という局面と、そのつどにユニークな行為の創造という局面とが、同時に存在する。相互行為状況では、その場の構造的安定性を保持するために、日常性や自明性が繰り返し再構築されなければならないから、どうしても制度化された役割行動の反復の方が目立つことになる。しかし、役割規範というマニュアル化された惰性的な力に抗して、同時に、相互性の生成もまた求められなければならない。相互行為状況での役割システムは、集団的な応答性と責任性に担われた相互性の生成によって、繰り返し基礎を補完され、建て直されなければならないのである。この相互生成のメカニズムについては、拙著『臨床的人間形成論へ』(2003B) や前著『大学教育の臨床的研究』(2011B) での「大学授業の構造化」(90頁以下) で論じたとおりである。

どんな状況にあっても、相互行為が、反復とユニークネスという二つの特性をすっかり失うことはない。つまり、システムと相互性の対立や緊張が全

面的に解消されることは、実践的にも理念的にもまったくありえないことなのである。私たちは、どんな相互行為場面においても、相互性とシステムとの分裂と緊張をあえて引受け、自分たちの状況生成力・自己生成力を精一杯生かす主体であろうとするほかはない。それはまた、関連するあらゆる状況において、役割行動を演じつつ同時に、役割演技の隙間を見つけ出し、そこに「遊び」の余地を確保することにほかならない。この典型が、たとえば私たちが前著『大学教育の臨床的研究』で示した「大学授業構成における生成モデル」(116頁以下) である。今日のさまざまな治療的・教育的相互行為に関する多くの事例は、きわめてつらい状況にあってさえ、関係者たちによって相互生成のダイナミズムがかなりの程度に発揮されていることを示している (田中ほか編 1995)。つらい事例をはなれて、日常生活に帰るなら、相互生成の成立可能性は、はるかに大きく見積もることができるであろう。

　ウィニコット (Winnicott 1993) は、通常、母親の大半がそうである「程のよい (good enough) 母親」の着実な仕事ぶりを高く評価している。日常生活を支えるのは、「程のよい」とか「自然な」とかと形容できる一種の共通感覚である。この共通感覚は、生得的に共有されているというよりも、実際には強く社会文化的・歴史的に規定されて後天的に獲得される。社会が伝統的であればあるほど、この意味で共通 (コモン) であることは容易である。残念ながら、高速度にすべてが回転し変化する高度産業社会では、コモンであることへの社会的支持はあまり望めない。「程のよさ」や「自然であること」は、実は、そのつどの社会状況に適した仕方で人間存在の潜在力がダイナミックに表出されてかろうじて成立する。今日の社会は、このような表出を極端にむつかしくしているのである。しかし、多くのつらい事例からすぐに類推できるように、私たちはみな「程のよさ」や「自然であること」を基盤にして相互生成を担うのに十分なパワーを共有しており、実際に多くの人々が日常のさまざまな生活世界の局面で相互生成に従事している。この点でも私たちは楽観的であることができる。この「程のよさ」を次章以下で私たちは、「適切な半身の構え」と呼ぶことになる。

　人間形成論が議論しようとするのは、子どもや若者の教育だけではなく、

ライフサイクル全体を通しての異世代間の相互生成の全体である。それは、今日、不登校やいじめや中退や非行や授業の不成立などにみられるように、これまでの教育を支えてきた自明な基盤が大きく崩れつつあるからであり、教育を再建するためにはぜひとも教育の根底にある異世代間の相互生成に立ち返らなければならないからである。この場合、すでに繰り返し述べてきたように、私たちは、自分たちの内在的な生成力をある程度信頼してともに相互生成の旅路へとでかけることができるのである。

2　ライフサイクルの人間形成論

　教育を相互性という視角から見直すとき、新たに視野に入ってくるのは、相互性の一方の当事者である「子ども」の生成ばかりではなく、他方の当事者である年長世代（大人と老人）の生成である。つまり相互性の視角からは、ライフサイクルに沿った人間の相互生成がみえてくるのである。

　私たちは自分たちの人生を、「生まれ、育ち、産み、育て、老い、死ぬ」という一連のプロセスを一巡するライフサイクル[42]としてとらえる。しかしこのイメージでは、森昭が指摘するように、人生の流れにおける時間の人為的構成性や過去現在未来の重層的共在や偶然性などの重大な要件がほとんど無視されかねない。ライフサイクルという人生把握は、中途半端なフィクションである。しかし近代以後では、均質で限りなく中空に向けて直線的に延びる抽象的な時間性（時間割、8時間労働、月給、25年ローン）が、太陽の運行や地球の回転に見あってめぐる季節や日や月などの循環する時間性や、生老病死にしたがう有限な生身の時間性や、個体の死を組み込んで永続的に循環する世代連鎖の時間性などよりも、はるかに優位にたつ。「ライフサイクル」のイメージには、時間の循環や完結や永続などがヴィジュアルに組み入れられている。生身の時間や世代継承の時間が劣位におかれる今日の状況では、このライフサイクルというフィクションこそが、人生の一回性や完結性や世代の循環性などを切実に感得する生身の感覚に適合するものとして、不可避的に求められるのである。

　ライフサイクル論の隆盛は、抽象的人間の跋扈する「モダン」への人間的

リアクションの一つである。種々のライフサイクル論の系譜の頂点に位置するのが、エリクソンの論である。この論は、人生の一回性や完結性をイメージさせる伝統的ライフサイクル論の基本的特質を受け継いでおり、しかもこれに世代間の相互性という今一つの重大な視点を付け加えて、ライフサイクルの世代的循環性ないし永続性もとらえている。人間形成論は、「子どもを導く術」といった在来の教育理論の学問論的自己拘束から脱出するしっかりした理論的土台を、（後で述べる森の批判を媒介させた上で）エリクソンのライフサイクル論に求める。森の批判は、人間的時間の人為的構成性や過去現在未来の重層性や偶然性などの理論的補完を求めるが、このように補完するなら、ライフサイクルのイメージは、「所与（偶然としての現在）にあって彼方（人為的な構成物としての未来）を探るもの」としての人間存在が未来に向けて投企し自ら作り継いでいく「生命鼓橋」という、新たなイメージにかわるのである。

1)「物語」としての「ライフサイクル」――語義の詮索――

ライフサイクルという語は、もともと生物学の領域で用いられ、受精、胎児、出生、成長、成熟、老衰、死という一連の生命の循環過程を示してきた。この言葉の根底にも、このような生物・生理学的な過程の意味が込められている。この複合語を構成するライフとサイクルには、一般に次のような含意がある。

第一に、ライフという語は、生命、生涯、一生という意味を同時に含む。

第二に、サイクルという語は、季節のめぐりのような循環性を示すとともに、一巡で完結するイメージを伝達することによって生の一回性をも示す。のみならずこの語は、世代の連鎖を、重なりあいながら無限に継続する一連の過程としてビジュアルなものにする。サイクルという語は、人生の循環性、一回性、世代連鎖性を示すのである。

ライフ・サイクルは、人間の生の個別的な自己完結性と類的な連続性とを全体として力動発生的に把握する上でもっとも有効な概念である。ライフサイクルという複合語が言い当てようとしているのは、人間が生きる過程の

全体性である。すなわちそれは、個人の生における生物・生理的レベルでの生命の流れ、社会・文化的レベルでのキャリアとしての生涯、そして実存的・人格的レベルでの一生という意味のすべてを包摂し、さらにこうした個々人のライフサイクルを含み込む世代の連鎖性や類としての人間の永続性までも含意する。ライフサイクルは、人間存在の時間性を構成するすべての次元を多層的・全体的に包括するのである。

それではライフサイクルというタームは、事実をありのままに記述する「事実記述」概念なのだろうか、それとも人為的に作られた「構成」概念なのだろうか。人生の自己完結性・統合性や世代連鎖性などを表象するライフサイクルは、物語ないし構成の性格を色濃く帯びている。誰にとっても人生の完結性と連鎖性は、即自的に存在するものではなくむしろ虚構である。このことは、ほんの少し自分の人生に自省の眼を向けさえすれば誰の眼にもあきらかである。自分の人生の完結性や連続性は、事実的な所与ではなく、むしろ課題なのである。しかしこの課題は、自分の人生の不確定性、非連続性、偶然性などを意識せざるをえず、その限りで悩み、惑い、希求せざるをえない人間存在にとっては、切実な欲望の対象であるほかはない。人生をライフサイクルとしてイメージすることそれ自体が、人間の存在のもっとも基底的な古層、すなわちアルカイックな心性に根差す、ミメーシスなのである。

有限で卑小な自分の人生をなんとか意味のあるものとして承認したいと願ういわば形而上学的存在としての人間存在にとっては、自分の人生が循環性と一回性と永続性とを同時に保持するライフサイクルであることを願うのはいわば当然のことである。人生をライフサイクルとして描こうとする指向性は、人生のどの瞬間を取り上げてもつねに確実に実在する。エリクソンは、人間存在のアイデンティティ確立への努力を、自分自身の空間的な斉一性 (sameness) と時間的な持続性 (continuity) を求める希求から根拠づけているが、人生をライフサイクルとして生きようとする希求は、このアイデンティティを求める努力と基盤を共有する。私たちは、どんな場合も人生をライフサイクルという (私たちのアルカイックな心性に根差すという意味で)「ミメーシス」として生きようとする。その意味では人生をライフサイクルとしてとらえる

ことは、虚構であり課題であると同時に、人間の存在の根源的な事実性のレベルに帰属する所与でもある。

しかしライフサイクルというミメーシスは、次項で見るように、わけても現代を生きる私たちにとってこそ切実な意義をもつ。我が国においても、この外来語は今日、さまざまな人々によってきわめて高い頻度で、一種の日常語として、用いられている。物語としてのライフサイクルについて語るものは、誰よりもまず今日の日常的生活者たちである。ライフサイクルについて語る研究者たちは、生活者たちの日常的構成を二次的に構成しているにすぎない。学術用語としてのライフサイクルは、日常的生活者たちの一次的用法に遡って理解されなければならない。ライフサイクルは、価値的に中立的な事実記述概念ではなく、切実な希求として生きられる構成概念であり、わけても私たち現代人にとって切実に必要とされて生きられる物語としての虚構である。それではこの切実な物語はどのような歴史的社会的背景から出現したのであろうか。

2) 虚構としての「ライフサイクル」の成立と解体

伝統的社会を ―― ウェーバーの「伝統主義」(Traditionalismus) の規定[43]にしたがって ―― 生活様式の変動がミニマムであるような社会と考えるなら、そこで人生が、繰り返される季節の循環のイメージでとらえられることはきわめて自然なことである。さらに、伝統的社会で中心的な狩猟や漁労、そして牧畜や農業生産などの仕事は、その従事者に自分たちの人生を含めてすべての生物の生命の循環が自然の大きな循環のうちに編み込まれていることをごく自然に理解させる。キュブラー・ロスによれば、今日でもなお第一次産業の従事者たちは、比較的たやすく死を受容できるという（田中 1994A, 1998）。自然相手の仕事に従事する人たちには、自分たち自身の〈生まれ、育ち、産み、育て、老い、死ぬ〉という循環は知らず知らずのうちに、季節が象徴する自然の巨大な循環の部分をなす小循環としてイメージされるのである。

循環する生という伝統的把握は、さまざまな神話や物語の断片という形であちこちに痕跡を残している。エジプトにおけるイシス神話、仏教的・ヒン

ズー教的な輪廻説や四住期説、我が国における「ハレとケ」の循環による年中行事や人生の節目の把握などである。人生を季節の循環の比喩によって直覚的に把握することは、西欧においても伝統的である。シェークスピアの『お気に召すまま』(Shakespeare 1981) における周知のライフサイクル論議が典型的であるが、コメニウスの『世界図絵』(Comenius 1979) にもそのような把握がヴィジュアルな仕方で示されている。この伝統的把握は、近代以後の産業化にともなう生活全体の構造的変化によって、日常生活を構成する力を大幅に失ってきた。しかし循環する生というイメージは、第一次産業の従事者のみならず、日常的生活者たち一般の意識の基底に今日でもなお確実に残存しており、それは時として意識の表層にまで浮かび上がる。以下では、循環する生という表象をめぐるこのようなダイナミックな関連を、近代以後の歴史的過程にそって概観しておこう。

(1) 均質な時間の発生――子ども期と青年期の分離から消滅へ――

　社会史などの理論的成果は (Áriès 1973)、里子制度や離乳の仕方やスウォッドリングや性に関する扱いなどを例に挙げて、近代に至るまで子どもたちは多産多死という社会的事実に見合うマンタリテ――共同的・社会的心性――によって、「悪夢のような」扱いを受けていたことを強調している。しかし、「家畜と一緒の汚物に塗れた幼年時代」は、近代以後の家族感情や教育的配慮の発生とともにじょじょに過去のものとなるともいう。まず「子ども」が、純真無垢ではあるが高い模倣の力によって外部からの悪い影響力にたやすく汚染されやすい危険な、そこで適切な教育的配慮による現世からの隔離の必要な存在として「発見」され、さらに「青年」が、自分にふさわしい職業や異性を求めて疾風怒濤的な自己模索を試みる存在として「発見」されるのである。

　子ども期や青年期の派生分化を含む人生の近代的把握が我が国に芽生えたのは、おそらくは江戸時代初期以降である (田中 1999A)。すでに指摘したように、このことは、この時期の全国各地での頻繁な間引きの実行、玩具／童話など商品化された子ども文化の出現、寺子屋などの制度化された教育機関の急速な普及とそれにともなう学齢期の出現などによって証拠づけられる。近代的な人生把握は、明治期以降の産業化によって確固とした共同的社会的

心性となる。江戸時代にみられる間引きは、かならずしも貧困の結果とはいえず、むしろ少なく産んだ子どもへの親の集中的な配慮と裏腹でさえあった。近代的な教育的配慮は、間引きのような子どもへの選別的殺意と発生的には同根である。教育的配慮は、少産少死という社会的事実に見合うマンタリテの重要な構成要素であり、今日ではマイルドな子殺しとしての産児制限と結びついている。

　子ども期と青年期の大半は、学齢期と重なる。学齢期としてのモラトリアム期は、産業化にともなう近代家族の発生や学校教育制度の無際限な拡大と相乗的に連動して、かぎりなく延長される。そして、高度に組織化された今日の産業社会では、モラトリアム期は、あとで詳しく議論するように、子どもとの境界線を超えて大人期にまで侵入する。イニシエーションの未達成によるさまざまな程度での未成熟性が、今日の大人の大きな特質である。平均寿命の大幅な延長と人生段階の境界喪失は同時に進行してきた。これによって、子どもも青年も大人も老人もその固有性の多くを失う。産業社会に生息する人々の人生は、各段階ごとにボーダーのない、したがって各段階に質的な差異の見られない、ただ均質でノッペラボウな時間の累積となる。無機質的な時間の延長としての人生というイメージは、近代以後普遍的なものとなった「中空に飴棒のように無限に直線的に延びる時間」(Benjamin 1965) という時間表象と適合的である。

(2) 均質で計測可能な累積する直線的時間性の発生

　伝統的な循環する時間表象に対して、ユダヤ教・キリスト教の特殊な宗教意識を土台にして、「始まり」と「終わり」をもつ直線的時間表象が発生した (森 1977)。現世は、神の世界創造と最後の審判との間にある過渡期である。近代以降、この時間表象の宗教的基盤が解体するにつれて、直線的時間表象は始まりも終わりもない無限の歩み (進歩や発達) とイメージされてきた。「中空に延びる飴棒」でイメージされる無機的・直線的な時間表象は、どこまでも均質なニュートン力学の時空間、さらには、産業社会における資本蓄積の無機的な時間性や賃労働において均質とみなされる労働時間ときわめてよく適合する。産業社会では「時計で測ることのできる」均質で直線的な時間と

いう表象が、他の時間表象を駆逐して圧倒的な支配力をもつのである。

　産業化の進展とともに、人生は質的な区切りのないノッペラボウの均質な時間となり、さらに全体的に終わりのみえない待機期・モラトリアム期の色彩を帯びてくる。均質な時間は、産業社会で支配的な直線的時間性の表象と癒合して、中空に無限に延びる均質で直線的な時間としてイメージされることになる。こうして人生は、各個人のそれぞれによって質の異なる循環的過程ではなく、各人に共通な、均質であるがゆえに測定可能な、直線的で累積される時間性としてイメージされることになるのである。

　ただ累積するだけの直線的時間のイメージでは、始まりも終わりもうまく組み込めない。現代人にとって多くの場合老いと死の受容がきわめて困難であるのは、人生をとらえる時間イメージのこの根本的欠陥のせいである。老いと死の受容は、各人が（自分の有限な人生を意味のある部分として包摂する）全体について固有のコスモロジーを作り上げることによってかろうじて可能である（森 1977）。とすれば、始まりと終わりがみえず、したがって全体についてのくっきりした像を結ぶことのできない人が老いと死を受容することは、かなり困難なのである。

(3) 時間性の質的差異と循環する時間性

　しかし、均質で計測可能な累積する直線的時間というイメージは、日常的生活者たちがごく自然に生身にそなえている時間感覚とは大きくずれる。そこで近代的な時間表象に対しては、さまざまな質と程度で抵抗が加えられる。この抵抗を象徴するものは、『歴史哲学テーゼ』でベンヤミンが引きあいにだすフランス七月革命時の時計塔への銃撃である。革命勃発数日後の夕刻、市内数カ所から期せずして同時に同じ時計塔に対して銃撃が加えられたというのである。近代黎明期、三十年戦争などの混迷のうちにあったコメニウスは、『大教授学』のある箇所でふと、秩序正しく時を刻むものとして「私は時計を見るのが好きだ」という言葉を洩らしている（田中 1987）。それから時計塔への銃撃に至るまで、わずか二世紀あまりにすぎない。

　計測可能な直線的時間への抵抗は、三つの方向から加えられる。最初に、「時間には質的な差異がある」と素朴に信じるごく日常的な感覚が、均質性

という時間規定の受け容れに激しく抵抗する。次いで、日常的感覚からすれば、過去と現在と未来という三つの時間性もまた、直線上に連続的に並ぶものとは感じられない。私たちはどんな場合でも、この三つの時間の複雑な重なりあいを生きているのである。この素朴な実感は、先の西田幾太郎の時間規定を想起するまでもなく、フロイト理論における「現在を支配する過去」やユング理論における「未来による現在の規定」、あるいはハイデッガーなどのいう「現在と未来と過去の重層的時間性」といった仕方で、豊かに理論化されている。最後に、無機的に延びる直線的時間性というイメージに対しては、「生まれ、育ち、産み、育て、老い、死ぬ」という生物学的循環を否応なく背負わされた私たちの生身が激しく逆らう。これもまた当然のことである。このような均質な直線的時間性と日常的な循環する時間性との齟齬に加えて、森昭は、意味模索としての人生という観点から、次のように述べている。

「人が自分の生涯に意味を見出そうとするとき、自分の〔一生〕が他の何ものかのための単なる手段や前段階に過ぎないものではなくて、自己目的であり、すなわち、それ自身で意味あるまとまりをもち、この意味で自己充足的・自己完結的なものであることを願うのではなかろうか。このような願いが、理論上は〔時間〕が終わりのない直進的なものとされる現代においても、人々が人間の生涯については、これを円環状のライフ・サイクルとして表象（イメージ）する心理的な理由であるといえるかも知れない。ここには、〔理論〕と〔心理〕との間のいわば矛盾が見られる。」(森 1977 193-4頁)

循環する時間というイメージの拠所は、生物学的所与に裏づけられた日常的時間感覚であり、形而上学的存在としての私たちに避けることのできない意味模索に関わる実存的時間感覚である。私たちの時間表象は、表層の均質で測定可能な直線的時間表象と深層の循環する質的時間表象とに鋭く分裂している。「ライフサイクル」という虚構ないし物語は、深層の時間表象に根差している。上の引用で森のいう意味模索と関わる「心理」的な時間表象は、有意味でしかも筋立てられてまとまった完結性をもつ「物語」のそれである。

私たちが人生をライフサイクルとしてイメージ化し自己完結的な物語にせざるをえない根拠は、私たちの人生のイメージが生物学的循環性、世代の継続性、そして実存的一回性などによって複雑に規定されているからである。近代以降有力な「均質で計測可能な直線」という時間イメージに対しては、日常的生活者や理論家がそれぞれに抵抗してきており、かれらは循環する質的時間性をくりかえし再生させてきた。今日のさまざまなライフサイクル論の根底にはつねに、くりかえし再生する循環的時間性のイメージがある。

(4) 循環的時間性の破壊と再生の循環

今日、高度産業社会において私たちの生きる時間性は、けっして単純ではなく、均質で計測可能な累積する直線的時間、生物学的な循環する時間、森のいう意味で「心理的」ないし実存的な時間などからなるきわめて複雑な複合体である。私たちは、高度で複雑な多層的・多次元的な複合的時間性を生きている。しかし、人生を均質な直線としてイメージしても、ライフサイクルとしてイメージしても、いずれの場合にも困難に行き当たらざるをえない。たとえば人生は、何時どんな出来事に出会い何時果てるとも知れない偶然性に彩られている。人生を無機的に持続する直線でとらえようと、まとまりや連続性・継続性のあるサイクルとしてとらえようと、いずれの場合にも偶然性をうまく取り入れることはできない。これに加えて、人生をサイクルとしてイメージすることには、次のような難点がある。

第一に、今日の先進各国 ── わけても我が国 ── では、出産率が大幅に低下している。ライフサイクルという把握に込められる類の継続性ないし連続性のイメージは、これによって大きく傷つけられている。

第二に、今日では、女性の自己充足・自己実現と母性的養育行動とがうまく調和しない場合が多い。これもまた、人生を調和的なライフサイクルとして思い描くことを難しくする。女性性と母性性は相補的であるか、それとも対立し矛盾するか。女性と男性の役割交換はどの程度可能か。女性による母性性の切り詰めは、子どもの自己生成にどんな影響を与えるのか。これらに解答することなく人生を円満で調和的なライフサイクルとしてイメージし、世代の連続性をイメージすることは、きわめて難しい (田中 1996A)。

第2章　人間形成論　127

　第三に、モラトリアム期が無際限に延長され、人生の諸段階を区切る境界が曖昧になったとすれば、人生を質的に異なった季節が循環するサイクルとしてイメージすることも難しくなる。たとえば、大人が大人への区切り目もなしにずるずると大人になり結果として十分な意味で成熟を遂げたという内的感覚をどうしてももつことができていないとすれば、この主観的に「未成熟な」大人が子どもの「成熟」を助けることは可能か。大人の成熟も成熟の助成も難しいとすれば、世代間でライフサイクルが重なりあいながら連続する相互性をイメージすることができるのか。これらに答えることもまた、ひどく難しくなる。

　このような困難があるにもかかわらず、私たちは人生をライフサイクルとして思い描くことをやめない。ライフサイクルという虚構ないし物語のうちには、人生の自己完結的な循環とか類的継続性とかのあまりにも切実な願いが込められているからである。私たちは、均質で直線的な時間性という支配的なイメージに逆らい、しかも繰り返し虚構性をあばく現実にも逆らいながら、自分たちの人生をあえてなお「ライフサイクル」としてイメージする。それではこの切実なイメージは、現代の理論家たちによってどのように扱われているのだろうか。これらの理論では、人生をサイクルとしてイメージせざるをえない私たちの内的必然性はうまくとらえられているのだろうか。

3）現代的ライフサイクル論の成立と展開

　今日のライフサイクル論は、1930年代に西欧の周辺部で出現し体系化された。この時期、ソビエト・ロシアを含む欧米各国では、国家主導のもと急速に産業の大規模な再編成や高度化が進められた。しかしその結果、既存の秩序は大きく動揺させられ、生活の多くの局面で緊張が高められた。第二次世界大戦に向かう深刻な危機の時代である。ライフサイクル論は、この現代への過渡期において、旧来の政治的社会的秩序が急速に力を失い産業化の波が暴力的に押し寄せていたオーストリアやスイスという西欧周辺部で構築された。その理論家は、オーストリア・ハンガリー帝国のフロイトであり、スイスのユングやビューラー（Buhler, Ch.）であり、青年期に至るまでデンマー

クからオーストリアまでを遍歴したエリクソンである。マージナル論によれば、中枢から離れた周辺部で過渡期に生きるマージナルできわめて不安定な人々こそが、中枢で生起する問題の本質を先取りする仕方で一挙に構造的全体的にとらえることができる。フロイトたちの理論構成に際してもおそらく、この「境界性」が有効に働いていたものと考えられる。

　今一度繰り返すなら、私たちの時間感覚においては、生物学的で土着的な循環する時間と、産業社会に固有の時計で測られる均質で直線的な時間と、高度産業社会で多くの人々がもとうとする実存的で一回的で質的な生きられる時間の三者が共在しており、集団の内部でも個人の内部でもこの三つの時間性が激しく相剋し対立している。三者の相剋は、30年代にじょじょにその姿を現し、現代人の直面する生活上のもっとも大きな矛盾の一つとなってきた。今日のライフサイクル論は、この相剋がもっとも露骨に現れた西欧の周辺部において、問題を先取りする仕方で出現したのである。おそらくこの周辺地域では、なお力強く残存する伝統的土着的な時間イメージと、新たに出現しつつある産業社会の時間イメージとの乖離が、息苦しいまでに極限化していたのであろう。この乖離を端的に象徴するものとして、フロイトの列車恐怖症とこれに関連するウィーンへの引っ越し途上での夜汽車の記憶をあげることができる。いずれにしても、時間性の苛酷な乖離を生きることへの実存的・理論的な応答が、かれらのライフサイクル論である。ここでは、この論の典型であるエリクソンの理論とその批判的継承者である森昭の議論だけをみておこう[44]。

(1) エリクソンのライフサイクル論

　「ライフサイクル」という用語がきわめてポピュラーになったのは、エリクソンの理論的功績である。『幼児期と社会』以来エリクソンは繰り返し、八つの段階からなるエピジェネティック・チャートを示し、この段階の全体をライフサイクルと呼び、関連する議論の内容的充実に努めてきた。かれは、ユングのいう「人生の後半」を成人前期、成人期、老年期の三つに細かく分け、人生全体を心理・社会的変化という観点から一貫して記述する。ここでは、ライフサイクルというイメージに関わるかぎりで、かれの理論をごく一

般的に概観しよう。

　エリクソンの描くライフサイクルとは、各人の意味模索の過程であり、自分の人生をそれぞれに固有な仕方で完結するものとして、しかも永続的な生命の流れに不可欠の部分として参与するものとして作り上げようとする投企である。各人の人生は「生命」のサイクルであり、一つ一つがそれぞれ一回的に完結しながら、しかもそれぞれが重なりあい永続的な生命の連鎖を形作るのである。この人生のイメージは、まさに現代人が自分たちの生をそのように物語りたがる当のイメージそのものである。この意味でエリクソンのライフサイクル論は、現代人の日常的構成の二次的理論的構成なのである。

　ところで、人生の各段階では、体の大きさの変化、中枢神経系の分化や性的成熟や老化などの機能変化などの、生物学的生理学的変化が生じる。そして、この変化に相応しい仕方で、各人に新たな社会文化的期待が加えられる。実存的アイデンティティを確立しようとする各人の意味模索は、この社会文化的期待への応答において試みられる。社会的文化的期待に応えようとして自己確立が試みられる事態を、エリクソンは「危機」と呼ぶ。ライフサイクルの各段階での危機は、たとえば第1段階では、基本的信頼を獲得するかさもなければ不信に陥るかという択一の形で現象する。各人は、危機を克服しようとする努力の結果、新たに獲得された信頼と不信との力動的平衡にもとづいて、「希望」という「徳ないし自我の力」(virture, ego-strength) を身につけるのである (Erikson 1964)。

　エリクソンのいう「徳」は、単純に価値や規範であるわけではなく、かといって事実であるわけでもない。徳とは、各人が発達危機のさなかでその苦境ないし弱さにおいて切実に求める力であり強さである。この苦境にあっては、力ないし強さの確固とした実在感だけが、むつかしい意味模索をかろうじて導くことができる。そのかぎりでは、当の本人にとってはこの力ないし強さは、所与の実在であるとともに、身につけることを切実に求められる課題であり、その限りで規範ないし価値である。エリクソンのいう徳は、各人によって求められ生きられる価値であり事実である。

　エリクソンによれば、力ないし強さの順次的獲得は、人間存在の「エピジェ

ネティック」な「グランドプラン」にしたがう。このグランドプランもまた、各自の意味模索がその努力の軌跡として結果的に生み出すものであり、単純な事実でもなければ価値でもない。ライフサイクルが「プロ」ジェネシスではなく「エピ」ジェネシス——「前」成ではなく「後」成——であるとするかれの規定は、ライフサイクルの現実化にあたってこのような個人の力行的努力が介在していることを示している。おなじことは、かれの他の基本概念の多くについても共通している。たとえば、ほかならぬライフサイクルもまた、たんなる事実であるばかりではなく、各人がそれを求め生きる志向的な価値でもある。かれは、ライフサイクルの世代間の重なりあいに繰り返し注意を促し、これをすでに述べたように異世代間の「相互規制」ないし「相互性」という言葉でとらえる。ここでは、ライフサイクルに関する短い論稿を引用しておこう。かれは、『国際社会科学辞典』への寄稿論文[45]で、「サイクル」について簡潔に次のように説明している。

　「私が〔サイクル〕という語を用いるのは、それによって、個人のライフのもつ二重の傾向性 (double tendency)、すなわち、一方では、一つのまとまった経験として〔自分自身を完結させる〕(to "round itself out") と同時に、他方では、もろもろの世代の連鎖のうちでこれをつなぐ一つの環になろうとする (to form a link in the chain of generations) 傾向性を伝達したいからである。個人のライフは、諸世代の連鎖から強さも弱さもともどもに受けとり、また逆に、世代連鎖へ強さや弱さを与えるのである。」

　ここでは、サイクルがライフのもつ「傾向性」と規定されていることに注意を促しておきたい。傾向性とは価値志向を含む事実性である。この点でも、ライフサイクルを事実でもあり価値でもあるとする私たちの解釈は妥当である。ともあれ、傾向性としてのサイクルは、ライフを一回的に完結させようとすると同時に、世代連鎖をつなぎあわせようともする。こうしてエリクソンの理論においては、ライフサイクル論と異世代間の相互性論は不可分である。私たちの試みる教育理論の人間形成論への再構築は、ライフサイクル論と異世代間の相互性論の展開を具体的な内容とする。この理論的再構築が、エリクソン理論を基盤として達成可能であることは明らかである。ただし、

エリクソン理論から人間形成論への展開は、無媒介的・直接的であるわけではない。両者のあいだには、森昭の理論展開が不可欠の媒介項として介在する。

(2) 森昭による「ライフサイクル論」の再構築

森の遺著『人間形成原論』の主題は、「ライフサイクル」である。この主題に関連する議論はまず「発達人間学」の展開と規定されている。

> 「これまでの科学的探究の成果について一貫した哲学的省察を加えて、単に人間を構成する諸層の寄せ集めではない〔発達人間学〕を展開したいと思う。『人間形成原論』は哲学的省察なしには体系化され得ないのである。」[46]

しかしながら、「発達」という表象を人生の全体に拡張して適用しようとすれば、発達の終着点としての「目的」をどのようにイメージするのかという難問に行き当たらざるをえなくなる。私たちはこの「目的」という「難問」に、前章でみた田邊から森への「宿題」を読み込むことができる。森はここで、「成長を超える成長の目的」の存在を否定するデュウイの主張と、「成熟性 (Erwachsenheit) への成長」について議論するランゲフェルトの主張とを、互いに突きあわせて検討する。そして両者の難点をともに超えた「ライフサイクル」のイメージを「生命鼓橋」と名づけ、これを次のように説明する。

> 「いろいろとイメージを探す途中でふと浮かんだのが、こちらの岸から向こう岸へ太鼓橋を作りついでゆく最近の一工法である。人間の生涯も向こう岸へ（仏教的にいえば彼岸）へ〔生〕を先へ先へと作りついでゆくようなものではないか。おそらく工学的には種々の批判・異論もある〔であろう〕が、先は存在せぬ未来へ作りつぐという点だけを受け取ってほしい。」[47]

「先は存在せぬ未来へ作りつぐ」という言葉が示しているのは、生命鼓橋論が人生を、目標の定まらないままにそのつどに作り継がれていくライフサイクルと把えているということである。田邊の理念ないし目的に関連する問題提起は、婉曲に拒否されている。森は、生命鼓橋という構想について三つの注釈を付しているが、これらはすべて「教育目的」論に関わっている。第

一に、橋には対岸の目標地点が明らかであるのに対して、人間の発達には具体的目標がない。第二に、橋はすべての部分が等質であるが、人生コースは進むにつれて中身そのものが質的に変化する。第三に、橋の建設が設計に基づいているのに対して、人生コースは、当初は周りに定められる割合が大きいが、主体の発達とともに主体自身の関与する割合が高くなる。この三つの注釈は、生命鼓橋の偶発性、不均質性、主体の関与性を示しており、いずれも在来のライフサイクル論の根本的な欠陥を突いている。

ライフサイクルの「目的」は、次のように論じられる。生命鼓橋としての「人生コース」の構築は、当初は他者形成に支えられ、やがてじょじょに自己形成の色彩を帯びる。したがって、生命鼓橋の作り渡される目的を問うためには、他者形成と自己形成からなる人間形成の目的を問わなければならない。森は、人間形成の目的を考察するために、まずビューラーとエリクソンのライフサイクル論をまとめ、さらにこの二人の議論の欠如を明らかにするために、デップーフォアヴァルトの議論を援用する。かれの「〔個人の決断〕が〔人間の現実〕と結び対決しつつ創り出していく〔歴史〕——主として人生史——」という言葉からあきらかなように、ビューラーとエリクソンの論では、各人が先の見えない暗闇のなかで生命鼓橋を「個人的決断」によって主体的に作り継ぐ際の苦衷と創造的楽しさが十分にはとらえられておらず、さらにこの決断のなされる「現実」が根底から偶然性に彩られていることも理解されていない。

生命鼓橋の偶発性・不均質性・主体的関与性という森の指摘が示しているように、ビューラーとエリクソンの議論は、おもに自己決定性と偶然性の見落としという点から批判される。それではどのように考えるべきか。森によれば、偶然性には物理的次元、生活的次元、人生史次元の三つの次元がある。人間存在とは、「彼方に想いを馳せるもの」であり、自らの与えられた生活条件のなかで「偶然の働き」を被りつつ、このような「所与の中に彼方を探るもの」である。こうして、ライフサイクル論は生命鼓橋論として再構成される。個々人のライフサイクルは、それぞれの存在状況における偶然的現実と切り結びつつ決断と投企によって形作られる生命鼓橋なのである。しかし、

これは具体的にはどのようなことか。私たちは、生命鼓橋一般について、あるいは子どもの生命鼓橋や青年の生命鼓橋や老人の生命鼓橋について論じることができるのだろうか。それとも、結局の所、生命鼓橋については、固有の偶然性に彩られた個々人のものとしてしか語り得ないのであろうか。このような問いが、次々と湧出する。しかし森の議論は、このような問いに答えるべき生命鼓橋の具体的議論のはじまる直前で、残念ながらその死によって、唐突に中断するにいたっている。『人間形成原論』での思考の歩みは、在来のライフサイクル論の批判と生命鼓橋論としての再構築の方向性を示しながら、著者の死によって唐突に中断したのである。

在来のライフサイクル論への森の批判には、伝統的生活様式からすっかり切り離されて存在の根源的意味喪失に苦しむ今日の啓蒙化され形而上化された大多数の生活者たちの苦悩が、かなり正確に組み入れられている。生命鼓橋の偶発性・不均質性・主体の関与性などは、以前であれば所与の社会のほんの一部の——生き方の選択にある程度の幅のある——階層だけに妥当する実存的問題であった。他の大多数の人々は、生き方を選ぶ可能性の狭さを前提として、人生を伝統的な循環する「季節」のイメージによって安定した仕方で把握できたのである。しかしポストモダンを経てポスト・ポストモダン状況に至る今日では、大多数の人々は、既成の安定した存在の意味づけを失い、生き方のモデルの不在なままに漂流し、人生の偶発性や不均質性にいわば非武装の「裸のままで」直面している。この意味では、「ライフサイクルを生きる」のではなく「ライフサイクルを作る」ことこそが、社会のほとんどすべての成員にとって共通の課題となった。私たちにとって人生は、継承されたサイクルのイメージをもって安定した形で生きることはできず、各人の手作りであるほかはないのである。

森は、近代社会の日常的生活者の構成を二次的に構成してきたこれまでのライフサイクル論を、ポスト・ポストモダン的な社会で生きる私たちの生活に即して、生命鼓橋論として全面的に再編成した。これは生活者たちの多くの一次的自己理解・自己解釈の二次的理論的解釈である。この生命鼓橋論には、私たちが「ライフサイクル」という言葉にこめる循環性や自己完結性の

ほか、偶然性や主体の関与性もまた込められている。ライフサイクルの世代的重なりあいについても、遺著では端緒的な仕方ではあれ触れられている。生命鼓橋論は、ライフサイクル論の今日における包括的な再編成であり展開である。森のこの理論展開は、人生の永続性をたやすくは信じられなくなってきた今日の生活者たちの生活実感にきわめて正確に沿っているのである。

しかしこの森の生命鼓橋イメージでも、なお理論的に不十分である。ここにはさらに次の二点が付け加えられるべきである。第一に、偶然性へ応えてそのつど成熟しようとする個人的投企は、つねに異世代間の相互性によって支えられていること。第二に、この投企が、未来における死という必然性によって駆動されていること（だからこそ個人的完結性と世代的永続性の二重性を同時に含みもつ「ライフサイクル」のイメージがリアルであること）。この二つである。人間形成は、まさにこのような多くの世代の（自己投企する生命鼓橋としての）ライフサイクルが少しだけ位相をずらして重なりあう場において展開される。以上のようにして、人間形成論の基本的構図（自己投企の冒険が築く生命鼓橋としてのライフサイクル、世代間のライフサイクルの重なりあいにおける相互生成）が結像するのである。

本節ではこれまで、「ライフサイクルの人間形成論」について論じてきた。しかし、たとえば、ホスピタリズムや児童虐待を取り上げても、老いと死を取り上げても、そこでは、さまざまなライフサイクルの段階にある人々の間での相互性が、見過ごせない本質的な契機として立ち現れてくる。つまり、ライフサイクルの人間形成論は、本来、「異世代間の相互性の人間形成論」と不可分なのである。

ところで、「ライフサイクルの人間形成論」と「相互性の人間形成論」とに共通する基盤は、すでに述べた「臨床性」であり、〈（そこから時間や世代や相互性などが立ち現れる）「永遠の今」に触れるパトスとしての人間の存在と生成のありよう〉である。「ライフサイクルの人間形成論」と「相互性の人間形成論」を展開することは、この「臨床性」の抽象的一般的規定を、具体的に表現することでもある。こうして、人間形成論から臨床的人間形成論へと展開する私たちの理論化の営みは、京都学派の理論構成意図をうけて、森昭の中断し

た理論構成を引き継がなければならない。ともあれ、ライフサイクルの人間形成論と相互性の人間形成論は、不可分の形で相互に補完しあい、人間形成論全体の輪郭をじょじょに示すのである。

3 臨床的人間形成論へ

　人間の生涯全体という包括的な視野にたつとき、教育は、ライフサイクルの全体と異世代間の相互性という大きく拡張された視座から、全体として構造的に見直されざるをえなくなる。この見直しを遂行する分科が、人間形成論である。つまり人間形成論とは、ライフサイクル論と異世代間の相互性論を展開することによって在来の教育学を全面的に再構築しようとする新たな学問的営為である。人間形成論の中核概念はライフサイクルと相互性であるから、その確実な出発点はエリクソンと森の理論である。しかし、人間形成論構築の試みは、森の端緒的試行が中断した以降、これまでほとんど誰によっても引き継がれることはなかった。臨床的人間形成論は、森の教育人間学から私たちの人間形成論に至る理論展開の延長上に位置づけることができる。森の理論は一貫して、所与の教育現実への誠実な応答であろうとした。このことからかれの理論は、たとえば、大学教育の現実へ応答しようとする私たちの理論的試行と密接に結びあう。ともあれ、これまでの人間形成論の内在的な検討を通して臨床的人間形成論の構築は一定程度前進したと評価することができるであろう。

　原理論と統合論を統一するという教育人間学の理論的志向性を受け継いで、人間形成論は、新たな関連理論の出現や新たな教育現実との出会いを契機として、人間存在論との間で互いに基礎づけあう往復的循環を繰り返し、それによってじょじょに構築される。つまり「人間からみて教育とは何か」という人間存在論的人間形成論の問いと「教育からみて人間とは何か」という人間形成論的人間存在論の問いとが循環的に問い続けられることによって、人間存在論と人間形成論の双方はともに豊かに構成されていくのである。この循環の基底にあり、しかもこの循環によって豊かな内容を与えられるのは、京都学派以来の「永遠の今に触れるパトスとしての人間の存在と生成」

という一般的抽象的規定である。私たちの人間形成論の展開過程では、この人間存在論との間での循環的問いは、ライフサイクルと相互性という二つの中核概念をめぐって理論的蓄積をもたらしてきている。

　今一度くりかえすなら、この問いの循環を駆動するものは、新たな理論との出会いであり、具体的現実的な問題への直面である。その意味で、教育理論から人間形成論への理論展開の過程は、教育理論が具体的な現実性との出会いという形で臨床性を獲得する過程であり、統合性と原理性をともに獲得する過程でもある。これは、教育理論がその独自性ないし固有性を獲得する自己展開ないし自己超越運動であり、さらに、教育主体の反省的自己生成運動ないし教育的公共性の構成運動である。しかしこれまでの人間形成論の展開過程では、このように臨床性を回復し、教育するもの自身の当事者性を回復することは、まだ十分にはできていない。

　すでにみてきたように、教育人間学は、人間諸科学の爆発的かつ分散的な展開をうけてこれらを統合し、それによって「教育」への問いと「人間」への問いを往復的に循環することによって、教育の理論を原理的に基礎づけようとした。この壮大な理論的な試みを駆動したのは、学校複合体の制度化が象徴する巨大な教育現実の成立であり、この現実に直面することのできないままに自動回転を続ける巨大な理論生産装置の不毛さであった。しかし森の統合理論に偏った「教育人間学」の構築という壮大な試みは、少し距離をとってかえりみるなら、当初のかれ自身の目論見には反して、ただ所与の教育状況への自己関与性と臨床性を喪失した誇大な理論の構築をもたらすだけの結果となったというべきかもしれない。

　森は遺著『人間形成原論』では、自身の間近に控えた「死」から目をそらさず、前著『教育人間学』では十分に焦点づけられなかった大人の子どもとの相互生成に焦点を据えた。こうして、教育理論に深い自己関与性と自省性が与えられた。自己関与性と自省性は、この著作の中心的なタームが著者自身の切実な関心の的である人間の生涯であり、意味模索であり、生命鼓橋であることに如実に示されている。しかし教育理論の原理的基礎づけの試みは、森の死によって中断され、実践理論としての教育理論の臨床性の獲得というほと

んど手つかずの課題とともに、あとに残される結果となった。私たちの人間形成論構築の試みは、この課題を継承するのである。

人間形成論は、在来の教育理論の視野限定をライフサイクルと相互性という二つの対概念によって突破しようとする。子どもの大人への発達に制約されていた視野は、ライフサイクルという包括的な見方によって突破され、さらに子どもの発達への大人の働きかけに制約されていた視野は、異世代間の相互規制ないし相互性という（教え育てることによる大人自身の成熟を含む）包括的見方によって突破される。こうして、森の試みた理論構築がさらに進められ、かれが『人間形成原論』で端緒づけた教育理論の自己関与性（自省性）の獲得も徹底される。しかしこの理論展開は、たしかに臨床的研究から養分を摂取するが、それ自体が臨床的フィールドから立ち上げられるわけではない。つまり、人間形成論はなお十分に臨床的ではないのである。次なる課題は、人間形成論による臨床性の獲得である。人間形成論は、臨床的人間形成論へと移行しなければならないのである。

注

1 このことは教育の領域から出発する教育人間学的な理論化の試みに対してはほとんど自明の共通理解である。これを確認するためには、関連するどの仕事を取り上げてもよい。これに対して伝統的な哲学ないし哲学的人間学に属する仕事では、これを確認するためには何ほどかの努力が必要である。たしかに哲学的人間学の若干の仕事——たとえば典型的には Gehlen 1940 や Buber 1954 や Landmann 1969、さらにキリスト教的人間学のそれとしては Moltmann 1971 を参照——においては、それぞれの著作の中核的な部分において人間の存在と生成ないし教育との本質的な連関に関する議論が具体的に展開されおり、それは比較的容易に確認することができる。けれども、伝統的哲学においてこれを確認するためには、かなりの抽出と解釈の作業を要する。すぐ後で述べる教育人間学の第3類型「思想史」モデルに帰属する業績は、これについての理論的概観を簡便に遂行するのにはきわめて好適である (März 1978, Scheuerl 1982)。

2 Scheler 1927、さらに Heidegaar 1951, SS.199ff. を参照。

3 「生理的早産」(Portmann 1951)、「ネオテニー」(森1961, 254-8頁)、「脱中心性」(Hammer 1967, SS.154ff.)、「本能欠如」(Gehlen 1940)、「開放性」(März 1978, SS.60-70) などの周知の哲学的人間学の生物学的諸概念は、すでに関連する理論にとっては共有財産となっている。

4 Flitner 1950, SS.101ff. を参照。
5 Scheuerl 1982, SS.22ff. を参照。
6 以下で私たちは在来の教育人間学構想を、一方で「統合学」類型と「原理論」類型に大別し、同時に他方でこれを「領域的カテゴリー」とみなす見方と「方法論的カテゴリー」とみなす見方に大別する。この二重の二分法と在来の分類図式とは複雑に錯綜している。前者の区分はたとえば教育人間学の「統合に定位された構想」と「哲学に定位された類型」との区別 (Gerner 1974, SS.56-115) に対応する。後者の区分についていえば、これは、教育人間学構想の不当な拡張を批判しこれを限定された特定の領域的カテゴリーにとどめようとするデルボラーフの議論 (Derborav, 1964) をめぐる活発な議論の応酬と関連している。この場合、個々の理論の帰属する位置をこの二重の二分法のうちのどこかに一義的に規定することはきわめて困難であるのが通例である。たとえば、ボルノウの自己規定 (1983) はあきらかに「哲学的に定位された構想」と「方法論的カテゴリー」に帰属している。しかしながらかれにおいては、この二つは同じ事の別名であるにすぎない。これに対してゲルナーは、デルボラーフの領域的カテゴリーに自己限定する構想を「統合に定位された構想」に組み入れている。この場合には、デルボラーフにおける「哲学的なるもの」の意味がボルノウのそれとの対比においてあきらかにされるべきであろう。さらにいえば、本研究で扱う森の構想は、この二重の二分法のすべてに関連している。

　しかしながらさまざまな在来の構想の大半は、通例——それが他者たちの研究蓄積を踏まえた「事後的な」理論的反省であろうが、あるいは今後の作業のための「事前的な」方法論的検討であろうがそれにはかかわりなく——地道な自前の研究成果の蓄積によっては裏づけされていないたんなる「構想」である。この点でさまざまな構想を分類するこの種の作業は、きらびやかな砂上の楼閣の分類であるに過ぎず、したがってつねになにがしかの無意味感や徒労感なしにはなしえない。このむなしさは、今日の我が国でなおあいかわらず繰り返されているこの種の作業の「紹介」を読む場合、より一層増幅される。森は、理論構築と実践援助を並行して進めることによって、さらに当時の実証的諸科学との対決を繰り返すことによって、このむなしさを超えようとしているかにみえる。私たちもまた、この隘路を理論の臨床化によって突破しようと試みてきた。

　気を取り直して、分類の仕事をもう少し続けておこう。先の二重の分類の他にも、たとえばショイエルは、「教育人間学的問いの三つのタイプ」として「統合的タイプ」、「個別諸現象から出発して現存在分析を遂行するタイプ」、「それぞれの教育学の背後にある人間像を把握しようとするタイプ」を挙げ、かれ自身はこの第3類型の具体的歴史的な追求を試みている (Scheierl, 1982)。同様の歴史的追求は、これとは若干異なった問題関心の下に、メルツによっても遂行されている (März, 1978)。後で少し議論するように、ヴルフ (Wulf, 1994A, 1994B) はこれらの理論的試みを継承している。

7 Bollnow 1968, SS.51ff. を参照。

8 これまでもいくつかの文献を挙げてきたが、ここで1980年前後までの文献をさらに挙げておくとすれば、その包括性の程度や議論の焦点づけのありようはさまざまであるが、以下のようになる。まず包括的には Hamman 1982、Speck 1976 を、次いで明確な焦点づけをもつものとしては Danner 1985、Dienelt 1974 を、最後にきわめて便利なアンソロジーとしては Höltershinken 1976 を参照のこと。我が国については、森の文献の他、Shitahodo 1971、小林 1984、皇ほか 1981、和田 1982 などを参照のこと。なお、堀尾 1979 では、勝田守一の理論的構想を受ける形で「総合人間学としての教育学へ」というきわめて壮大な理論的構想が述べられている。
9 森 1961, 6頁を参照。
10 同書231頁を参照。
11 同書37頁を参照。
12 同書38-8頁を参照。
13 同書40-2頁を参照。
14 森 1961, 846頁を参照。
15 同書42頁、846頁を参照。
16 同書42-3、361頁を参照。
17 同書232頁を参照。
18 森 1977, 19頁以下を参照。
19 同書143頁を参照。
20 同書95-104頁を参照。
21 この点については、一方での、実証科学的知見に関する Loch 1963 と Bollnow 1968 との間の外見以上に大きな見解の相違と、さらに他方で森 1961 の実証科学への開放性と在来の原理論的業績への強烈な批判(森1969)を対照されたい。
22 フランクフルト学派と精神分析との理論的相関については、とくにフロムの理論に焦点づけて検討を加えた(田中 1979, 1980)。関連して、Adorno 1972、Habermas 1973、Jay 1973 なども参照されたい。
23 森 1977, 41頁以下を参照。
24 Wurf(Hrsg.) 1994A, 1994B を参照。80年代に至るまでの業績に包括的な展望には、Zidarzil 1978 を参照。
25 典型的な仕事として、氏家 1999 を参照のこと。
26 この理論的倒錯が、高度産業社会における「教育」の巨大な制度化にともなう自動的自生的理論産出システムの出現に由来するものであることは見やすい道理である。
27 これらは、前注で述べた「理論的倒錯」を超えようとする試みである。矢野 1996A, B, 2008 の一連の「教育人間学」をうち立てようとする仕事や、西平 1996, 1998 のライフサイクル論をあたう限り拡張するなどして教育学を極限的な広さから教育人間学へと再構築しようとする試みなどである。この二つの理論的試みとの対質は別の機会に試みたい。
28 関連文献については、田中 1987 を参照のこと。

29　髙橋 1994を参照。ここで髙橋は、老人の変容の実証的把握などからえられた知見を、生涯の全体を見通した発達把握の見直しに結実させている。発達は外的な尺度によって一般的に計られるものではない。人それぞれにとって大切な変容のある局面（一定の有能性の獲得／何かができるようになること）に着目し、その局面に即した内的尺度によって計られた変容を発達として把握すること。この髙橋の提起は、発達の一般的尺度なるもののもつ抑圧性を回避する点だけでもきわめて有益である。しかしたとえば老いの少なくとも後半部では、有能性の展開（できるようになること）よりも、むしろ衰頽や引退の受容（できなくなることをうけいれること）こそが大切である。さらに、学習や教育や発達を有能性の展開からみることは、死を前にしてあっけなく挫折する。すべてを無にするかに見える死を前にすれば、「できるようになる」という目的を充足しようとする学習や教育や発達は、さしあたってすべて無駄で無意味であり、ある場合には抑圧的ですらあるかのようにさえ思われるからである。この議論の詳細については田中 1999D を参照。この問題は、以下の議論で試みる「発達」再規定の直接のきっかけである。さらにこれは、これもすぐ後で議論する教育可能性論における教育悲観論や受容論の意義と重なる。なお、西平 1997 は、死と教育の問題にかれなりの解答を提起するものである。以前私はこの特殊な問題が西平の議論にとってもつ重要な位置を指摘しておいた 田中 1994D, 1998B。

30　教育人間学の理論的蓄積が在来の人間学へ手渡してきたもっとも根本的な理論的成果は、ロートの規定（Roth 1966, SS.109ff.）を援用するなら、「ひどく教育を必要とししかもかなり教育の可能な存在」（der Mensch als erziehungsbedürftigstes und erziehungsfähigstes Wesen）という人間存在把握である。ロートはこの二面を同時に包摂する概念として"homo educandus"という言葉を用いる。被教育者である子どもの教育必要性に鋭く焦点づけられたランゲフェルトの"animal educandum"という規定（Langeveld 1949, SS.181ff.）は、ロートの"homo educandus"に包摂される。ロートの規定を生かすなら、"animal educandum"という人間存在の規定は、今ひとつの"animal educabile"という規定によって補完されなければならない。しかしこの種の人間存在規定に対して、私は、人間がその「本質」においてではなく「日常的な」存在様態からして、「教育することを逃れることのできない存在」、すなわち"homo educans"であることを強調してきた（田中 1985）。これが人間形成論の中核的な人間存在把握である。本論文で繰り返し「教える人たち」ないし「教える存在」と規定してきたのは、この特異な人間存在把握のいいかえである。この人間存在規定については、本章の教育可能性論末尾で総括的に議論する。

31　以下のコメニウスの議論の要約については、田中 1987を参照されたい。ここで私は、イリッチの脱学校化構想とコメニウスの近代学校構想とがともにクロスカウンター気味に互いのボディを打ちあっており、しかもお互いの尾を嚙み合う蛇のように癒合するこの二人の議論が、新来の議論のすべてをあらかじめ擬似的に先取りし、既成の言説連関に組み込み衰弱させる機能を果たして、きわめて反動的であると指摘した。コメニウスのように諾と言い切り、イリッチのように否

と言い切ること。このメタ理論的言明は、ともに反動的である点で等価である。安易な判断を下して現実を手放すことをせずしっかりと現実に足場を置いていく。これだけが隘路をたどる可能性をかろうじて開く。臨床的理論はこの隘路を進むのである。

32　教育楽観主義と冷静な教育理論との関連については、Spranger 1973での微妙な記述を参照されたい。これについては田中 1983で議論しておいた。

33　これについては本章の注29における西平と田中の議論、さらにはロス（田中, 1998A）の受容論を参照のこと。

34　森 1961, 6頁における人間の存在と生成の規定を参照のこと。

35　この「レスポンス」は、責任主体への相互生成という文脈のうちにある。この概念がフロムに由来することやフロム理論のうちでもつ意味については、注37でいくぶん詳細に述べる。

36　以下の議論は、一部、拙著『臨床的人間形成論へ』でのそれと重複するが、理論の展開上やむをえない。

37　応答体験については、注35の「レスポンス」を参照。フロムのいう「応答性」としての「責任性」（responsibility）によって結びあった関係をフロムは、「生産的関係」と呼んでいる。私たちはこの関係が、エリクソンのいう「相互性」と内容的に一致するとみなしている。なお、相互性が成立する前提は、関係のうちに疎通の困難な「他者性」が存在していることである。もしもこのような他者性が存在していないとすれば、対象化や操作化や物象化が関係の全面を覆い尽くしても少しも不思議ではない。前著『大学教育の臨床的研究』で繰り返し指摘したように、子どもとの関係において相互性について語ることができるのは、子どもの「存在」には二重性（Langeveld 1960）があり、子どもがたんに「大人のもとにある存在」であるばかりではなく、「子ども自身のもとにある存在」でもあるからである。大人は、「大人のもとにある存在」としての子どもの絶対的依存性に応えるというやっかいな仕事を行うと同時に、子どもの「子ども自身のもとにある存在」を大切に守り育てつつ、子どもたちを自律性へと導かなければならない。しかしそれは、子ども自身の世界を尊重し、子どもの「秘密の場所」や「インフォーマル・グループ」が大人の世界にとって本質的にもつ「いかがわしさ」にある限度で許容的であることを要請する。この意味で、教育関係という「非対称的相互性」は成立も維持もかなりやっかいな仕事であり、大人の相応の努力と忍耐を要求するのである。

38　前著（2011B）222-5頁を参照。さらに、田中・鷹尾 1991、田中 1993A も参照されたい。なお事例2は、次章第3節2でふれるような事情で、なかなか公表されなかった。貴重な事例を援用させていただいた点で、共同研究者である鷹尾雅裕氏にここで感謝の意を記しておきたい。

39　Pestalozzi 1968などを参照。コメニウスについては田中 1987、ランゲフェルトについては和田 1982を参照。ホスピタリズムの近代教育学にとってもつ意義については、田中 1993A, 2003B を参照。

40　この「バランス」については、前著『大学教育の臨床的研究』2011B の FD に関

する議論を参照されたい。
41　田中 1987におけるイリッチ論などを参照のこと。
42　生物学的な「ライフサイクル」概念については、たとえば Calow 1978を参照。エリクソンのライフサイクル論に関して比較的読みやすくわかりやすいのは、Erikson 1963である。ライフサイクルと相互性との相関をヴィジュアルに把握するためには、Erikson et al 1981を参照。老いた人や死にゆく人の成熟については、岡田渥美編 1994所収の二つの拙稿（「〔老いと死〕の受容と相互形成」「〔老いと死〕の受容と成熟」）を参照されたい。
43　Weber 1972, S.44を参照。
44　以下、エリクソンと森のライフサイクル論を取り上げるが、これ以外の代表的で典型的なライフサイクル論として、たとえばユングのライフサイクル論については、どんな解説書にも見られる「個性化」に関する記述を参照。その他、レヴィンソン 1978も参照。
45　Erikson 1968を参照。なお、この引用箇所の訳は、森昭 1997による。
46　森 1977, 173頁
47　森 1977, 202頁

第3章　臨床的人間形成論

はじめに

　序論で述べたように、在来の教育学から人間形成論へと理論的視野が開かれるきっかけは、教育現実との臨床的な出会いである。私たちが今日直面している養育と教育の問題に対応しようとすれば、世界同時性を見極めるグローバルな見方とともに、「ここといま」に関与する臨床的実践的な見方をとる必要がある。求められるのは、相応の実践感覚や臨床感覚である。統合論的・原理論的な生成理論である人間形成論は、教育現実との臨床的な出会いをきっかけとして、ライフサイクルを通しての生成と異世代間の相互生成を理論化する。教育理論の人間形成論への転回は、理論の日常性への、すなわち教育状況における内属性への臨床的な転回である。それでは、この「臨床性」とはなにか。さらにいえば、この意味での「臨床性」をもつ理論とは、どのような理論なのか。

　本書ではこれまで、まず第1章で、京都学派教育学から森の理論構築を経て臨床的人間形成論へ至る理論的系譜をたどり、次いで第2章では、教育人間学、人間形成原論、人間形成論という順序で臨床的人間形成論の位置づけられるべき理論的文脈を把握し、人間形成論の学問的構成を検討した。森の教育人間学は、京都学派哲学的人間学における人間の存在と生成の全体論的統合論的な自己理解の試みを受けて、教育の領域での人間の存在と生成のトータルな自己理解を試みた。この全体的統合的自己理解への志向性にしたがって、教育人間学は、壮大な階層論を構築した。しかし、このようにしてできあがってみると、教育人間学に色濃く認められたのは、「ここといま」に生きる主体の自己理解への臨床的関心をすり抜けて、むしろアカデミック

な理論的関心であり、主体論理であるよりも、むしろ対象論理であった。これに対して、遺著『人間形成原論』にみられるのは、死への切実な関心であり、生命鼓橋論にみられる生命の錯綜した生成への臨床的関心である。端的にいえば、対象論理から主体論理への離脱である。ただしこの離脱は、十全に展開され実現される前に、著者の死によって中絶してしまった。

　対象論理から離脱してあらためて自己理解に向かおうとする理論が目の当たりにするのは、自分自身を含む日常性である。この日常性にあっては、多重に積み重なった多様な役割関係や相互性がそれぞれに生成しては消滅し、ある場合には相乗しあい別の場合には拮抗しあって、ネットワークを編んだり解いたりしている。この錯綜した豊かな日常性をなんとかとらえようとする理論の特質が、臨床性である。臨床性において見出されるものを、第1章では、西田の規定を受け容れて、〈(そこから時間や世代などが立ち現れる)「永遠の今」に触れる「ここといま」における人間の存在と生成のありよう〉と把握した。私たちは、この意味での「臨床性」に向かう志向性を、西田、田邊、木村、森などからなる京都学派、京都学派教育学以来の理論連関に、一貫して見出すことができる。「ここといま」における人間の存在と生成のありようを、三木清の用語法にならって、「パトス」と呼ぶことができる。日常の自己状況にリアクトする受苦的情熱的で応答的な人間の存在と生成の様態である。臨床性において見出されるのは、日常性における人間であり、いいかえれば〈永遠の今に接触する「ここといま」におけるパトスとしての人間の存在と生成のありよう〉である。

　人間形成論にはすでに、日常性への着目がみられるが、臨床的人間形成論は、これをあえて自覚的に引き受け、自らの前理論的基礎である日常性、さらには、日常性における人間を、直截に理論の対象として措定する。臨床的人間形成論は、さまざまな理論に潜在的に前提されてきた日常性の豊かさと日常性における希望を理論化する。本章では、この臨床的人間形成論の構造と方法についてまとめて議論する。

第1節　絶句と臨床性

1　テクノクラート支配から日常性へ

　人間形成論には、異世代間の相互生成ないし相互性という基本的な発想がある。すべての人々は、相互性という教えることと学ぶこととの間の錯綜した連関における当事者性を免れることはできない。相互性の外で他人事として語られる教育言説はすべて、生身に即した具体性をもたない。この痛切な自覚をうけて、人間形成論は、当事者性に徹底的に拘泥し、さらにすすんで具体的な相互生成に直面する臨床性において理論を構成しようとする。しかし、人間形成論においてもなお、教育理論をこのような当事者性と臨床性とに導くことは十分にはできていない。「臨床的」な人間形成論への自覚的な移行が求められるのは、このためである。

　それでは、臨床的人間形成論は、教育諸分科に属する新たな分科なのだろうか。おそらくそうではない。教育の理論にはもともと、教育の実践に関する一次的構成に直結する技術論の性格がある。教育の理論は本来、実践する人たちにコミットし、教える人々の相互生成に参与してきたのである。理論がこのような参与ないしコミットを保持するために不可欠の前提は、臨床性である。私たちは、臨床的人間形成論の構築こそが、臨床性を基盤とし帰着点とすべき教育理論の本来性への回帰であると考える。臨床的人間形成論は、教育の理論をその本来性へと再構築する営みなのである。私たちは、これまでの仕事を通じて、まさにこのような意味での臨床的人間形成論の構築をめざしてきた。本節では、この構築のなされるきっかけと方法について考えてみよう。

　臨床的研究は、教育実践に積極的にコミットするが、操作や統制をめざすわけではなく、教える人たちの自省や自己認識と協働しようとする。教える人たちの自省／自己認識は、かれらの相互生成にとって欠くことのできない大切な契機である。臨床的研究（二次的構成）は、教える人たちの相互的な自省、認識、生成（一次的構成）を支え、このコミットの成果を自省して自らの力量を――否定的であれ肯定的であれ――認識し、新たな理論展開に向かう。

臨床的研究と教える人たちの相互生成とは、互いの自省(構成)を前提として、交互的循環的に促進しあうのである。このタイプの臨床的研究にとって、実践との関わりは、理論構築を推し進めるほとんど唯一の強力な駆動力である。

臨床的研究と教育実践とは、〈指導／被指導、操作／被操作、統制／被統制、支配／依存〉などの非対称的な関係にはなく、基本的には——前者が後者を「支援」するといった非対称的関係の残存する若干の特殊ケースを除けば——対称的で相互生成的な「相互性」の関係にある。臨床的研究の特質は、状況内在性、個別特殊性、具体性、実践関連性、利害関連性などにある。しかし臨床理論のもつこれらの特質は、今日の教育状況ではかならずしも十分に尊重されておらず、活かされてもいない。その結果、教育の領域では、臨床理論の展開が大きく妨げられている。なにが臨床理論の展開にとっての障害であるのか。その障害の克服は、どうすれば可能になるのか。問題は何処にあり、その解決の方途は何処に見出されるのか。私自身の具体的な研究体験を手がかりにして、この点について考えてみよう。

これまで私は、大学教育、遠隔教育、臨床教育を、自分自身の実践的臨床的研究のフィールドとしてきた。いずれも、現に大量の実践が繰り広げられている巨大な社会的フィールドであり、この関心の集中に見あって相応の関連理論が生み出されてきている。これらの実践とコミットしようとすれば、研究実践は、本来なら、大なり小なり「臨床性」をもたざるをえないはずである。求められているのは、「理論生成的な日常性」への立ち帰りであり、「〈ここといま〉におけるパトスとしての人間の存在と生成」へ還帰であるはずである。このような日常性への還帰が求められるとすれば、この三領域で実践に自覚的にコミットしようとする研究はすべて、臨床的人間形成論構築の契機となる。そして、この臨床的人間形成論は、実践者たちの一次的構成の二次的構成として、一次的構成の再構成にコミットするはずである。ところが現在では、三領域のどこにおいても、テクノクラート支配がみられ、さらには、この支配と個別諸科学との癒合がみられる。この支配と癒合によって、臨床的理論の展開は大きく妨げられている。テクノクラートとの癒合によって個別諸科学は、大なり小なりすべて技術的合理性に従属することになる。この

技術合理性への従属が、三領域での研究の状況内在性、個別特殊性、具体性、実践関連性、利害関連性などを特質とする臨床的研究への展開を妨げており、臨床的人間形成論の構築の障害となっているのである。

それでは、臨床的人間形成論の展開を可能にするためには、テクノクラート支配と諸分科の癒合にどのように対応すべきか。このことについて、大学教育、遠隔教育、臨床教育の三領域で、順次、具体的に考えてみよう。

2　大学教育、遠隔教育、臨床教育

まず、大学教育のフィールドについて。我が国の今日の大学教育の領域では、アメリカ流の「経営と教育・研究の分離」に向かう趨勢があらわになり、この分離を前提にして、関連する領域内では経営の技術合理主義的発想が優位を占めてきている。この優位性に乗じて教育経営学・教育社会学などが、テクノクラートによる維持管理・運営にコミットし、教育と研究の場を外から操作しようとする。個別科学がこの癒合を突破するためには、外在的に操作されている研究と教育の場に自覚的に身を寄せるほかはない。

初等・中等教育の場合、文教行政による統制、伝統的な教員養成システム、学習指導要領の拘束などによって、どの実践フィールドを取り上げても、それらはいつでもどこでも同じような比較的均質な場として現象している。これに対して前著『大学教育の臨床的研究――臨床的人間形成論第1部――』ですでにみたように、大学教育というフィールドは、それぞれの現場でかなり異質であり、それらは互いに大きく分化している。この分化は、近年、すべての大学が経営中心大学、教育中心大学、研究中心大学などへ機能的に種別化する方向に向かう趨勢によって、大きく増幅されてきた。種別化は、大衆化（ユニバーサル化）、高度産業化・情報化、少子化や財政危機による経営の問題化、対応の難しい学生の急速な変化などによって強いられた個別大学の制度的対応の帰結である。

急速な種別化・分化を前にして、関係者たちは、一様に当惑し、対応に苦慮している。このような事態において、大学に技術合理主義的な経営的発想を導入し、あえて一律に（近代）学校化を図るという処方箋が、教育経営学、

教育社会学などから（社会的な正当性とテクノロジカルな処方箋を調達しつつ）提起されている。ローカリティを無視したいささか乱暴で粗放なこの処方箋は、当事者たちの苦慮に応えるものとして、それなりの力をもっている。この粗放な処方箋のもつ威力は、多数の大学で経営環境が一律に悪化し、さらに財政危機と連動する新自由主義的政策によって「競争的環境」の強権的導入がなされて、関係者たちの「他と同じ行動」から自分だけがおりることへの恐怖感が煽り立てられて、よりいっそう増幅されている。

　種別化・分化という状況に対応するためには、大学の教育改革の仕方は、本来なら、それぞれの個別化され特殊化された具体的なフィールドで、それぞれに固有の仕方で模索され、見出され、遂行されなければならない。トップダウンの一律の啓蒙的改革は、個別特殊性やローカリティに即していないから、具体的目標をもつこともそれを実態に即して適切に書き直していくこともできず、多くの場合、ただあてどなく四方八方撃ち続けるだけで、総じて非効率かつ無効である。増幅されるのは、徒労感であり、さらにいえば自律性の喪失であり、専門家依存であり、テクノクラート支配である。しかし啓蒙性や専門家依存へと誘う力は、意外に強力であり、多くの場合抗しがたい強制力をもっている。かならずしも有効とはいえないつまらない処方箋にしたがって、不必要に多くの力が無駄に消費される。それでは、この極端な不合理性は、どうすれば日常的実践そのものによって、超えられるのだろうか。

　啓蒙性や専門家依存の突破は、たとえば、既存の仕方では通用しない難しい事態に直面した教員たちのいわば「実践的な絶句」をきっかけとして可能となる。絶句によってかれらは、自分たちの常套的な思考や行動の世界からはじき出されて、自分たちの特殊で具体的でローカルな教育的日常性そのものへと今一度還帰せざるをえなくなる。たしかに、この日常性への還帰は、まさに"Krise"（「危機」ないし「分岐点」）である。これは、ある場合には、教員たちが啓蒙や専門家依存を突破して自律的に自分たちの本来の力を発揮するきっかけとなるかもしれないが、別の場合には、かれらの自律することへの自信喪失をもたらし、啓蒙や専門家依存をますます増幅させるきっかけとな

るかもしれないからである。深刻な状況的課題を前にして、〈啓蒙・専門家依存か、あるいは自律的決定か〉といったような択一を図ることは、現実的ではない。それではどうすべきか。

　これまで、校内暴力や学級崩壊などの危機に面した教員集団の振る舞い方について、十分とはいえないまでも、ある程度の見聞と体験を重ねてきた。この見聞と体験からすれば、問題状況に直面する教員たちの反応のうち妥当であるのは、一方で、むしろ自分たちの自律性を守るために適切な仕方で啓蒙や専門家へ依存しつつ、他方で、自分たちの組織的な自律化を模索し続けること、すなわち、依存と自律との間で懸命に適切なバランスをとろうとすることである。その途上では、教員たちは、専門家へ半ばは聴き従い、半ばはかれらから自律しようとする。教員集団がこのように依存と自律との間で中途半端ではあれ「半身の構え」をとることによって、うまくいけば、教員と研究の担い手の間に、そして教員相互の間に、連携と連帯の余地ないし可能性が開かれる。すでに前著で詳しく見たように、大学の教育改革においては、半身の構えの連携によって、教員たち相互の自己変革と学生集団の相互的な学びとが実現可能となる。半身の構えの連携は、異世代間の相互生成を可能にするのである。そして、まさにこのような研究の担い手たちと教え学ぶ人たちとの「半身の構え」での連携を通して、大学教育、さらには学校教育の実践領域で、異世代の相互生成を支援する臨床的人間形成論の構築と展開が期待できるのである。前著（田中 2011B）で詳細に論じたこのことについては、次節でふり返ることになる。

　次に、遠隔教育のフィールドについて。遠隔教育は、新たな産業への可能性をもつプロジェクトの一つであるので、産業界、官界、学会の三者からなる利害の複合体によって方向づけられ導かれている。この利害複合体を背景とするテクノクラートのコントロールのもと、在来の情報工学など工学的諸分科、さらには教育工学・教育技術学などが、多くの研究の担い手と相応の資金を集めて、研究経営を遂行している。遠隔教育の研究や実施の大半は、教育システムの自律的な要求のもとにあるよりも、むしろ利害複合体の自己運動のうちにある。その結果、遠隔教育のフィールドでは、産業や行政と結

合した工学的アプローチが、コストと人員の動員力をもっている。

　遠隔教育はまだ未成熟な実践領域なので、研究が、「開発研究」という形で、さしあたっては実践とは無関係なままに先行することが多い[1]。これらの研究は、実践と共同するのではなく、実践を先導し啓蒙する。「開発研究」という言葉は、暗黙裡に、実践とのこのような不均等な関係を含意している。これらの研究は、動員された資金や人員の効率的消化のために「経営」され、その研究の（確たる目的もなく自動的な成果産出システムによって生み出された盲目的所産である）成果に対して、跡づけ的に「教育的な」意味や価値を与えること（社会的正当性の調達）が求められる。あきらかに本末転倒であり倒錯であるが、この倒錯を克服するためには、教育的日常性の外部で研究経営を営むのではなく、日常性において実践と連動する仕方で、研究を展開すべきである。研究が本来の研究に立ち帰るためには、臨床的研究こそが求められるのである。

　たとえば、遠隔教育の領域では、対面的教育関係を本来的な「本物」とみなし、メディアを介した関係を非本来的な「コピー」とみなすという「疎外論的論理」が、十分な反省を踏まえることもなく支配的である[2]。そして、このコピーと本物との落差を埋めるべく、財と労力の投資がなされる。遠隔教育における疎外論的論理は、新たな投資先を見出すという意味で、産業界の経済的利害にもみあう。前著で具体的に見たように、私たちの実験的実践は、この非反省的疎外論の妥当性をあっさりと疑問に付した。私たちは、安価で汎用性の高い多様なコミュニケーション・ツールを用い、インターネットを教育の「道具」ではなく「場」として活用して、遠隔教育の新たな実践を試みた。この実験的実践は、対面的教育関係（本物）のコピーをもたらしたのではなく、対面的教育関係とはまったく異質の新たな教育の場を切り開いた。非反省的な思い込みは、この実験的実践によって切断された。いわば実践的な「絶句」である。こうしてここでも、日常性を扱う臨床的人間形成論へ向かう回路が開かれたのである。

　最後に、臨床教育のフィールドについて。今日の臨床心理学・精神医学は、「心理学化した社会」の法外な関心を巧妙に惹きつけると同時に、カウンセ

ラーの専門性（すなわち専門家としての自律性）の制度的確立（臨床心理士資格認定など）によって、結果的に、素人を排除している。素人を〈惹きつけつつ排除する〉というダブルバインドによって、多数の人々は、まきこまれつつ身をすくまされ、従属させられる。巧妙な「こころ」の操作によって、臨床心理学と精神医学は、社会的な力を確保するとともに、全体社会の巨大なテクノクラート支配と癒着する。臨床教育のフィールドで研究の担い手がこの癒着と支配を突破するためには、癒着し支配する側に帰属するのではなく、惹きつけられながら排除される側に寄り添うほかはない。すなわち、一方ではこのような癒着や支配の根源にある生成力に自分たちもまた意識的に根ざしつつ、他方ではこれを自覚して、癒着や支配から距離をとるという、中途半端な「半身の構え」をとるほかはない。

　臨床教育に強い力を及ぼしている臨床心理学や精神医学の現況については次章で詳しく議論する。この議論を少しばかり先取りするなら、これらに携わる人々の多くは、病的非日常性へこだわり、本来性と非本来性を二分する疎外論的構図に拠って状況を構成する。その結果かれらは、「非本来的」な「日常性」（「生活世界」ないし「生」）をとかく軽く扱いがちである。私たちは、これらの分科とどのような関係をとることができるのか。これは専門家と素人、一次的構成と二次的構成などの具体的な相関を考える上で、まさに試金石となる問題である。最終章では、これについて考えることになる。

　いずれにしても、テクノクラートと癒合する技術合理主義的な諸分科は、つねに斜め上方から日常性を対象的に見下すという特性をもっている。これらの分科に属する研究の担い手たちの行動特性は、外在性、操作性、日常的実践者への応答性の欠如（無責任）にある。かれらは、合理性を技術的合理性に切りつめ、日常性を物象化的に操作する。これらの研究の担い手や官僚からなるテクノクラートに集団的性格として刻印されているのもまた、了見の狭い形式合理性・技術合理性、外在性・操作性、対象化・物象化などである。

　臨床教育、大学教育、遠隔教育に関連する社会領域はすべて、テクノクラート、すなわち、形式合理性・技術合理性によって関連組織を統制する専門技術官僚（テクノクラート）たちとかれらに同調する人々によって領導されて

いる。正確にいえば、それぞれの領域ごとに「テクノクラート」と「テクノクラートもどき」とが異なった割合で混じりあってテクノクラート集団を構成しており、この集団がそれぞれの領域を領導しているのである。大学教育や遠隔教育の領域での体験からすれば、たとえば人員やコストを配分する側あるいは配分される側になると、誰でも（研究のために人や資金を求めるのではなく）人や資金のために研究を遂行するという倒錯に陥りがちである。研究の目的や価値や意味を埒外に放逐するこのような形式合理性・技術合理性の勝利とともに、ほかならぬ私自身が「技術官僚もどき」に化け、テクノクラートへと変身する。ブーバー流にいえばこのような「われ－それ」関係のうちでは、私も「それ」である。テクノクラート支配と癒合するのは、他人ではなく、私自身なのである。

　テクノクラートは、形式合理性ないし技術的合理性によって、人やコストや組織を統制する。テクノクラート支配は、臨床教育領域では臨床心理学・精神医学、大学教育領域では教育経営学・教育社会学、遠隔教育領域では教育工学・教育技術学などと癒合して、技術的合理性に拠る処方箋を入手し、社会的正当性を調達する。これらの分科は、財や人材を調達し配分する権能をもつテクノクラートの支配の傘下で、自らこの支配側に属するものとして、かつてない社会的な威信と威力を身にまとってきている。これらにくらべて、他の諸分科のなんと貧しいことか。これまでこれらの分科において理論の実践や教育現実への関わりに関連して繰り返し問われてきた問いは、もはや今日では、テクノクラート支配や癒合する諸科学へ対峙することを抜きにしては、まともに問うことすらできない。

　たしかに、意味や価値を問うことなく技術的合理性に拠る個別諸分科とテクノクラートとの癒合には、研究の担い手ならだれでもなんらかの程度に違和を感じざるをえない。しかしながら、この否定的な感覚は、他人に向けられていればよいわけではない。テクノクラートや技術的合理性の優位性は、まさにこの状況で研究の担い手である自分自身の存在と深く絡みあっている。これらの領域ではつねに、研究の担い手を技術合理性や操作性によって振る舞う「テクノクラートもどき」に変身させる力が強く作用しており、こ

の力に拮抗できるか否かについてだれも十分な自信をもつことはできない。否定的な感覚は、自分自身の存在にこそ向けられるのである。この厄介な陥穽は、どうすれば回避できるのだろうか。

　テクノクラート支配の技術合理性や外在的操作性に対して、いきなり（たとえば）価値合理性や相互性を対抗させてみても、それは無意味であるばかりか、むしろ有害ですらある。そんなことをすれば、対抗する側までもが、テクノクラートと技術的合理性に領導された「非本来的な日常性の超克」という仕方で、いつのまにかテクノクラート並みの外在的対象化的構えをとり、自ら疎外論的構図に嵌ることになるからである。とはいえ、たとえば旧来の理論実践問題の枠組み、さらには「臨床知」の産出とか「技の伝承」とかの積極的肯定的発想も、すでに現実の構成力をすっかり失っている。これらの発想に、テクノクラート支配やそれに同調しかねない自分自身への深刻な危機意識が共有されているとは、どうしても思えないからである。

　私たちは、テクノクラート支配や癒合する教育関連諸分科からは適切な距離をとり、この支配や癒合に迎合しかねない自分自身をもきちんと自己対象化しなければならない。この批判ないし自己対象化は、教育的な臨床場面での「問題」との遭遇によって可能となる。それというのも、「問題」への緊張と軋轢にみちた出会いによってこそ、私たちは、テクノクラート支配との安直な癒合から切断され、強いられた孤立において手持ちの知見を丸ごとすべて動員して考察を深め、究極的には（フィクショナルな「日常性からの超脱」を脱して地道に）自分自身の成立根拠ないし基盤である日常性へと還帰することになるからである。このようにしてこそ理論は包括的かつ原理的に再構築されるのであり、まさにこのような再構築によってこそ、臨床的人間形成論が成立する。この臨床性ないし日常性への還帰のメカニズムをもう少し詳しく見てみよう。

3　「絶句」から臨床性へ

　教育的な臨床場面での問題との出会いによって、私たちは、自分自身の既存の安定した理論的基盤を動揺させられ、この動揺を通して、たとえば価値

や意味の変容を忌避し維持や反復を好むテクノクラート支配などを批判的に潜り抜ける。その先に展望されるのが、理論の前理論的基礎である豊穣な日常性への臨床理論的な直面である。このできごとを象徴的に示しているのが、臨床事例を前にした際の教育研究の担い手の「絶句」である。絶句が、個別諸科学のテクノクラート支配との癒合の突破、教育理論の包括的な拡張、日常性という理論の発生論的基盤への原理論的還帰の三つを、同時に可能にするのである。具体例をみてみよう。

かつて私は、臨床事例の研究会の場を提供していたために、さまざまな現場に関与することになった。「荒れ」が少しだけ収まった学校での研修会では、たとえば次のような事例が提出された。

（事例）　地方都市郊外にある中学校横の国道に、夜になると若い男たちの車が列を作って駐車する。中学3年生のある女生徒は、毎夜、車列から適当な相手をみつけ、かれの家で一夜を過ごす。翌日、相手が仕事に出かけてしまうと、どこにも居場所のない女生徒は、昼過ぎごろふらふらと中学校に現れ、なんとかして教室に座らせようとする教員たちと、追い駆けっこになる。

教員集団から「どうすればよいか」と助言を求められて、絶句した。女生徒は、それまでの出席状況からして、かろうじて卒業可能である。しかし、卒業までの短い期間に学校や家庭との関係が修復され、通常の学生生活が可能になるとはとうてい思われない。しかし女生徒は、ほかのどこでもなくまさにこの学校に現れ、毎日教員たちと追い駆けっこをする。つまり、学校や教員集団とのつながりは、微かな形ではあれ、かろうじてまだ残されている。私は、教員たちの食い入るような視線を浴びながら、しばらく（文字通り「脂汗」を流して）沈思黙考した挙げ句、「このまま追い駆けっこを続けていただくほかないかと思いますがどうでしょう」という言葉を、なんとか絞り出した。

このとき、言葉を失った私のうちでは、実は、大量の言葉が爆発的に噴出し、アナーキーに渦巻き、氾濫した。この氾濫のうちからほんの数語だけが取り出され、かろうじて文になった。つまり、この短い応答文は、私のキャ

リアの全体から噴出する言葉から選ばれた。しかし、絶句と短く拙劣な応答は、少なくとも現場で苦闘する教員たちの専門家依存を切断し、専門家としての面目を失った私とかれらとの間に相互性による交感の余地を開いたように思われた。ここで私は、通常の専門家的発話をもたらす安定した理論的基盤を破壊され、かわりに理論の生成する基盤、つまり女生徒と教員たちの生きる日常性、生、生活世界への想像力の越境を強いられ、そしてその生活世界と一続きである研究の担い手としての自分自身の生活世界へと立ち帰ることを強いられた。これが、シュッツのいう研究の担い手の「一次的構成の二次的構成」であり、もっと具体的にいえば、ウィルソンのいうように研究の担い手が「自分自身のパースペクティブを超脱して、自分の研究している人々のパースペクティブに馴染むことによって自分自身を敏感な調査用具に形成する」ことである。この意味での日常性への還帰によってこそ、実践者である教員たちと研究の担い手である私は、半ば実践者半ば理論家として、お互いどうし「半身の構え」[3]によって、出会うことができたのである。

　この事例に限らず、この種の研修では、私は、うまく言葉が出ず、絶句することが多かった。同席した臨床心理学者や精神科医たちがつねに易々と、無難にしかも流暢に言葉を紡ぎ出し、応答の連鎖を巧妙に織り上げたのとは、好対照である。かれらは、応答の常套的な枠組み（たとえば「診断」と「処方」）を堅持し、繰り返し専門家依存を再生産する。臨床場面で理論家が実践者から応答を求められる場合、応答の仕方には、叱責、批判、助言、受容、承認、助成、促進などの幅がある。しかしこれらはすべて、役割遂行としての発話行為であり、ここでは往々にして素人にも専門家にもステレオタイプで陳腐な日常的構成を反復させる強制力（制度化された言説、抑圧的なメインストーリーなど）が働いている。これによって、専門家依存ないし非対称的関係が再生産され、テクノクラート支配が実質的に補完されるのである。

　絶句は、この陳腐な常套性の再生産とは対照的である。専門家の面目の失墜によって、実践者と理論家との間で、専門家依存の再生産ではなく、日常性のうちで向きあう者どうしの連帯が生み出される。専門家依存に拮抗するこのつながりが、半身の構えによる連携である。教育研究の担い手の絶句に

よって、専門家依存の再生産は切断され、次いで、制度化された言説（抑圧的なメインストーリー）と生成する言説とのしのぎあいの余地が開かれる。すなわち、即座に応答できないことによる専門家の沈黙は、専門家依存にもとづく専門家と素人との癒合、さらには専門家による処方箋の提示というステレオタイプの反復を強制的に切断し、役割と役割との間に一定の隙間ないし「アソビ」（たとえば歯車と歯車との間の可動性の余地）を出現させる。専門家の絶句は、役割の常套的遂行を切断し、半身の構えによる連帯の可能性を開く。

テクノクラート支配、あるいは専門家支配は、依存する側と依存される側の役割を固定し凝固させて、相互受容による相互生成という能産的プロセスの進行を遮断する。凝固し安定した専門家／素人の依存関係に対して、絶句の切り開く専門家と素人との半身の構えによる連携は、たしかに、はなはだ不安定ではある。しかしここでは、ともかくも双方の生成の可能性が開かれる。人間形成論は、伝統的教育学の中核にある「発達と教育」というペアになった概念を、「ライフサイクルと異世代間の相互生成」という今ひとつのペア概念に書き換える。絶句は、相互生成への可能性の場としての臨床性、すなわち「永遠の今に触れる〈ここといま〉におけるパトスとしての人間の存在と生成」の可能性を開く。日常的生活世界における異世代間の相互生成の可能性を開き、同時に、臨床的人間形成論の生成の可能性をも開くのである。

絶句が明るみに出すのは、専門家が実際にはありえない超脱的立場から対象化的に託宣する「日常性の限界」ではなく、日常性の豊かさであり厚みである。絶句によって、つまり常套的反応の反復連鎖が突然断ち切られて、専門家と素人の双方は、テクノクラート支配への同調から解き放たれ、半身の構えの連携へと開かれる。そればかりではない。絶句によって研究の担い手の構成する理論もまた、常套的反復の回路を絶たれ、理論の前理論的基盤である豊かな日常性へと突き返される。こうして理論は、原理的・包括的に再構築されるほかはなくなる。これが、臨床的人間形成論が生成する基本的な機序である。

臨床的人間形成論は、半身の構えによって連携する人々（実践する人たち・研究する人たち）の自己認識である。この自己認識は、テクノクラート支配へ、

さらには自分自身のテクノクラートへの変身へ拮抗することによってこそ、獲得される。しかし、テクノクラート支配に拮抗することとは、テクノクラートやその支配を否定することではない。それは、テクノクラートやその支配を生み出す豊かで能産的な基盤（日常性）に遡って、テクノクラートがその支配を理解することでもなければならない。単純な批判や否認は、単純な疎外論的構図を再生するだけである。たとえば、ハーバーマスの「システムによる生活世界の植民地化」という命題での「生」概念は、システムから疎外されてきわめて貧困である。この点、フランクフルト学派第一世代の『啓蒙の弁証法』での「生」把握のパラドックスとイロニーに満ちた豊かさとは、好対照である（Adorno, Horkheimer 1945）。

　テクノクラートと技術的合理性は、第1章ですでに見たように、人間存在の生成や生命からの切断、パトスからの自己疎隔という点で、同類である。にもかかわらず、それらもまた、人間存在の表現の一つである。テクノクラート、技術的合理性もまた、なんらかの仕方で、「ここといま」におけるパトスとしての人間の存在と生成へと通じている。テクノクラート支配もまた、この豊かな日常性の所産である。テクノクラート支配は、克服されなければならないが、この克服は、この支配を生み出す基盤の生産性をこれとは別の方向で活かす仕方で達成されなければならない。私が前著『臨床的人間形成論へ』（田中 2003）で「日常性の奇跡」や「半身の構え」などと呼んできたのは、このような仕方で諸分科のテクノクラート支配との癒合やテクノクラート支配そのものを突き抜けるための拠り所にかかわるイメージである。臨床的人間形成論は、日常性のこのような解釈の蓄積によって、そして「教える人々の自己認識」として、構築されるのである。

　絶句は、発語の喪失である。しかしこの沈黙の背後には、氾濫する言葉、豊かにせめぎあう言語群がある。限りなく湧出する言葉を次々と文へとまとめあげようとすれば、結果として文もまた絶え間なく生成し、うまくいけばこの生成する文が、研究者の手持ちの知を残らず活かす仕方で、問題の全体的理解をもたらす。絶句は、全体的理解を志向する。全体的理解への志向性を生きるという点では、絶句した研究者は、たとえば我が子の不登校に直面

してこの事態を（手持ちの知識を総動員して）懸命になんとか理解しようとする両親と、まったく同じ立場に立つ。全体的理解への志向性において、問題に臨床的に直面する研究の担い手と実践を担う人たちとは、（一方的な専門家依存としてではなく）互いの半身の構えによって連携する。しかしそればかりではない。全体的理解の試みは同時に、理論の包括化・原理化の道を切り開く。一般的にいえば、教育的な「問題」についての全体的理解は、問題に関与する人々、すなわち「教える人」(homo educans) に、しっかりと日常性に根差した空間的（社会的経験）・時間的（歴史とライフサイクル）な自己認識を成立させる。この二次的で包括的な自己認識が、臨床的人間形成論である。したがって臨床的人間形成論の生成について語ることとは、切り詰めていえば、研究者の絶句について語ることである。

　絶句は、ステレオタイプな日常的構成の停止である。この停止によって、自明なものとして問いただされることもなく前提されてきた日常性が問いの対象となる。臨床理論は、まずさしあたっては、理論から理論を紡ぐのではなく、沈黙の露出させる日常性から理論を紡ぐ。沈黙のもたらす豊かな言語群の湧出は、沈黙の露出させた理論の前理論的な基盤である日常性の理論化を可能にする。沈黙から理論を紡ぐこととは、潜在する言語群としての日常的前理解を理解にもたらし、ここから理論を紡ぐことである。臨床場面と出会うことは、絶句によって理論の自動産出システム（大学、研究所、教育ジャーナリズムなどからなる役割システム）から切り離され、理論の本来的な生成的基盤である豊かな日常性へと還帰することなのである。

　あらためて第1章図1-1を参照されたいが、臨床理論では、臨床的問題場面における関係者たちの一次的構成についての二次的構成がめざされ、そのために手持ちの理論のすべてが呼び出される。実践を担う人たちにとっては、二次的構成は一次的構成の再構成（自省の深化）のための道具ないし手段として援用されるのであって、二次的構成が無媒介に押しつけられるわけではない。他方、理論は、在来の思考回路を切断されること（絶句）によって、理論の生成する豊かな前理論的基盤である日常性に直面し、二次的構成の見直しを強いられ、さらに生成することを余儀なくされる。思い起こせば、本書

の第1部『大学教育の臨床的研究』では、このような臨床的人間形成論の方法にしたがう研究の典型的なありようを示した。この第1部での考察を要約し、臨床的人間形成論という新たな分科の「方法」について具体的にまとめてみることにしよう。

第2節　大学教育の臨床的研究

　繰り返し述べてきたように、臨床的認識には、一次的なそれと二次的なそれとがある。一次的な臨床的認識とは、実践者たちの実践についての自己認識ないし自省である。しかしどんな自己認識・自省も、モノとしての自分についてのスタッティックで対象的な認識ではない。自己認識・自省は、認識し自省する主体自身のダイナミックな変容であり生成でもある。臨床的な認識は、主体生成である。実践にコミットする研究の担い手たちの二次的な臨床的認識もまた、生成的循環のうちにある。教育の臨床的研究は、実践についての実践者たちの自省・自己認識にコミットすることを通して、自らを自省し展開させる（田中 2011B）。第1章の〈図1-1〉から主要な部分だけを取り出して簡便化するなら〈**図3-1**〉のようになる。これを大学教育に当てはめれば、「育て教える人たち」は「大学教員」、「臨床的研究」は「大学教育の臨床的研究」、

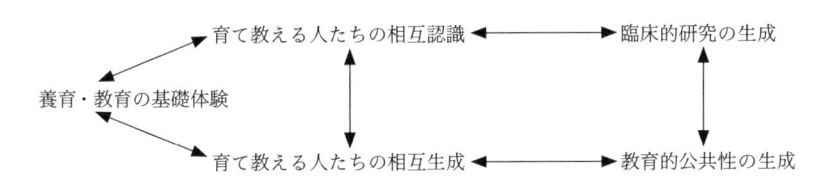

図3-1　基礎体験、臨床的研究、教育的公共性の生成的循環

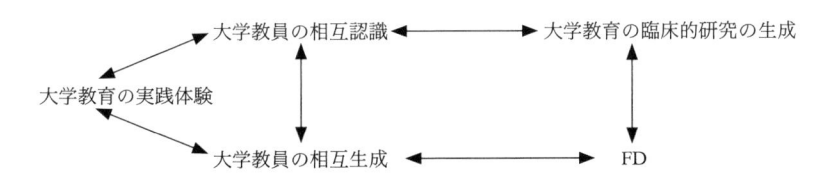

図3-2　実践体験、大学教育の臨床的研究、FDの生成的循環

「教育的公共性の生成」は大学教員集団の「Faculty Development (FD)」と読み換えられることになる(図3-2)。大学教育の臨床的研究もまた、自己認識と臨床的研究、二次的構成と一次的構成などのダイナミックな生成的循環的相関のうちにあるといえる。

　私たちの旧センター——「京都大学高等教育研究開発推進センター」(2003〜)の前身「高等教育教授システム開発センター」(1994〜2003)——の端緒的プロジェクトは、公開実験授業である。このプロジェクトに参加した人たち(大学教員たち、受講生たち、参観者たち)の授業についての話しあいや記述は、かれらが互いの臨床的な認識をすりあわせていく相互的な認識と相互的な生成の過程のうちにある。この相互的な自己認識、相互的な生成が、大学教育の臨床的研究の学問論的な基礎である。大学教育の臨床的研究を構成する理念は、臨床性、生成性、相互性である[4]。

1　歴史的社会的由来

　我が国で大学教育研究に関するレビューが書かれたのは、比較的近年のことである[5]。「レビュー」は一定量の理論的蓄積を前提とするから、レビューがごく最近あらわれたこと自体が、関連研究の蓄積の乏しさを示している。その大きな原因は、大学で教育実践に従事する人たちの自省があまり真剣にはなされず、臨床的研究の協働すべき相手がなかなか現れなかったことにある。教育関係者たちが集団的な自省を強いられ、臨床的研究が噴出したのは、大学教育が危機に瀕してきたからである。

1) 大学教育の危機

　これまで我が国の大学教員には、自分を研究の担い手とみるが教員とはみないという偏りがあった[6]。親や学生や行政や企業などの利害当事者たちもまた、大学教育の実情へあまり関心を払わなかった。加えて、当の教員たちには、教育実践をもっぱら個人の仕事とみて他からの介入を排する傾向があり、それが、実践をオープンにすることへの根強いためらいや抵抗をもたらしてきた。これらの要因が互いに互いを強めあい堅固な壁を作り上げて、教

育実践への自省的視線を遮り、協働すべき臨床的研究の成立を妨げてきたのである。

この壁を打ち砕いたのは、1990年代以降の事態である。それは、急速に進行した大学へのユニバーサル・アクセス[7]とグローバル化であり、この変化への対応を名目とする教育行政の動きであり、大衆化と国際化と行政の動きへなんとか応答しようとする大学教育現場の動きである。ユニバーサル・アクセスの顕著な帰結は、(トロウのいう「エリート段階」では大学教育の自明な成立前提でありえた)「アカデミックなもの」に何の関心ももたない大量の学生の出現であり、これが大学の伝統的な教育体制を大きく揺さぶった。グローバル化は、〈国際標準の学力形成〉という多くのユニバーサル化された大学教育現場にとっては過度に「高踏的」な、しかも多くの場合中身や具体性の欠けた空疎なスローガンによって、教育体制を揺さぶりつつある。この動揺が、大学教育において教える人々に自省を強制し、これと協働すべき臨床的理論の登場を促したきっかけである。大学教員が今日、実践領域で日常的に出会っているのは、次の五つの問題である。

官僚制化——大学に関連するあらゆる組織で、文書主義の日常的な蔓延に見られるように、官僚主義が、上から下までまんべんなく浸透しつつある。

技術的合理性の支配と思考の放棄——具体的成果や効率性を数量化して示すデータや有形の「エビデンス」が求められ、これによって、計算可能性に拠る経営的発想のもと、すべてをあらかじめ設定された「目的」の技術的達成へと方向づける「目的合理性」ないし「技術的道具的合理性」が、他のすべての合理性を駆逐しつつある。ここでは、これ以上の合理性の模索、すなわち「思考」は働かない。思考の放棄である。

テクノクラートの自己増殖とヘゲモニーの掌握——大学における研究・教育と経営との分離の進行にともなって、技術的道具的合理性に拠る官僚主義的な統制と経営を遂行するテクノクラート(専門技術官僚)が、じょじょに関係者を浸食して仲間を増やし[8]、この領域でヘゲモニーを握りつつある。

テクノクラート支配と政策論的諸理論との癒合——テクノクラートの支配に追随する理論(後出の**図3-3**における大学教育研究Ⅱ型Ⅲ型)が大量に出現している。

これらは、テクノクラートに同調することによって社会的な威力ないし威信をえており、大学教育を扱う研究者集団において有力な位置を占めつつある。

批判的理論の無力――この趨勢に対抗すべき批判的諸理論が、大学教育領域では、救いがたい無力さと無気力さのうちにある[9]。

理論が今日の大学教育領域で出会う構造的な問題とは、批判性・啓蒙性の全般的衰弱であり、衰弱した理論のテクノクラートとの癒合である。教育実践にコミットしようとする理論は、今日では高等教育に限らずどこでもこれと同型の問題に直面する。これらの問題は、一括りに、技術的合理性の支配の問題とまとめることができる。この支配は、どこからどうもたらされたのか。

2) 大学教育の歴史的展開――技術的合理性支配の起源とその問題化――

戦前の我が国の高等教育における官立セクターは、近代化のための西欧科学技術の中継・開発拠点であり、さらに官僚養成・技術者養成機関であった（天野 2009）。したがって、我が国の大学教育機関は当初から、技術的合理性によって領導されていた。しかしこの支配が目立ってきたのは、大学で教育が研究や経営から分離され、それによって経営の技術合理主義的理念の統制のもとにおかれるようになってからである[10]。

高等教育の成立当初には、技術的合理性優位のもと、西欧的な人文的教養は、適切な存在の場をもたなかった。教養が比較的安定した恒常的な場をもつことができたのは、旧制高等学校と帝国大学とが役割分担を確立した以後のことである。旧制高校の教養主義と旧帝大の（たとえば「工学部」や「天皇機関説」などが象徴する）技術的合理性とが補完しあい癒合して、エリート教育を担うに至ったのである。これに対して、初等教育レベルのマス教育は、近代化を下支えする忠良で技術的合理性にも親和的な臣民の養成を担った。「顕教」（臣民養成）と「密教」（エリート養成）の二重体制である（久野ほか 1956）。しかし、やがて国体明徴運動など一連の社会的政治的な動きが、この二重性を一元化し、総力戦への総動員体制に向けて、技術的合理性と超国家主義の癒合する教育上の総動員体制を確立させた。戦時下の総動員体制は、戦後の経済的総力戦へ向かう単線系学校システムへと引き継がれた（田中 1999A）。戦

後には、巨大な学校複合体を中核とする高度大衆教育システムが、じょじょに立ち現れてきたのである（田中 1999A, 1999B）。

　しかし、すでに見たように、60年代以降の急速な経済成長と90年代以降の停滞によって、経済戦への総力戦体制はほころびをみせてきた。成熟社会ないし停滞社会への移行にともなって、戦後教育体制は自らを駆動してきた内的な力（西欧先進諸国の経済的キャッチアップ、経済的「成功」の追求）を失い、深刻な機能障害に直面した。大学教育の長期的構造的危機は、この変化の一環である。70年代以降じょじょに可視化されてきた日常的生活世界のポストモダン的な構造変動（社会の全局面での変化と流動化）は、「教育」や「啓蒙」の関係の基盤にある「非対称性」（教える者／学ぶ者、啓蒙する側／される側の差異）をも無化した[11]。戦後教育体制は、目的や意味や価値を問うことのない技術的合理性へ従属し、内的駆動力を失い、関係の土台を動揺させられて、さまざまな問題——不登校、校内暴力、学力不振、学級崩壊など——を一挙に噴出させた。今日の大学教育問題の多くも、この文脈のうちにある。

3) 大学教育のユニバーサル化、グローバル化以降

　我が国の高等教育への進学率は、高度大衆教育システムの生成に符節をあわせて、ひたすら拡大されてきた。しかし70年代後半には進学率は該当年齢人口の35％水準で頭打ちになり、この停滞は90年代まで引き続いた。しかし90年代以後に進学率は、再び上昇に転じ、やがて50％を超えてトロウのユニバーサル・アクセス段階に達した。この間、大学教育の内容とかかわる「科学」の領域では、40年代までに顕著にみられた「科学革命」といった華々しい変化はみられなくなったが、産業と癒着する科学の制度化が進み、高等教育機関もこれに巻き込まれた。そもそも「文化」の「グローバル化」がありうるか否かについて即断はできないが、経済面でのグローバル化は確実な生起であり、これが、社会の全面に適応を強いてきた。大学も例外ではない。

　新たな状況に対応するために、大学のとくに教育機能の在り方が問われ、真剣な応答が求められる。この間の行政の歩みは、この事態への行政なりの応答である。大学院や大学の設置基準が順次改定され、「授業及び研究指導

の内容及び方法の改善を図るための組織的な研修及び研究を実施するものとする」という文言によって「FDの義務化」が図られた。さらに中教審答申『学士課程教育の構築に向けて（答申）』(2008、いわゆる「学士課程答申」)では、それぞれの教育機関において入試からカリキュラム履修を経て卒業に至るまでの学生の歩みを組織的に導き支えるべき教員集団の存在に、強い関心が向けられた。そして、まさにそのように組織された教員集団をつくる集団的な営みとして、FDにかなりの文言があてられた。行政は、大学教育の外的条件整備を超えて、教育の内部へ立ち入ることを選んだ。これは行政の強い危機感のもたらしたものだが、この危機感は、マスコミを含む多くの社会勢力に共有されている。大学教育の当事者たちはつねに、自分たちの個別的な教育状況へ応答すると同時に、行政を含む関係者たちへの説明ないし自己弁明を求められている。

　ここで理論に求められるのは、なによりもまず、事態の慎重でできるかぎり正確な把握であり、この把握に裏づけられた実際的な働きかけである。これが、90年代以降大学教育の実際的な理論が、臨床理論、政策理論を含めて、爆発的に噴出してきた理由である。大学教育の「臨床的」な研究の出現に直接のきっかけを与えたのは、京都大学高等教育教授システム開発センターの公開実験授業とその成果の公刊である（田中 2011A）。私が、この我が国で最初に設立された高等教育の教授・学習センター（Teaching & Learning Center）に赴任したのは、その設立直後の1995年である。半年あまりあれこれ考えて、担当する全学共通科目「ライフサイクルと教育」を毎時間公開し、検討会を実施することにした。大学教育の臨床的研究では、対象から客観的な距離をとることはできず、研究はつねに内在的自省的であるほかない。この公開実験授業によってはじめて、私は、本来の教育研究にふさわしい内在性、自省性、臨床性などを確保することができた。

　私は、自分が拙劣な授業者だと十分にわかっていたからこそ、あえて授業を公開した。私自身を叩き台にしたことは、センターのFDプロジェクトの出発点としては、まことに正しい判断だった。拙劣な私が叩き台になったからこそ、センターは(トップダウンの「啓蒙」ではなく)ボトムアップの「相互研修」

をめざすと表明できた[12]。公開授業では、「何でも帳」というツールを開発して授業者と受講生、受講生と受講生とのコミュニケーションを組織し、さらに授業検討会では、授業者と参観者たちとが話しあってお互いの授業（観）に自省を加えた。この錯綜する相互性／相互生成の連関が、センターの「相互研修型 FD」という理念の原型であり、さらに、大学教育の臨床的研究の理論生成のありようである[13]。それでは大学教育の臨床的研究には、どんな学問的特質があるのだろうか。

2 学問論的特質

　大学教育の臨床的研究の基本的な学問論的特質は、臨床性、生成性、当時者性、自省性にある。この臨床的研究は、教育実践者の一次的な自己認識、相互認識から生成する二次的認識である。二次的認識は一次的認識から生成し、翻って、一次的認識の書き換えと生成とを促す。自己認識・相互認識は自己生成・相互生成であるから、二次的認識としての大学教育の臨床的研究は、教える人たちの相互生成としての FD の契機である。この循環については、あらためて（図3-2）を参照されたい。

　（図3-2）に示されている循環は、大学の教育場面ではごく日常的な出来事である。たとえば、自分の授業での特定の出来事を自分のなかでうまく処理できないままに授業検討会でこれについての発言を求められ、ただ絶句することがある。自分のなかでは、まとまった文にならないままに、さまざまな言葉がアナーキーに渦巻き、氾濫する。いつものような陳腐化した常套的語りの回路は切断され、発話の日常的に安定した基盤が破壊されて、かわりに理論の生成する基盤、つまり、生（ないし日常的な生活世界）へと差し戻される。すでに述べたように、このような語りの発生論的還元から出発するのが、実践者の自省であり、自己生成・相互生成であり、さらには臨床的研究である。ここで見出されるのは、さまざまな語りが錯綜し折り重なる教育的日常性の厚みである[14]。

　日常性は、たやすくは変容しないが、とはいえ貧しくはない。私たちの生（生活世界ないし日常性）は、重層的で多彩な文脈のうちにある。「ここといま」に

おいて「永遠の今に触れるパトスとしての人間の存在と生成」の豊かな広がりである。しかし通常は、この重層性や豊かさはそれとしては意識されない。意識化を妨げる惰性的な自明性に絶句などによって穴が穿たれると、日常的な文脈の複合性が視界に入り、相応の「解釈」が求められる。視野を少し大きくとるなら、大学教育では、絶句といったミクロレベルでの自明性の揺らぎのみではなく、もう少し大きなレベルでの自明性の揺らぎもある。それは、大学教員の「研究」と「教育」の関連に関する自己規定の動揺であり、大学の急速な大衆化による教育関係の動揺である。大学教育の臨床的研究は、これらさまざまなレベルでの自明性の揺らぎをきっかけとする豊かな教育的日常性への還帰であり、その再解釈である。すでに何度も引用したように、絶句のもたらす日常性の再解釈を、ウィルソンは「生成する理論」(emergent theory) と呼んでいる (Wilson 1977)。大学教育の臨床的研究は、まさにこの意味での生成する理論である。揺らぎないし絶句を通して、私たちは、相互的な自省・生成と臨床的研究の生成の両者を、同時に推し進めるのである。

　大学教育研究が位置づけられる文脈には、マクロレベルの教育政策の文脈から、ミクロレベルの日常的実践の文脈に至るまでの、文脈の違いがある。さらに、大学教育を一連の合目的的合理的な個人的相互実践とみるとして、理論がその「目的」をとらえる視点にも、〈教育状況の外であらかじめ設定された目的の達成にむけて状況内的諸力が操作的物象化的に動員される〉とみる外在的道具的な技術的合理性の視点から、〈設定された目的の達成を図る

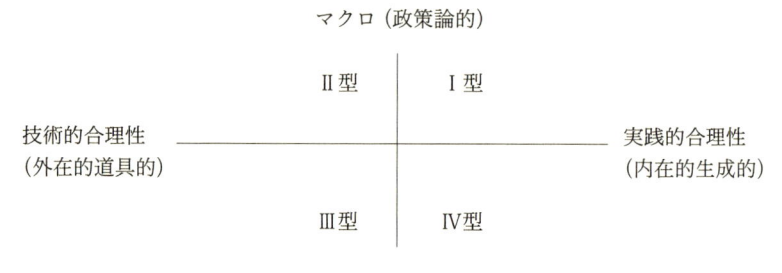

```
                    マクロ（政策論的）
                          │
                   Ⅱ型    │   Ⅰ型
技術的合理性    ──────────┼──────────    実践的合理性
（外在的道具的）          │              （内在的生成的）
                   Ⅲ型    │   Ⅳ型
                          │
                    ミクロ（日常的実践的）
```

図3-3　大学教育研究の4類型

暗中模索の試行錯誤がそのつどあらためて目的そのものをも再設定する〉とみる内在的生成的な実践的合理性の視点に至るまでの、視点の差異がある。このマクローミクロ、道具的－生成的の二つの軸を交差させると、大学教育研究について、四つの類型が見出される。大学教育の臨床的研究は、Ⅳ型(実践的合理性によるミクロ研究／内在的生成的な日常的実践的研究)の典型例である。生成する大学教育の臨床的研究は、この特質に由来する固有の学問論的課題に直面している。

3　現　状

　大学教育の臨床的研究は、大学教育研究一般のうちでどんな位置を占めているのだろうか。具体的にいえば、大学教育研究の担い手は、どう組織されているのか。そして大学教育の臨床的研究は、その組織のうちでどう位置づけられているのか。大学教育研究は、一方では、学会として制度化され、他方では、たとえば、ごく少数は講座の形で、多くは大学教育センターなどの形で、大学内の一セクションとして制度化されている。

　まず、学会について。今日の我が国での全国規模の大学教育研究の場は、日本高等教育学会、大学教育学会、京都大学の大学教育研究フォーラムである。この三つは現在、じょじょに共生と棲み分けを達成しつつある。研究発表内容は、高等教育学会が政策学的、制度学的、社会学的、比較学的アプローチをとりマクロレベルの生起や政策に焦点づけているのに対して、他の二つには、ほとんどこのような研究はない。高等教育学会にも一部ミクロレベルの授業開発研究やFD研究がないわけではないが、それらはなお例外的である。大学教育学会の研究発表は、ほんの一握りの例外を除けば日常のミクロレベルの教育状況での教育評価論やカリキュラム論や授業開発論などである。ただし、二つの学会の差異は、年を追うごとに曖昧になってきている。背後にあるのは、大学教育の危機と政策的対応への強い関心の共有である。これらに対して、フォーラムの研究発表は、授業開発、遠隔授業、教育評価、FDなどである。このフォーラムこそが、教育諸科学との関連のきわめて深い大学教育の臨床的研究の母胎である。

次に、大学教育研究の場は、たとえば大学教育センターという形で、大学内の一セクションとして制度化されている。センターの原型は、広島大学の「高等教育研究開発センター」である。我が国で最初に設置された高等教育に関する専門機関であり、主にⅡ型研究に従事している。京大センターは、大学教育の臨床的研究というⅣ型研究をめざしてきた。二つのセンターは、異なった理論志向がそれぞれに制度化されたものとみてよい。それでは、教育現実の構成と理論の構成に向かう大学教育の臨床的研究の力は、どの程度リアルであるのか。

まず、教える人たちの生成にコミットする力について。法制的義務化などによってFDの啓蒙段階が終わるにつれて、脱状況的・啓蒙的なFD企画は影を潜め、当該大学の日常的な教育現実に即した企画の方が、はるかに多くなった。FD企画には、啓蒙期の終わりとともに、一過的イベントではなく、なんらかの組織的持続的な遂行が求められる。大学教育の臨床的研究は、大学で教える人たちの相互的自己認識の枠内にあり、その人たちの相互的な認識と生成を支援する。ファカルティは、FDを通して、教える人たちの組織としてのファカルティへと生成する。私たちが理論的実践的に試みてきたさまざまなプロジェクトはすべて、Ⅳ型研究とFDとの結合をめざしてきた。大学教育の臨床的研究は、一方では、教える人たちの自己認識の生成を通して臨床的な研究を展開させ、他方では、相互的な自己認識の獲得を通して相互的な生成をもたらすのである。

次に、制度を作る力について。かつて我が国の教育理論は、理論の輸入によって啓蒙を担ってきた。しかし、巨大な学校複合体（高度大衆教育システム）が内在的自生的に問題を噴出させるにつれて、啓蒙的理論は、教育システムにとっての外在的理論から内在的理論への変身を迫られる。その結果、啓蒙的理論の大半は、テクノクラートと癒合する技術合理主義的理論へと変身し、一定の社会的な威信と威力を獲得した。これらのⅡ型Ⅲ型研究の担い手たちは、自分たちの与るコストや人員の配分にかかわる力を背景にして、やがては下位テクノクラート（たとえば個別大学内のテクノクラート）と癒合するはずの予備軍を調達し、養成し、配分している。これが、技術的合理性に従属す

る理論が日常的な教育状況に入り込むための、ほとんど唯一の通路である。このような理論への変身が、啓蒙理論の現代的な存在様式である。

　この外在的で技術合理主義的な理論を、ボトムアップのフィールドワークによって下から突き抜けようとするのが、大学教育の臨床的研究である。私たちは、テクノクラート親縁的で啓蒙的なⅡ型Ⅲ型研究を批判的にのりこえるために、〈暗中模索の試行錯誤がそのつどに生み出す目的や意義に拠る日常的実践レベルのⅣ型研究〉を遂行して、Ⅰ型に至ろうと試みてきた。大学教育の臨床的研究は、一方では、大学教育実践の自覚化を介して教える人たちの自己認識を生み出し、それを通して他方では、全体的・原理的な研究を前進させることを試みてきたのである。

　Ⅱ型のマクロレベル政策学的研究は、ある場合には、政策立案を補助し、政策を正当化し、政策の実現にコミットする。これらの研究は、比較的大量の資金と人を集め、資金配分などに直接間接にコミットし、内部変革を強要する力に与る。先に技術的合理性に従属する理論について指摘しておいたとおりである。このようにして内部変革を強いる力は、生成的・臨床的な大学教育の臨床的研究の「内在的な」構成力に比較するなら、たしかに「外在的な」構成力であるにすぎないが、しかしけっして弱体ではない。Ⅱ型Ⅲ型研究に対しては、その外在性や強制性や啓蒙性を批判すれば足りるわけではない。大学教育の臨床的研究が、現実への関与力によってⅡ型Ⅲ型研究の外在的技術合理主義的構成力を実際に凌駕するときにのみ、その批判はリアルになるのである。ここに大学教育の臨床的研究の課題がある。

4　課　題

　今日の巨大な学校複合体は、理論の専門的な生産部門をもっており、大学や研究機関や民間機関などの制度化された経営が、大量にしかも定期的に理論的成果を吐き出している。大学教育研究の大半は、このメカニズムの産物である。大量生産される理論は、教育現実の構成や実践への関係が間接的であり、状況にとって外在的でディタッチであるという意味で「メタ理論」と呼ぶのが相応しい。これに対して大学教育の臨床的研究は、状況に内属しつ

つ所与の現実構成と格闘することを通して自らを洗練し構築していく「生成する理論」である。生成するIV型理論は、実践のさなかで実践への応答をめざして構築されるから、実践的責任を分有し実践を支援する力をもつ。しかしその反面、それぞれの状況を構成する条件や利害によって、あまり自覚することもなく拘束されている。いわば一定の「選択的不注意」の制約のうちに閉じ込められているのである。これに対してメタ理論は、教育現実やその構成とのかかわりが間接的であるという消極的な意味で「客観的」であり、それゆえにこそ、ローカルで部分的な現実構成に拘泥することなく・こころゆくまで「全体的」な理論を構築することができる。

　生成する理論とメタ理論とは相互補完的でありうる。しかし生成する理論とメタ理論との接合は、所与の教育現実構成への両者の協同的参与によって、しかもこの実践的参与とそれをきっかけとする理論構築とを何度も循環的に繰り返すことによって、かろうじて可能となる。

　理論の理論的反省は、それが組み込まれている全体的連関に、そして自明な前提そのものへ自省的に向けられなければならない。ミクロ的理論にとっては、自らを全体的文脈のうちで相対化するために、マクロ理論との交流が求められ、マクロ的理論にとっては、その自明な前提を対象化し自省的な回路に組み入れるために、ミクロ分析（フィールドワーク）との交流が求められる。私たちがさまざまな研究プロジェクトを通してめざしてきたのは[15]、大学という生活世界そのものを把握しようとするフィールドワークをネットワーキングする「生成する理論」の構築と展開である。大学教育の臨床的研究である。しかしこの生成する大学教育の臨床的研究は、つねにメタ理論と共同体制を組みその狭隘な視野の相対化へと開かれている場合にのみ、実り豊かに構築されうる。これを達成するために大学教育の臨床的研究に課題づけられるのは、なによりもまず、技術的合理性の支配へ適切な仕方で向きあうことであり、この向きあいを理論的に基礎づけることである。

1) 技術的合理性の支配——物象化と工学モデル——

　官僚制や技術的合理性の支配は、今日の大学教育の状況「全体」を覆い

尽くしかねない基本的な趨勢である。官僚主義の文書は、「PDCA（Plan-Do-Check-Action）サイクル」というスローガンの蔓延に端的に示されているように、技術的合理性に貫かれている。教育の世界では、具体的な目標を立てて実践にあたると、多くの場合、当初の目標とは食い違うことが起こる。相手側がただ機械的に反射しているのではなく、能動的・主体的に反応するからである。教育は、被教育者を自立化し主体化する営みだから、相手側の能動的主体性の現れでもありうる「思いもかけないこと」は、けっして安易に排除されるべきではなく、むしろできるかぎり尊重されるべきである。教員には、「思いもかけない結果」「ずれ」を無視したり捨象したりせず、むしろそれに敏感に開かれていることこそが求められる。PDCAサイクルという発想は、ずれを契機とする相互形成の可能性を抹殺しかねない。

　技術的合理性の支配のもたらす同様の問題は、「FDの工学的経営学的モデル」（"Technological-Business Administrative Model"：「技術的経営的モデル」とも訳せる）にも見られる。このモデルでは、大学の成員は、自他を、まるで教育改善のためのPDCAサイクル循環を引き起こす一つの契機でしかないかのように、自発的に物象化するのである。

　すでに旧聞に属するが、教育学ではかつて「工学的アプローチ」という用語が、「羅生門的アプローチ」という用語に対抗させられる仕方で、用いられた[16]。「工学的アプローチ」は、教員の意図的な計画、それに基づく目標分析、教材配列による授業の合理的組織化を志向する。他方、「羅生門的アプローチ」は、「目標にとらわれない評価」「即興を重視する」など、教員の意図からはみ出す部分にこそ着目し、学びの多面的展開の活性化を志向する。

　「工学的接近」では、まず一般的目標が立てられ、それがより具体的な特殊目標に分節化される。この測定可能な特殊目標が「行動目標（behavioral objective）」（Bloom, B.S.）であるが、この目標を実現するために教材が作成され、それを用いて教授学習活動が展開される。最後にこの目標の達成を「行動目標」に照らして学習者たちの行動によって評価し、その結果をもとにカリキュラム評価がなされる。「羅生門的接近」においてももちろん一般的な目標はたてられるが、それを特殊目標に分節化することはしない。一般的目標を十

分に理解した「専門家としての教員」が「創造的な教授活動」を展開するのであり、「この教授活動によって学習者になにが引き起こされたか、そのすべての結果が、できる限り多様な視点から、できる限り詳しく叙述される。この記述は、さきの一般的目標にかかわる側面の記述に限定されない、という点が重要である。次に、その記述にもとづいて、一般的目標がどこまで実現されたかの判断が下され、カリキュラム開発へのフィードバックが行われる」。

羅生門的アプローチと工学的アプローチとの対立を基本的な枠組みとして、大学教員の組織的な研修としての FD についても、〈意図的な計画、それに基づく目標分析、研修内容配列による合理的で分析的な組織化〉と、〈目標にとらわれず即興を重視する（つまりむしろ目標からはみ出す部分に着目して研修の多面的な展開を活性化しようとする）総合的な組織化〉との差異を、際だたせることができる。前者を FD の工学的モデルと呼ぶとすれば、これは、経営の論理や官僚制的な組織の論理と親縁である。この点に着目して、私たちは、「FD の工学的経営学的モデル」という用語を用いる。

たしかに、大学教育改革のありようについて、各教育現場の特殊性を超えて、ある程度いつでもどこでも通用する一般的道筋を示すためには、工学的経営学的モデルは、有用である。教員（集団）による教育現実構成をあえて「分析」するなら、まずは一般的目標設定があり、それを行動目標にまで具体化する活動があり、適切な教育課程を設計し、目標の行動による達成を評価し、ふたたび目標そのものを評価する活動がある。こうして抽出された諸要素を外的に結びつけるなら、教育改善はどんな場合にでも、PDCA サイクルを回転させることによって達成されると、みなすこともできるのである。

しかし PDCA サイクルは、教員（たち）が混沌とした教育現実のさなかで自分（たち）を賭けて教育現実を構成する複雑で錯綜した生きた日常的活動からの、粗雑な二次的抽象物であるにすぎない。抽象物としての PDCA サイクルのうちに教員のリアルな現実構成を封じ込めることは、明らかな倒錯である。FD の工学的経営学的モデルは、この抽象物をこそむしろリアルとみなし、混沌とした生きた現実をあたかも死んだモノでもあるかのようにとらえて、このモノとしての現実を外から操作しようとする。

問題は、PDCA サイクルの〈混沌とした実践的現実から生成しそれへ再び返される〉という本来のありようが忘れ去られ、外在的物象化的操作がもち込まれることにある。このような操作によって、教員集団の〈教育現実にコミットし自分たちを変えつつ現実を変えようとする日常的実践のありよう〉は、窒息させられかねないのである。

　技術的合理性の支配は、FD の工学モデルに顕著に見られるように、ヒトをモノのように扱う物象化を特質とする。物象化は、生命の生成や流動に不安定を感じ、これをなんとか凝固させようとする不安な心性に由来する。社会の全局面に強迫的な生成や流動をもたらすポストモダン的風潮は、我が国では経済の停滞以後めだってきた。物象化や凝固をもとめる心性は、この強迫的な生成や流動への反応である。近年の大学教育行政では、「学士力」、「社会人基礎力」、"Generic Skills"、"Transferable Skills" などの言葉が頻出しているが、これらをポストモダン的風潮へのいささか短絡した集合的反応とみることもできる。

　学士力などの議論の形式は、生涯を通じて不断に生成し流動し変容するパーソナリティの基底に、〈変化する状況に応じて適切な形で表出される内的力〉を想定するという点で、すべて共通である。しかし私たちのライフサイクル形成では、ただ限りない生成と変容のみがある[17]。ここで私たちは、パトスとしての人間の存在と生成に直截に向きあう。にもかかわらず、このような臨床性を回避して、なんらかの目に見える形の終結（つまりは成熟）やなんらかの蓄積を予想する成長や発達などが想定される。この想定には、どのような理論的な必然性・不可避性もない。

　それでも、あくまでも眼に見える「形」や「型」について論じたいという性懲りもない志向性は、いったい何に由来するのだろうか。ここには、強迫的に「確実な」「エビデンス」（たとえば「発達の数量的指標」など）を求めずにはおれないという——すみずみまで物象化に浸食された——不安定で不安に満ちた心性をみるべきである。そればかりではない。ここでは、「外から内に働きかけて内のなにものかを変容させる」という教育の伝統的でステレオタイプな操作的見方が、限りない流動と生成という事実との直截な直面を避けさ

せ、無理矢理にパーソナリティの内部になんらかの（蓄積のきく）凝固物を想定させている。これは、生成という豊かな関係的生起が個人的生起（なんらかの適応力の表出）に切り詰められる概念的貧困化でもある。「学士力」、「社会人基礎力」、"Generic Skills"、"Transferable Skills"などの内的凝固物の想定は、物象化された不安定な心性が在来の常套的思念を墨守しつつポストモダン状況へ適応しようとする痙攣的努力の所産である。この技術的合理性の支配へ、私たちはどのように対応すべきか。

2) 大学教育の臨床的研究の未来——距離化、ずらし、希望——

　技術的合理性の支配への対応の仕方について考えるために、まず、先のFDの工学的経営学的モデルを取り上げてみよう。このモデルもまた、教育現実のさなかから、切実な必要性に即して、生み出されてきた。それは、たしかである。このモデルも、混沌とした教育現実をコントロール可能なものにするために教育現実のうちから生み出された現実構成原理に基づいているのである。このモデルの現実性、有用性は、確実に存在する。それでは、工学的経営学的モデルの欠陥、すなわちその物象化や操作性を克服する方途はあるのか。

　工学的経営学的モデルの欠陥を克服するためには、なんらかの対抗モデルを対置すべきだろうか。これへの対抗モデルには、たとえば自律型、羅生門型、相互研修型などがありうる。しかしこの三つは、工学的経営学的モデルのもつ三つの局面に対抗して編み出される三つの文脈——自律型モデルの場合は工学的経営学的モデルの官僚制的組織論理という面への対抗という文脈、羅生門型モデルの場合は工学的アプローチという面への対抗という文脈、相互研修型モデルの場合はトップダウンの啓蒙的組織化という面への対抗という文脈——に対応して、それぞれに描かれるのである。

　対抗モデルは、工学的経営学的モデルのもつ多種多様な面それぞれに対抗して、多種多様に描かれる。対抗モデルを一つの類型として描くことはできない。しかも、工学的経営学的モデルのもつ現実性を考慮するなら、ここで求められるのは、対抗モデルを拵えることではない。ここで必要なのは、大

学教育の生成する日常性のさなかから繰り返し生み出されては惰性化する工学的経営学的モデルを、それが生い立ってきた豊かな日常性における教える人たちの相互生成に向けて何度もずらしては引き戻し、あらためて日常性の生成する力を受け直して、自らを何度も活性化させることである。問題は、工学的経営学的モデルへ向かう趨勢が強すぎて、この生成的生産的な〈ずらし〉[18]がすっかり窒息させられることにある。

　FDの工学的経営学的モデルを、教員集団の日常性に向けて、繰り返し〈ずらす〉こと。これが求められる。〈ずらし〉とは、このモデルが今一度、生成性を回復することである。つまり、日常性の物象化的操作に対して日常性の豊かさの重視へ、研修の客体としての教員への不信ではなく研修の主体としての教員への信頼へ、教員集団の研修における外的目的への従属ではなく主体的現実構成の重視へ、啓蒙的外在的専門性に対してディレッタンティズム（素人の相互性）の重視へ、教員としての未成熟の補完という苦役ではなくよろこびに満ちた自己実現の重視へ、操作的に拵えられた研修に対して自主的で偶発性に満ちた相互研修の重視へ。このような〈ずらし〉によって、FDの工学的経営学的モデルは、繰り返し、教員集団の豊かで生成的な教育的日常性に根差した自己組織化を強く助成する力へと、今一度変身しなければならないのである。

　ところで、視野を少し広げてみるなら、まさにこのような〈ずらし〉こそが、大学という特異な制度の本来の理念である。大学の歴史に明らかなように、そして今日の多くの大学論にも継承されているように[19]、大学の本質は、所与性への順機能にあるばかりではなく、むしろ所与性からの距離化ないし超脱にこそあるとされてきた。〈ずらし〉である。大学は真理探究機能と教育機能とをもつが、真理探究機能は世上で流布する「憶見」（ドクサ）を突き抜けて「真知」（エピステーメ）を志向し、教育機能もまた社会化文化化を突き抜けて人格化を志向する。（**表3-1**）を参照されたい。所与性との緊張が、さらにはずらしという形での創造機能・革新機能が求められるのである。

　大学は社会制度であるから、その重要な存立要件は、所与の社会にとって機能的であることである。新たなメンバーを社会化し社会へ統合する機能は、

表3-1　大学の本質——所与性からの距離化——

	真理探究機能	教育機能
所与性の超脱	エスピテーメ	（自律的・批判的）人格化
所与性へ機能的	ドクサ	（職業的社会化）社会化・文化化　生物学的養育

大学にとっても必須であり、その研究機能にも教育機能にも、社会化・社会統合への貢献が求められる。しかし、大学には、所与性にとって機能的であることと所与性を超脱することとの間で、つねになにがしかの緊張をもつことが求められる。大学教員の本質的徴表は、真知を求める志向にある。ただしこの理念は、教員だけではなく、教員と学生の双方を規制する。真知への大学教員たちの関心と学生たちの関心とがふれあうことによってはじめて、かれらは互いに所与性を不断に超越し自己生成を促進しあう学問教育共同体を構成するのである。所与性からの距離化ないし超脱、すなわち〈ずらし〉である。大学教育の臨床的研究は、この大学の本質的な機能である〈ずらし〉を、理念的に基礎づけ、あらためて活性化しなければならない。その限りで理論は、臨床性に立ち戻り、生成する人たちと生成的に連携する臨床的人間形成論の構成契機となる。

　大学教育の臨床的研究は、臨床性、生成性、相互性などを理念としているが、これらの理念はいずれも、所与性へ批判的に対抗しつつ所与性の規定力をずらし、教育的日常性の豊かさへと立ち返ることを課題づける。すなわち、理論構成面では、臨床的人間形成論の構築を促すのである。それにしてもこれらの臨床性、生成性、相互性などの理念には、このずらしを達成するのに十分な現実的支えがあるのだろうか。これについて考えるために、FD領域での相互性の理念、すなわち「相互研修」理念を取り上げてみよう。

　相互研修の理念は、大学教育領域での技術的合理性・官僚制の支配に抗して、教育主体の主体性・自律性を回復し確保しようとする。この領域では、専門家モデルや技術的合理性や官僚制の支配へ向かう趨勢は、きわめて強力である。相互研修理念に基づくディレッタント同士の連携は、緊張の持続を強いる。この苦しい仕事は、専門家依存によって、たやすく代わられかねない。にもかかわらず、専門家依存に向かう趨勢は、いまだに我が国のFD領

域の全体を覆うまでには至っていない。なにがこの強力な趨勢を押しとどめているのか。それはさしあたって、必要とするすべての場へ専門家を配分することができない財政の問題であるかもしれない。あるいは、大学教員の教育実践に関して自己決定性を維持しようとする誇りであるのかもしれない。実際のところ、この趨勢を押しとどめているのは、少数の人々の抵抗ではなく、専門家モデルや技術的合理性や官僚制の支配などをあまり好まないごく普通の大学人のごく普通の日常的行動であるようにみえる。この意味で私たちは、大学のごくふつうの教員たちのもつバランス感覚に希望を託すことができる。大学教育の臨床的研究は、大学教員たちの相互的な相互生成にコミットすることを通して、この希望を分かちもちたいと考えているのである[20]。

　大学教育の臨床的研究は、大学という特殊な場でのさまざまな世代の相互性の重なりあいという日常性に根ざして、これらの人々の日常的構成を二次的に構成する。この二次的構成が、うまくいけば、技術的合理性の支配をズラシ、その優位性を相対化して、一次的構成の解放的書き直しを可能にし、それによって人々の相互生成の可能性の余地を広げる。そして、この一次的構成の展開が、二次的構成そのものの展開を可能にする。まさにこれが、前節で〈絶句〉という比喩的なタームを用いて示した臨床的人間形成論の理論構築の「方法」である。大学教育の臨床的研究は、臨床的人間形成論の展開のうちにその重要で不可欠の部分として組み込まれている。この方法論的考察を手がかりにして、臨床的人間形成論の方法と構造について考えてみよう。

第3節　臨床的人間形成論の方法と構造

1　臨床的人間形成論へ

　臨床的人間形成論は、自動的に回転し自生的にさまざまな問題を産出しつづける巨大な教育現実へ「内在的に」関わろうとする理論的試みである。ここで理論に問われるのは、外部から知や技能を伝達したり指導や批判を加えたりすることではなく、教育現実の構成者（実践を担う人）たちが自己認識を獲得し主体的実践者へと相互生成する活動と協働することである。臨床的人間形成論は、「教える人たちの自己認識」の生成に参与し、「教える人たちと

研究の担い手たちの相互生成」(教育的公共性の生成) に協働する。この課題を達成するためには、第一に、思索の範囲を「子どもを導く術」に狭く限定することなく、人間のライフサイクルの全体と異世代間の相互性にまで拡大しなければならない。さらに第二に、実践者集団 (教える人たち) の日常的自己認識・相互認識を自覚的組織的・代行的に成立させる臨床的研究 (フィールドワーク) を実施しなければならない。臨床的人間形成論は、この二つの課題を同時に遂行するのである。

　臨床的人間形成論は、所与の教育現実の全体に向きあうために、自分自身を全体化しなければならない。全体化をめざす限り、自明な前提として非反省的に措定されている「教育」を、それと不可分の「人間」にまで遡って規定し、同時にほかならぬその「人間」を、それと不可分の「教育」にまで遡って規定しなければならない。このように、所与の日常性から出発して、「人間」と「教育」を原理的かつ相互規定的循環的に問いつつ、翻って日常性の全体に向きあうまでに自身を全体化する理論化運動が、臨床的人間形成論である。臨床的人間形成論は、養育と教育の理論を具体化、原理化、全体化する運動であり、それによって教える人たちと研究の担い手たちの相互認識と相互生成を可能にし、教育的公共性を生成させる。前節で見たように、「大学教育」の臨床的研究は、ミクロレベルの臨床的研究 (大学教育研究) と原理的研究 (人間形成論) とが互いに互いを基礎づけ合う仕方で循環を繰り返し、その結果じょじょに教育的公共性 (「大学教育を担う私たち」) と臨床的人間形成論とを生成する。大学教育の臨床的研究は、臨床的人間形成論の具体的遂行である。臨床的人間形成論は、教育的日常性との全体的関わり、そして教える人たちと研究の担い手たちの連携との関わりの二つの意味で、理論を全体化する運動である。

　臨床的人間形成論の達成課題の中心は、自らの仕事を「教える人たちの相互認識」の生成へ、さらに「教える人たちと研究の担い手たちの相互生成 (教育的公共性の生成)」へと結合させることにある。

1) 研究の担い手たちと実践の担い手たちとの間

　臨床的人間形成論における研究の担い手たちと実践の担い手たちとの関係

```
          育て教える人たちの相互認識 ←――②――→ 臨床的研究の生成
         ↗  ①                ↑
養育・教育の基礎体験        ⑤                        ⑥
         ↘  ③                ↓
          育て教える人たちの相互生成 ←――④――→ 教育的公共性の生成
```

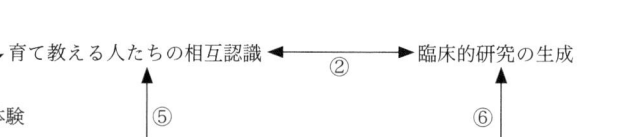

図3-4　基礎体験、臨床的研究、教育的公共性の生成的循環（加筆版）

について考えるために、先の図3-2を生成的循環の各構成要素の連関に留意して、あらためて書き直してみよう。（**図3-4**）を参照されたい。この図を眺めていると、多くの問いが問われてくる。ここでは、私たちにとってもっとも中核的な問題（研究の担い手／実践の担い手の関連）だけに絞って、考えることにしよう。

　研究の担い手が認識を獲得する経路には、②と⑥がある。つまり、実践の担い手たちの一次的構成の研究の担い手たちによる二次的構成という〈臨床理論的な経路〉（②）であり、教育的公共性の構成要件である在来の理論的蓄積から認識をえるという〈理論の自己展開の経路〉（⑥）である。さらに、実践の担い手たちが相互認識を獲得する経路には、①と②と⑤がある。基礎体験の自省（①）、二次的構成を媒介にする一次的構成の書き直し（②）、相互生成を通しての相互認識の獲得（⑤）である。このうち、理論にとってもっとも関心があるのは、②である。一次的構成から二次的構成への構成プロセスがたどられたとして、逆に、二次的構成から一次的構成への構成プロセスは、どうすればうまくたどることができるのだろうか。研究の担い手たちによる実践の担い手たちの相互認識の代行とその成果（二次的認識）は、どの程度実践の担い手たちに自己認識（一次的認識）を書き直すきっかけとして受け容れられるのか。ここには、乗りこえがたい深淵が潜んでいるかのようにもみえる。これは、臨床的人間形成論を含む臨床的理論にとっては、その存在理由に関わるもっとも根本的で原理的な問題である。これについては、さしあたって次の三点が指摘できる。

　第一：研究の担い手の「敏感な調査用具化」について。再三の引用を今一度繰り返すなら、ウィルソンは、「質的研究活動は、自分自身の保持するパースペ

クティブを超脱し、自分の研究している人々のパースペクティブに馴染むことによって自分自身を敏感な調査用具に形成する調査者の能力に依存する」と述べている。この文章では、図3-4の②がどのような生起であるのかについて、具体的に記述されている。そればかりではない。研究の担い手たちが自分自身を「敏感な調査用具」に「形成」すること、すなわち実践の担い手たちの相互認識と臨床理論的認識とが互いのパースペクティブのすりあわせによって疎通可能になることは、つねに研究活動を規制し続ける理念や課題ではあっても、けっしてたやすいことではない。「自分自身のパースペクティブを超脱する」ことも、「自分の研究している人々のパースペクティブに馴染む」ことも、容易ならざる難事である。実践の担い手たちと研究の担い手たちとは、疎通しあうための基礎条件を十分にもたないままに、まさにこの基礎条件そのものを作り出しつつ、互いに深く疎通することをめざして疎通しあうほかはないのである。

　第二：無自覚的拘束からの理論と実践の離脱について。何度も指摘してきたように、たとえば技術的合理性は、十分に自覚されないままに養育と教育の関係者たちの行動の仕方や生き方を拘束している。この種の拘束から解放されるためには、無自覚性を自覚するほかはないが、この自覚化はことのほか難しい。問いただされることもなく自明とされていることは、そのままでは常套的に踏襲されつづけるからである。自覚化、さらには解放のためには、常套的踏襲をなんとかして切断することが必要である。私たちはこの切断の方途を、絶句やズラシに求めてきた。しかし絶句もズラシもつねに、けっして意図的計画的にもたらされるわけではなく、多くの場合それはあたかもまったくの偶然でしかないかのような形でハプニングとして現れる。無自覚的拘束からの離脱は、むだな働きかけを重ねながらただひたすらに僥倖を待つという仕方によってのみ、かろうじてもたらされるとしか思われない。しかし常套的踏襲の切断は、主体の自律化する力を、さらにいえば生命や生成の力の解放をもたらす。このことからすれば、絶句やズラシをもたらすのは、そもそもこのような——ステレオタイプに類型化され常套化された言動によって抑圧され凝固されてきた——生命や生成の力そのものだとみるべきではあ

るまいか。正確にいえば、絶句やズラシは、偶然の所産などではなく、むしろ、表現を求める生命や生成の衝迫力ないし駆動力の所産である。そうであるなら、絶句やズラシの根底には、偶然ではなく、超越論的なものと接触するパトスとしての人間の存在と生成の力があることになる。

第三：理論と実践における〈パトスとしての人間の存在と生成〉の再生について。
研究の担い手たちの敏感な調査用具化も無自覚的拘束からの解放もともに、突き詰めていえば、〈日常性において自己状況へ全体的にリアクトする情熱的受苦的で応答的な人間の存在と生成の様態〉の再生、すなわち「パトス」の再生によってのみ可能となる。パースペクティブの固定化ないし凝固も、技術的合理性への拘束も、たしかにパトスの一つの表現形態である。固定化、凝固、拘束は、生成や流動の不安定さに直面して不安を抱かざるをえない人たちの〈習慣化や制度化による負担免除〉という仕方での「応答」のありようだからである。こうして、パトスは、パトスによって拘束される。拘束状態からの離脱は、パトスの自己拘束からの自己解放によって可能である。パトスの自己解放は、二段階の過程を経る。最初の段階は、応答性の回復である。応答性とは、外と内からのさまざまな呼びかけへ応答する人間の存在様態である。外からの呼びかけとは、その人のコミットしている世代関係や社会関係からもたらされるさまざまな要請である。内からの呼びかけとは、超越論的なものとの内的な接触感覚であり、その人を巻き込む生命と生成の流れからの衝迫力であり駆動力である。この内的衝迫力・駆動力への応答が、パトスの自己解放の第二段階である。内的衝迫力・駆動力への応答によって、拘束され凝固していた生命と生成の流れが再びめぐりはじめる。自己拘束からの解放は、行き詰まり凝固した生命と生成の流れの再流動化である。私たちは、前著『大学教育の臨床的研究』でこのような応答性が大学教育の領域でごく普通の教員によってごく日常的に達成されていることを確認し、このような自己解放の力への「逆説的な希望」について語った。

　以上三点をまとめていえば、臨床的人間形成論の課題は、（図3-4）の生成的循環のうちに適切な位置をもつことにある。臨床的人間形成論は、「敏感な調査用具」であることをめざす研究の担い手たちの努力に支えられ、つね

に「絶句」や「ズラシ」を契機とする研究の新たな展開や、実践を担う人たちとの疎通に開かれていなければならず、「パトスとしての人間の存在と生成」の再生という課題連関のうちにしっかりとした場所をもっていなければならない。それでは、臨床的人間形成論は、実践を担う人たちとどのような関係をもつべきか。これについて、私自身の個人的体験を手がかりにして考察することにしよう。

2) 相関の四モデル

これまで研究の担い手としての私は、実践を担う人たちと、類型化すれば以下のような四つのタイプの関係を体験してきた。

① 大学における公開授業

このプロジェクトについては、前節で少し触れたが、詳細については前著『大学教育の臨床的研究』の第2章で紹介し議論したので、これを参照していただきたい。このプロジェクトでは、授業者と参観者の大半は大学教員である。授業検討会での発言などに伺えるように、研究者としての大学教員の多くは、自分の実践に対しても研究的に向きあう。ここでは、実践する人と実践について研究する人とが一致している。実践を担い実践理論を担う人々が同一の議論のフィールドに参集し、それぞれの認識をたしかめあい、批判しあい、認めあって、互いに教える人への相互認識と相互生成を遂行する。理念的にいえば、ここでは、臨床的人間形成論が展開されるとともに、実践を自覚的に担う人たちによる教育的公共性が生成するのである。このように私たちの公開実験授業での参加者の凝集性はきわめて高く理論的成果も高度であったが、高度の緊張を強いる場への参加は、前著でも詳しく述べたように、けっして容易なことでは広がらない。これが大きな問題である。

② エンカウンターグループ

よく知られているように、これは、ロジャース（Rogers, Carl）がアメリカ西海岸ではじめた小グループのワークショップである。ここでは、抑圧性や操作性を最小限に切りつめた場における出会いによって、参加者たちは、互いの自己実現を促進しあい、相互的自己実現を達成するものとされている。ロ

ジャースの著書をはじめとして、エンカウンターグループに関しては、多くの本や論文が書かれている。これらはすべて、本研究ですでに用いた用語を援用するなら、典型的な（メタ理論に対抗する意味での）生成理論である[21]。しかし、かりにエンカウンターの場に研究者が参加したにしても、この特殊な場は専門家と素人という非対称的関係をもっとも嫌うから、ここには研究者が研究者という職分をもつ者として登場する可能性も余地もまったくない。それでは、エンカウンターに関する理論は、グループ参加者たちによって自分たち自身で紡がれているのだろうか。そうではない。関連理論の構築の多くは、グループ参加を体験した研究者による事後的な、そして孤独で反省的な仕事である。この意味で、エンカウンターの理論は、生成的ではあるが、臨床的であるとはいいがたい。

③ 臨床的事例研究会

たとえば、臨床心理学の同一学派に属する人々の事例研究会（表3-2の③-1：閉鎖型）では、臨床に携わり実践する人たちと、同一学派に属して実践研究を遂行する人たちとは、完全に一致する。これに対して、私が関与したような心理療法研究会（愛媛心理療法研究会）では、精神科医、小児科医、カウンセラー、法務教官、児童相談所心理判定員、家庭裁判所裁判官、同調査官、婦人警察員、刑務官、教育センター職員、生徒指導教員、大学教員など多様な職種の人々が集まって、そのつどに精神科医、カウンセラー、生徒指導教員、家裁の調査官などによって発表される具体的事例を検討した（表3-2の③-2：開放型）。ここでは、事例を提供する臨床家と事例をもたない参加者が同一の場で協働した。閉鎖型と開放型の研究会のそれぞれがもつ長所と欠陥については、あとで議論する。

④ 初等・中等教育における授業研究会

この種の授業研究会には、同一校の同僚だけが参加する場合、他校も含め

表3-2　研究の担い手と実践の担い手との連携の四類型

	研究の担い手の直接的関与	研究の担い手の間接的関与
内	① 大学における公開授業 ③-1　臨床的事例研究会（閉鎖型）	② エンカウンターグループ
外	④初等・中等教育における授業研究会	③-2　臨床的事例研究会（開放型）

た同僚が参加する場合、同僚以外に大学教員などが助言者として加わる場合などが、区別される。たとえば、文科省から研究開発指定校として認定されて否応なしに実践研究の遂行を迫られるような場合には、実践を担う人たちと研究の担い手たちとの利害は、実践研究の遂行という一点で、大きく一致し、両者は深く支えあう。ここでは、実践の担い手であるとともに実践研究の担い手でもある人たちと、研究の担い手であるとともに実践への利害の共有を迫られた人たちとが、文字通りに「半身の構え」をもって互いに連携する。この連携は、短期集中である場合が多いが、たとえば開発指定期間が終わっても別の形で継続され、もっと長期にわたる場合もある。しかしこのような開発指定校といった例外を除いて、授業研究会の多くでは、研究者は、「助言者」としてイベント終了間際のアリバイめいた短い発言だけを残して、そそくさと家路につくのが通例である。この場合、研究会参加者たちにとっては、研究者は、あくまで部外者であり、異邦人であり、闖入者である。実践の担い手と理論の担い手との協働は、まったく形式化され、儀式化されている。

　以上の議論を、あえて表記してみよう。(表3-2)の上下は、研究の担い手の実践のフィールドでの位置の差異であり、フィールドのうちにいるか、それとも外にいるのかを示している。これに対して、表の左右は、研究の担い手たちと実践を担う人たちとの連携が直接的であるか間接的であるかの差異である。したがって、研究の担い手と実践の担い手との関わり方について、四つの典型的な類型が区別されることになる。

　この表を参考にして、もう少し考察を進めよう。

　①「大学における公開授業」での実践者と理論家との連携のありかたについては、前著で詳しく述べたが、このプロジェクトの授業検討会などでの授業者と参観者との授業観の語りあいと語り直しは、臨床理論での一次的構成と二次的構成との生産的で循環的な連関の典型例を示している。

　②「エンカウンターグループ」については、このグループワークを支えるファシリテーターに、相応の力量が求められる。グループで展開される議論の浅さ深さにきちんと対応できることはもちろんのこと、議論の周辺にわだ

かまる沈黙の意味をきちんと受け止め、それらにも適切にリアクトできることが求められる。かなりの期間この特殊なグループワークに参加した個人的な体験からいえば、グループの全体で生起していることについて（できるなら参加者の全員が、少なくともファシリテーターが）ある程度意識的自覚的であり、しかもこれに適切に反応できることが大切である。それというのも、この場は、きわめて特殊であり、心的疾病発症のきっかけですらありうるからである。この意識化・自覚化は、場の設定者としてファシリテーターが当然負わなければならない責任に属している。ファシリテーターの多くは大学の研究者であるが、この場ではこの人たちは、第一義的にファシリテーターであって、研究者ではない。したがって、この人たちが事後的にこれに関して構成する理論（二次的認識）は、一次的認識に返される契機を直接にはもっていない。

④「授業研究会」では、研究開発指定校での研究会などの例外を除けば、多くの場合、研究者は実践者たちの構成する文脈から疎外されている。研究者のこの疎外的ポジションは、かれの臨床への関係のありかたを、象徴的に示している。ここでの理論は臨床的ではありえない。ことわるまでもなく、臨床的人間形成論は、この疎外的関係を脱却することをめざしている。私たちは、授業研究会との関連で臨床的人間形成論を構築するためのフィールドとして、たとえば大学教育研究を選んだのである。

研究の担い手たちと実践の担い手たちとの関連を象徴的に示すのは、③-2「臨床的事例研究会」（開放型）である。項を改めて、この型に属する一つの事例を取り上げ、これについて少し踏み込んで考えておきたい。これによって、臨床的人間形成論の依拠する「臨床性」の性格、さらにいえばその構造と展開が、よりいっそう明らかになると考えられるからである。

2 臨床的人間形成論の方法と構造

1)「危機」としての「半身の構え」

かつて私たちは、先述の心理臨床研究会（愛媛心理療法研究会／③-2開放型）において、児童相談所心理判定員のケースレポート（前章の事例1）を扱う研

究書をまとめようとした。しかし、精神科医を中心とする専門家集団との間できびしい議論を繰り返したあげく、結局その公刊は断念せざるをえなくなった。議論のテーマは多岐にわたったが、なかでも中心的であったのは、事例1で問題行動を繰り返し新たな施設措置のために児童相談所に一時保護された児童Zに対して心理判定員が実施した「心理療法」的な介入の評価であり是非であった[22]。

　心理判定員は治療的介入によって、施設措置のための心理判定という自分の役割行動の自己解釈をかなり拡大して既存の役割関係を超え、児童Zを(施設措置のための心理判定の対象者ではなく)目の前にいる「一人の子ども」とみなしてこれに治療的・教育的に向きあった。その限りで、判定員自身も「一人の大人」として統合された治療者・教育者となった。ここで生起しているのは、相互生成である。このような相互生成に向けての既成の役割関係の超脱は、役割行動の範囲の水平的な拡大ではなく、むしろ日常的で部分的な関係性からの垂直的な超脱である。

　しかしこれは、極度に緊張と集中を求められる事態である。相互性は、通例あまり長くは持続されず、比較的短時間で、役割行動の繰り返される日常性の循環に回帰する。Z事例においても、判定員は、自分の実施した心理療法の意味を、施設措置判定という言説連関のうちに切りつめたり、専門医の診断の言説のうちにすっかり回収したりした。こうして、僥倖ともいえる相互性の一瞬の光芒は、ごくごく短期間にあっさりと雲散霧消した。その後の推移をみる限り、このいくぶん展望を欠いた場当たり的で中途半端な治療的介入が否定的作用を及ぼした可能性も、たしかに十分にありうる。この出来事は、相互性とシステム役割との関連を考える上で、きわめて示唆的である。

　この場合、心理判定員が治療的な関わりへ向かった姿勢は、判定員でもあり治療者でもあり、いずれか一方ではないという意味で、いかにも徹底性を欠いている。その意味では、まさに「半身の構え」[23]と呼ぶべきである。一般に「半身の構え」は、武道の基本形の含意するような「攻撃と防御の両面に開かれた緊張」から、「逃げ腰の中途半端さ」に至るまでの振幅を含んでいる。Zに向かう判定員の姿勢は、児童相談所の一時保護開始からしばらくは

前者に近く、一時保護が長引き施設措置決定へのプレッシャーが増し心理判定員としての役割規範が前面にでるにつれて、後者に近くなる[24]。ともあれ、このような半身の関わりは、教育や援助に携わる人々には、ありふれた日常的な出来事である。それというのも、これと関連する領域はどこでもすべて、たとえば学校化と脱学校化、相互性とシステム役割行動などの間で適切なバランスをとることが切実な課題となっており、この課題を達成しようとする限り、行為者の構えはどこか徹底性を欠いた「半身」であらざるをえないからである。

　すでに指摘したように、相互性を含む半身の構えは、それまでのステレオタイプな行為の反復を切断し、常套的自明性から距離をとり、これをあえて自覚化するきっかけである。しかし、相互性を持続させることがむつかしいように、半身の構えをある程度の期間持続することは、容易ではない。この半端な状態には、どこか無理があり、そんなには続けられないからである。いずれ半身のいずれかが切り捨てられ、残りの半身が志向していた（システム役割に対抗する相互性などの）規範性をスポイルしてしまう。半身の構えを持続するためには、緊張と努力が必要である。その反面もある。いずれか一方（たとえば心理判定員という役割関係）に限定された構えは、相手側（たとえばＺ）からの呼びかけや自分の内部からの呼びかけによってその限定性を突破され、くりかえし半身の構えへと引き戻されるのである。いずれにしても、半身の構えをとることは、常套的自明性を自覚的に対象化して生成の余地を広げるか、あるいは、常套的自明性に引き戻されてしまうかの、「分岐点」にたつことであり、このような「危機」を招き寄せることである。今日の養育・教育状況は、私たちをさまざまな分岐点に立たせ、半身の構えによる主体的対応を求めている。

　すでにみたように、大学教育のフィールドでは、多くのせめぎあいがある。技術的合理化と脱技術的合理化、学校化と脱学校化、相互性とシステム役割行動などである。しかしこれはなにも大学だけに限られない。養育と教育に関連する領域ではどこでも、このようなせめぎあいがある（田中1993A）。この重層するせめぎあいのうちにある人々によって、せめぎあう両者のバラ

ンスが図られ、双方に脚をかけた「半身の構え」どうしでの連携が模索され、ある場合にはその可能性が開かれ、別の場合には閉ざされる。

　今日の初等・中等教育では、総合的学習、生活体験学習、スクールカウンセラー配置などの脱学校化的な動きがあるが、これには、もっと強力な在来型学校システムの再構築を求める学力低下論などが拮抗する。生涯教育の領域では、学校化・制度化型の生涯教育の進展と、ラーニング・ウェッブ型／連携学習型の生涯学習の試行とが、対抗している。ヴァーチャル・ユニバーシティなどを含む遠隔教育においては、インターネットなど情報技術革新による学校教育の補完機能への期待と、新しい連携学習の場の構築への期待が、せめぎあっている。さまざまな養育関連施設など学校教育・家庭教育の補完領域では、収容施設のシステム的制度整備の徹底化と、収容側と被収容側の相互性をめざす連携への試行との間で、緊張がある。地域社会では、たとえば「青少年健全育成のための地域連携システム」などの整備構想があり、これに対抗して、養育機能の分散化や共同化などをめざす動きがある。家族の領域では、養育放棄や虐待などの家族機能、とくに異世代間相互形成機能の低下が表立ってくるにつれて、家族機能の再生を図るさまざまな試みがあるとともに、家族機能の家庭外委託の必要性や可能性が強調されている。養育教育関連スタッフの養成においては、役割遂行能力の養成が図られるとともに、役割創造力や臨床知やシステム構築力の生成などもめざされている。たとえば、教員養成においても、大学教員の教育機能開発（FD）においても、カウンセラーの養成においても、専門知と臨床知、教授能力と（対人関係能力などの）人間的力などとのバランスが問われている。

　技術的合理化と脱技術的合理化、学校化と脱学校化、相互性とシステム役割行動などのバランスは、教育に関連する全領域で問題となっているが、具体的なバランスのとりかたは、個々の教育状況の差異によってさまざまである。実践的にみて必要なのは、この折りあいのありようについて一般的で啓蒙的な見解をえることではなく、この折りあいをそのつど適切な仕方で達成し、折りあいを達成するべく人々が半身の構えで連携することである。それぞれの場で個別化された教育的公共性が生成することが求められるのであ

る。いずれにせよ、実践を担う人たちはどこでも、学校化と脱学校化などの矛盾する趨勢に翻弄されて、自律的行動にも役割行動にも徹しきれず、きわめて中途半端にしか振る舞えない。半身の構えによる連携は、教育や援助に携わる人々にとってはごくごくありふれた日常である。次にまとめてみるように、振り返ってみれば私たちが遂行してきたフィールドワークでも、まさにこの「バランスと半身の関わり」という大切な問題がじょじょに浮き彫りになってきていたものといえるのである。

2)「臨床性」としての半身の関わりと「永遠の今」

　私たちはすでに前著（田中 2011B）で、生成理論とメタ理論とを区別したが（216頁以下）、この両者を、研究者と実践者との関連、実践ないし研究の目標との関連に着目してあえて今一度略図にして示すとすれば、**図3-5**のようになる。

　生成理論では、研究者が実践者に「わかっている」ことを啓蒙的に伝達したり教示したりするのではなく、研究者も実践者もともに「わかっていない」ことへの共同的探索（実践研究）に向けて連携する。研究者（R1）と実践者（P1）との関係の特質は、実践研究に向かう相互性にある。これに対して超越モデルでは、研究者（R2）は、実践者（P2）に対しても、実践者の自省（一次的構成）に対しても、外在的であり操作的である。この対象化的操作的物象化的関係に向けて、実は研究者自身も物象化されている。他方、実践者については、内属モデルでは、相互性の関係にあり「自分自身のもとにある存在」として自律的であるが、超越モデルでは、被啓蒙的な関係にあり「研究者のもとにある存在」として依存的である。このような研究者の教育状況における位置、

　　　　生成理論モデル　　　　　　　　　　メタ理論モデル
　　　　　　　O　　　　　　　　　　　　　　　O
　　　　　↗　　↖　　　　　　　　　　　　　　↖
　　　R1 ←——→ P1　　　　　　　　　　　R2 ——→ P2

図3-5　研究者（R）と実践者（P）と目標（O）の関連

表3-3　生成理論とメタ理論

	生成理論	メタ理論
研究者の教育状況での位置	内属	超越
実践者の研究者への関係	自立	従属
両者の関係	相互性　対称性	役割分化　非対称性

　実践者の研究者への関係、両者の関係に留意して、生成理論とメタ理論との関連をあえて表記すれば、**表3-3**のようになる。

　生成理論の構成する関係においては、研究者と実践者との関係は対称的であるが、メタ理論の構成する関係においては、関係は非対称的である。しかしたとえ後者の場合でも、研究者は、実際の実践者とつながる場面では、どうしても人間どうしとして向きあうところがあり、つねに役割関係への限定をいくぶんかは超越している。実践者もまた、役割関係において研究者に依存する面があるにせよ、つねに状況の主体的構成者として依存を超える面をもっている。そのつどの関係の具体的なありようは、相互性と役割関係という両極の間のどこかにあり、しかも時間の経過とともに両極の間でさまざまな幅でめまぐるしく振幅を繰り返す。この限りで研究者も実践者もともに、お互いの関係へさまざまな程度ではあれつねに「半身の構え」で向かうほかはない。上記の表は、教育現実のこのような流動性と生成のさなかにあって関係する人たちが、自分自身の見当識を確保するために、援用できる。

　半身の構えは、関係の対称性と非対称性、相互性と役割関係、教育状況への内属と超越などの間でダイナミックに揺れつつ自己生成し相互生成する人々のありようを示している。たとえば、研究者と実践者とが互いに向きあう構えは、専門性や職業性や役割関係の枠内にはとどまらず、かといって相互性や出会いに全面的に開かれているわけでもない。半身の構えの実際のありようは、内属と超越、相互性と役割関係などのそのつどのバランスのありかたによって決まる。「この」状況に、「この」バランスが、適切か否か。それが問われる。バランスが適切である場合には、互いの半身がうまくかみ合う。

　たとえば家庭裁判所調査官は、裁判官の判断を支える資料を収集するために、一定期間関係者たちと面接を繰り返すことができる。問題を起こした未

成年者たちとの定期的面接は、時として心理療法と酷似した過程をたどり、心理療法と同様の治療効果をもたらすかのように見える。ただしこれは、心理療法のようなすっきりとした契約関係のもとにあるわけではないから、職業的で専門的な治療者（精神科医、カウンセラーなど）の目から見れば、どうしても中途半端さや危うさを免れることができない。この危うさや中途半端さは、家裁の調査官に限らず、教員、医者、看護婦、ソシアルワーカーなど今日の援助職一般の仕事にはいつでもどこでもつきまとっている。しばしば「教員のカウンセリング・マインド」などという奇態な和製英語[25]が口にされるが、これもまた擬似カウンセリング的行為への教員の中途半端ないわば「半身の関わり」を象徴的に示している。

　相互性と役割行動との間に適切なバランスをとり、適切な連携を実現するためには、半身の構えは、逃げ腰や過剰な立ち入りを避け、関係への離隔と接近との間で適切なバランスを保たなければならない。相互性は、システム役割行動によって織りなされる惰性的な日常性を、内からいわば「垂直」方向に突破する。半身の関わりは、役割関係から相互性への中途半端な移行を示す。たとえ相互性が惰性を一時突き抜けたにしても、この突破はいずれ挫折して再び惰性的日常性へと回帰する。しかし挫折した突破は、日常レベルで成立しうる相互性の豊かな可能性を垣間見させる。高度にシステム化された今日の多くの組織では、相互性はむしろ、「半身の関わり」や「突破と惰性化との振幅」といういたって中途半端な形でしか生起できないのである。

　しかしながら半身の構えにおける相互性と役割関係とのバランス、あるいは超越性と内属性とのバランスが成立するためには、どのような主体的条件が求められるのか。

　私たちが「臨床」において把握するのは、くりかえし述べてきたように、〈(そこから時間や世代や相互性などが立ち現れる)「永遠の今」と触れる「ここといま」における人間の存在と生成のありよう〉である。この把握は、西田に由来し、京都学派に共有され、京都学派教育学に引き継がれ、やがて森の『人間形成原論』へと至る。三木清の用語法を援用するなら、「パトス」とは、「ここといま」において自己状況にリアクトする受苦的情熱的で応答的な人間の存在と生成

の様態である。臨床性において見出されるのは、永遠の今に接触する「ここといま」におけるパトスとしての人間である。私たちが、相互性と役割関係とのバランス、さらには超越性と内属性とのバランスを獲得しようとする際の主体的な前提は、臨床性における人間の存在と生成のありようである。

　臨床性、「ここといま」における人間、パトスとしての人間は、〈自分は永遠の今に、すなわち自分自身の存在と生成のうちにある"transzendental"(超越論的)なものに接触している〉という「手触り」によって支えられる。日常のさなかで日常を超えるもの、日常を支えるものの手触りである。この接触感こそが、「内からの存在と生成への呼びかけへの応答」を可能にする前提である。西田幾多郎が「天地の化育に賛す」と記し、木村素衛が「一打の鑿」で「次の一打」に至る契機として述べ、おそらくは森昭が「生命鼓橋」の「作り渡し」を駆動するきっかけとして想定していたのは、この超越論的なものの手触りである。相互性と役割関係とのバランス、さらにいえば超越性と内属性とのバランスなどは、現実を内から超える現実の立場によって、すなわち超越論的なものとの接触感を前提として、はじめて成立可能である。私たちは、「ここといま」の日常にあって、日常を支え日常を超えさせる超越論的なものの接触感に促され、内からの存在と生成からの呼びかけへ応答して、現状を超脱し、翻って、日常性における他者たちからの呼びかけに応える。「半身の構え」とは、このような仕方で状況への内属性と超越性の分裂を生きることであり、相互性と役割関係とが二律背反する生を生きることである。この二重性を生きる半身の構えは、西田たちのいう絶対無や永遠の今などの超越論的なものとの接触感によって支えられる。つまり、半身の構えとは、相互性と役割関係、超越性と内属性との不均衡による動揺や防衛的凝固を超越論的なものとの接触感によっていくぶんなりとも超え、動揺を鎮め凝固を融解して、ふたたび生命と生成の流れに帰ることである。

　「半身の構え」を生きることとは、「ここといま」にあって超越論的なものとの接触感を生きることであり、日常性のさなかで呼びかける他者たちへ応えることである。このいわば垂直的かつ水平的な二重の応答によって、生命と生成の流れを再生し、自他の生成を可能にすることができる。西田の「天

地の化育に賛す」から森の「生命鼓橋の作り渡し」に至る思考の継承において一貫して把握されてきたのは、まさにこの二重の応答による自己生成・相互生成のプロセスである。これが、臨床的人間形成論の自己生成・相互生成把握の先行形態であり、元型である。

半身の構えは、ある場合には、生命と生成の流れを再生して、別の「半身たち」との連携を可能にし、さらには自他の相互生成のきっかけとなる。しかしそれは別の場合には、相手も自分もこの中途半端さによって深く傷つけ、再び負担免除的慣習的な役割行動に回帰させて終わる。いずれにせよ「半身」であることは、相互行為の主体が危機の深淵に臨んでいることである。

実践を担う人たちの連携、実践を担う人たちと研究を担う人たちとの連携は、専門家による啓蒙的な指導性や主導性という常套的システム役割行動の範囲を超えようとすれば、中途半端な半身の構えによるほかはない。そればかりではない。実は、半身の構えをとることによってこそ、たとえその反面で底知れぬ挫折の深淵の口が開かれるにせよ、私たちは、「超越論的なもの」との接触感覚を取り戻し、フィールドワークによってもたらされる臨床的人間形成論の知見を「教え育てる人たちの自己認識・相互認識」、「教える育てる人たちの自己生成・相互生成」(教育的公共性の構築) へと結合することができるのである。本章の締めくくりとして、臨床的人間形成論の構造と位置についてまとめて考えておこう。

3) 臨床的人間形成論の展開へ

臨床的人間形成論の内容は、脱利害的・中立的な対象認識などではなく、状況に参与する人々の (ある場合には個人的であり、別の場合には相互的な) 認識である。この認識は、日常性、自省性、自己関連性、実践関連性、力動性、生成性などを特性とする。ここでは、認識の対象と主体は別物ではなく、ともに日常的実践状況のうちにある (日常性、自省性) から、対象を自分から切り離して扱うことはできず (自己関連性)、しかもこの認識そのものが引き続く実践に直結 (実践関連性) しており、しかも、変転きわまりない実践経験との往復運動によって不断に変化する (力動性、生成性)。この認識は、当事者

性・自己関連性にもとづく自省的認識である。この自省は、他の教育状況構成者たちとの関係、自分の存在や生成の根源（超越論的なもの）に向けられ、やがてこれらへの応答性ないし責任性として結実する。臨床的人間形成論の自省的認識は、「教え育てる人たち」の自己認識・相互認識を基盤とするが、これは応答性・責任性を介して、実践の主体（すなわち「教える私たち」としての教育的公共性）の生成の契機となる。このようにして自省され一般化される認識こそが、臨床的人間形成論を構成するのである。

　今日の巨大な学校複合体は、理論の専門的な生産部門をもっており、大学や研究機関や民間機関など制度化された経営が、大量にしかも定期的に理論的成果を吐き出している。しかし教育の理論とは教える人たちの自己認識・相互認識であり、日常的教育状況こそが理論の出発点でもあれば帰着点でもある。この理論は、日常性と自明性を特質とする生活世界におけるフィールドワークとして出発し、フィールドワークのネットワーキングによってじょじょに一般的なものへと生成する。生成理論がつねにメタ理論との共同体制にあり、その狭隘な視野の相対化へと開かれている場合にのみ、生成理論としてのフィールドワークは、臨床的人間形成論という一般理論へと統合的に生成することができる。

　私たちは本研究で、教育理論が臨床性、実践性、自己関与性、自省性、理論的統合性などの特性を確保するに至る学問論的展開を、教育理論の臨床的人間形成論への再構築と名づけてきた。このような教育理論の学問的な展開ないし再構築は、臨床的研究を介することによって可能になる。私たちは、臨床的研究ないしフィールドワークを通して、教える人たちの自己認識・相互認識と自己生成・相互生成を遂行し、それによって教育的公共性と臨床的人間形成論を生成させようとつとめてきた。教育的自己認識と教育的公共性は、今日の複雑で巨大な教育現実に拮抗できるまでに生成しなければならない。これはどのようにすれば可能なのであろうか。この拡大の方途として本研究であきらかになったのは次の二つの手だてだけである。一つには、フィールドワークをネットワーキングする臨床理論を媒介にする連携の創出であり、二つには、半身の構えによる理論家たちと実践者たち、実践者たちどう

しの連携の創出である。この二つはいずれも、さしあたってはごくささやかなものでしかありえず、払われる努力に対して見返りは少なく、しばしばコストの計算があわない。しかしこれ以外の捷径はどこにもみつけられない。

　臨床的人間形成論の構築は、半身の構えが切り開く自他の相互認識・相互生成のプロセスに組み込まれている。この生成的循環的プロセスは、半身の構えという脆い基盤に依拠しており、それ自体がつねに切断し停止し凝固する危険につきまとわれている。それでも私たちはこの理論化のプロセスを愚直にたどるほかはない。

　それでは、臨床的人間形成論は今後、どのように展開されるべきか。臨床的人間形成論は、実践する人たちの一次的構成と関わる二次的構成であるから、その展開は、自生的自己完結的になされるわけではなく、臨床での出会いによって規制され更新される。この点、臨床的人間形成論の展開は、外在的事情の変化のもたらす偶発的な性格をもっている。しかしながら、臨床的人間形成論に解決が求められている大切な課題もある。なかでも原理的で避けることが難しいのは、人間形成論の中核概念として臨床的人間形成論が引き継いだ「相互性」概念と「ライフサイクル」概念の見直しである。

　たとえば、「相互性」という言葉が見定めるのは、ペアになった関係に限定されているかのようであり、これをただちに錯綜した三者関係からなる社会関係一般に拡張することはできないようにも思われる。それでは、相互性は、共同性、社会性、公共性などと、どのように関連するのか。

　さらに、「ライフサイクル」という言葉には、個の人生の一回性と世代の循環性の両義がこめられている。教え育てる営みは、親や教員という先行世代としての自分の意図を振り返ってみればあきらかなように、死すべき者としての先行世代の死すべき者としての後続世代への応答であり、この意味で、生の一回性と世代の循環性への応答である。しかしながら、日常的な生活圏が地球規模に拡大し、たとえば原子力発電所の事故（2011年）が時空を遠くたやすく飛び越える現状を見ると、教え育てる営みもまた、個の人生の一回性、世代循環への応答性を超えて、〈すでにない諸世代〉への応答、〈いまだ現れていない諸世代〉への応答性をも考慮に容れなければならない。

まとめていえば、私たちは、相互性と共同性、社会性、公共性との関連を考えなければならず、さらにライフサイクルを世代継承性にまで拡張して考えなければならない。本書の最終章では、この二つの当面する原理的課題について考察することにしよう。

注
1 私はかつてしばしば工学系の研究の担い手から、たとえば「授業者や質疑応答の参加者を自動的に追尾して撮影し録画するシステムを開発した」とか「授業中に顔を上げている受講生の数を自動的に記録するシステムを開発した」とかと聞かされ、そのつど「これの利用法はないか」と尋ねられた。まずは開発があり、意義や用途は開発を追いかける。あきらかな倒錯である。
2 前著『大学教育の臨床的研究』(2011B) 第3章での遠隔教育に関するフィールドワークの考察を参照されたい。
3 拙著『臨床的人間形成論へ』2003の最終章における「半身の構え」に関する議論を参照のこと。さらに、本章の注23も参照されたい。
4 すでに繰り返し述べてきたように、臨床性、生成性、相互性は、京都学派に由来する学問論的特質である。
5 これについては、杉谷祐美子による包括的なレビュー (杉谷祐美子編 2011 292-300頁) を参照。
6 我が国の大学教員の自己規定については、たとえば、有本章編著 2008、わけても福留東土による「13章 研究と教育の葛藤」を参照。さらに、拙稿 2010C を参照。
7 ユニバーサル化、ユニバーサル・アクセス、ユニバーサル段階などの用語は、トロウに由来する。Trow 1972 を参照。
8 たとえば、予算や資金の申請や審査を行う役割に就くことは、おうおうにして否応なしに、文書主義や外形的成果主義などへ屈服することであり、技術的合理性へ拝跪することであり、自分自身がテクノクラート (ないしその追従者) へと変身することである。
9 批判的諸理論は、大学教育の領域では、まったくといってよいほど表だって登場することなく、ただ沈黙している。これら理論の担い手の大半は、大学で職を得ていて、大学教育に従事しているはずである。批判的諸理論の批判性は、自己状況ないし自分自身には向けられないということになる。
10 かつてウェーバーは、大学での経営と研究・教育の分離を「大学のアメリカ化」と呼んだ (Weber 1951)。この分離を大学の「第一次的なアメリカ化」と呼ぶとするなら、「研究」と「教育」との実質的な分離は、研究大学と教育大学とのヒエラルキー的分離を特性とするアメリカに倣った、いわば「第二次的なアメリカ化」である。
11 前著 (田中 2011B) 199頁以下での〈非対称的社会関係の一元化〉に関する議論を参照されたい。今一度くりかえすが、相互性は、養育・教育関係の対称性と関

連している。ランゲフェルトのいう「子どもの存在の二重性」──「子ども自身のもとにある存在」(Bei-sich-sein) と「私たち大人のもとにある存在」(Bei-uns-sein) ──は、大人に対して、一方では、他者としての子ども(「子ども自身のもとにある存在」)との相互性を求め、他方では、依存する子ども(「私たち大人のもとにある存在」)への代理的責任性を求める。しかしほかならぬこの教育が子どもの被代理的応答性を自律的責任性まで成熟させるとともに、非対称的相互性は相互性に転じ、「教育関係」は「相互的な生成／形成関係」へと解消されるのである。

12　「相互研修」は京大センターの FD に関する基本的な理念である。これについては、前著(田中 2011B)のほか、京都大学高等教育研究開発推進センターのホームページ (http://www.highedu.kyoto-u.ac.jp) に掲載されている紀要や叢書の PDF ファイルのうち関連箇所を参照されたい。

13　前著第2章を参照。

14　前著で述べたことを今一度くりかえしたい。個人的な見解であるにすぎないが、私は、大学教育の臨床的研究の立場から、「授業が嫌だ」とか「どうしてこんなに下手なんだ」という私自身のひりひりするような感覚が万一にも消失するようなことがあれば、つまり絶句から縁遠くなるようなら、臨床的研究は即座に断念するほかないと考えている。

15　前著第2章、第3章、第4章を参照。

16　前著でも指摘したように、この用語は、当時の文部省と経済協力開発機構 (OECD) の教育研究革新センター (CERI) との共催による「カリキュラム開発に関する国際セミナー」(1974) において、アトキン (Atkin, J.M.) が、カリキュラム、授業、評価に関わる典型的な二つのモデルとして提案したものである(文部省 1975)。以下の引用から読み取れるように、アトキンのいう「羅生門的アプローチ」は、芥川龍之介の小説「羅生門」ではなく、黒澤明監督(橋本忍と共同脚本)の映画「羅生門」によって示唆されたかれの造語である。映画「羅生門」は、芥川の小説(「羅生門」ではなくむしろ)「藪の中」に依拠しており、ある強姦事件に関して複数の証言者が複数の現実を構成するありさまを描写している。このような事態を示すのにまさにぴったりなのは、おそらくは、「ナラティブ・アプローチ」ないし「解釈学的アプローチ」であるだろう。しかし当時のアメリカにはまだこれらの理論は、紹介されても理解されてもおらず、したがって当然のことながら、アトキンがこのような言葉を用いることもなかった。拙稿2008Bを参照。

17　これについては繰り返し指摘してきたが、たとえば、森昭の「生命鼓橋」論 (1977)、さらには拙著2003Bを参照。

18　「ずれ」については、上田薫 1993を参照。上田の「ずれ」論については、拙稿 2010A, 2010B を参照。さらに、大学教育における「ずれ」の意義については、前掲拙稿 2008B を参照。

19　大学論については、わけてもフンボルト以来の「真理探究の府」としての大学の社会からの「孤独」ないし距離化という発想が、シュライエルマッヒェル、オルテガ・イ・ガセット、ヤスパース、ハーバーマス、さらには現代の論議にどの

ように継承されているのかについて議論する必要がある。これらについては、前掲拙稿「「研究と教育の一致」の理念は現実的か？」を参照。

20　前著（田中 2011B）での説明を今一度くりかえすとすれば、ここでの「希望」は、フロムの用語を用いるとすれば「逆説的希望」（paradoxical hope）である。フロムは、治療者はふつう経験を積むほど治療効果に慎重になるが、自分は逆にますます楽観的になってきたと述べ、さらに別の箇所では、「予言されたときが満ちていまだメシアが現れなくとも落胆しないという意味での逆説的希望」（Fromm, 1975, pp.482ff.）について述べている。この二つの立言それぞれが示唆する事態は、一見かけ離れている。にもかかわらず、「楽観」と「逆説的希望」とを等号で結んでみると、治療上のオプティミズムに関する立言が、にわかに深みをおびてくる。絶望と綯い交ぜになったこのユダヤ教的な「希望」は、ベンヤミンの『ゲーテ親和力』（Benjamin, 1991）末尾の「希望は希望なき人々のためにある」という言葉と響きあい、パンドラ神話以来の西欧の伝統とも結びつく。希望の兆しは、私たちの住み処である大学にも認められるのである。たとえば、FDを含む広義の教育は、働きかけが無意味ではないという楽観論なしには成立しない。しかし楽観論の一つの極限である教育万能論は、たとえば努力万能主義という形で教育の成果のなさを努力のたりない被教育者のせいにして、被教育者に無際限の努力を強要する。この楽観論の破壊性に対しては、教育の限界に自覚的な悲観論こそが有効な解毒剤である。逆説的希望とは、限界に達して反転して立ち直る——すなわち悲観論を組み込んだ——楽観論である。私たちの論の基底にあるのは、この意味での逆説的希望である。

21　この点については、Rogers 1970 を参照。ここで筆者の個人的体験を記すとすれば、かつてかなりの期間、コ・ファシリテーターとしてグループに関与していたとき、この本を読んで実にたびたび適切なアドバイスをみつけることができた。繰り返し読んで恩恵を受けた点について記せば、おそらく際限がなくなる。これは、実践の内部から実践に向けて書かれた典型的な生成理論である。ところが、ひとたびグループについて懐疑的になったときに改めて読み返しても、それについての応答を求めることはまったくできなかった。これはごくささやかな個人的体験であるにすぎないが、少し一般化していえば、ここには、生成理論に特有のいわば「選択的不注意」ともいうべきもの、すなわちこの種の理論に共通する視野限定があると考えることができる。端的にいえば、生成理論が自明としている諸前提（たとえば「エンカウンター・グループは人間の成長にとって有益である」といった前理解）にまでこの理論自体の反省が及ぶことはまずないのである。ここに、生成理論と超越的批判を本領とするメタ理論との協働の可能性と必要性がある。

22　この心理療法的介入が妥当であるか否かの評価はたしかに重要である。しかしそれ以前に、少なくとも私には「専門家たち」の議論はひどく不寛容で排他的であるようにみえた。「専門的にみて妥当でない」という立言は、「専門家に従え」という含意をもつ。私は、議論がこの孤立した中途半端な介入を一方的に裁断す

るのではなく、むしろこの孤立を専門家を交えた連携に組み替える組織的・臨床的方途について真剣に考える方向に向かうべきであるものと考えた。この判断は現在も変わらない。これが、半身の構えによる連携について考えるきっかけになった。

23 「半身の構え」は一般には、次の用法にみられるように、積極的にも消極的にもなりきれない中途半端さを意味している。

「合流か離脱か――。自由党の小沢一郎党首が、来年度予算成立後をにらみ、再び半身の構えを取っている。」(毎日新聞 200.3.15)

「今回、日本が(中国の提案に対して)半身の構えなのは、こうした"米国無視"と"日本軽視"への警戒感、不信感もあるようだ。」(舟橋洋一／朝日新聞 2000.11.30)

しかし次の例で「半身の構え」は、中途半端さではなく、受動的でありながら能動的であるようなある種の戦闘的性格を含んだ緊張感を示している。

「この肖像画の作者は不明であるが、以上のいきさつからみて、誠によく尼公の風姿を示している。すなわち金箔をバックにして雛壇上に法衣をまとって立膝した姿は、宰相夫人としての威を遺憾なく示している。そして温和な顔容の中に叡智の眼を据えた半身の構えに時勢のきびしさを感じさせる。」(小浜市ホームページ)

この肖像画の緊張に満ちた構えは、武道の基本形を受け継ぐものである。

「武道の構えはおおむねどちらかの足を引いて相手にたいして正面を向かないようにする。これを半身という。……もし正面を向いて立っているのであれば、左右のどちらかの足を引いても、体は相手の攻撃線上に残ってしまう。半身の構えとは相手の攻撃範囲を自分の左右どちらか半身を与えるだけにする体勢の事である。武術とはいかに、半身の構えで高度な動きを実践するかといってもよいように思う。……対象に対して自分の正面をあわせて作業するのは、人間の力がもっとも安定して効率よく使える為の大原則なのだ。……ところが、戦うのであれば正面立ちであれば、相手に攻撃を先に受けてしまった場合は大きく跳び下がる以外かわしようがない。下がれば相手は前に出て追うだろう。こちらは後ろに又下がらねばならない。相手の優位はゆらぎようもない。……正面立ちで構えて見る。体の中心線はへそ前にある。これが半身に構えれば左右のどちらかにずれることになる。これは誰にとっても未知の領域だ。そして正確にその線を出すのは至難の業なのだ。そして実際の攻防ではその線の延長上に相手を捉え、その上で最大、最速の作業を効率よく行った方が勝ちをえる訳だ。」(http://www.alpha-net.ne.jp/users2/ thule/budou)

武道の半身の構えは、今日の私たちの日常を律している正面向きの構えからすればまことに非日常であるが、実はこれはかつての日本人にとってはごく日常的な姿勢であった。

「ナンバとは右足と右腕をそろえて前に出したいわゆる半身の構えのことで、簡単にいえば、農夫が鍬を手にして畑を耕す姿勢である。盆踊りなどでもそうだ

が、右足がでれば右手も同時に前に出るこのナンバが日本の芸能の基本なのだ。この姿勢で右半身、左半身と交互にだして歩行に移ると、歌舞伎の六方でその誇張された形がみられるようなナンバ歩きになる。幼稚園児たちを行進させようとすると、右手と右足、左手と左足をいっしょにだして歩きだすことがあるが、日本人の固有の歩き方は、極端にいうとあんな形だったのだ。ただ、腕はほとんどふらない。したがって、右肩と右足、左肩と左足がいっしょにでるわけだ。」(野村雅一「しぐさの人間学」日本経済新聞 1998/10/14)

　向かう目的に対して「体がねじれない」(甲野善紀)「なんば歩き」の特性が、武術において相手に半身の構えで向かう場合の特性に引き継がれているものと考えてよい。

　本研究において私の用いる「半身の構え」は、このような武道の用法における〈攻撃と防衛との間の緊張に満ちた対峙の姿勢〉から一般的用法における〈中途半端な逃げの姿勢〉に至るまでを含んだ広い意味で使用する。実際の半身の構えは、この2つの極点の間でさまざまな「ぶれかた」で振幅を繰り返しているのである。

24　Z事例については、田中ほか 1991 および田中 1993A, 2000E を参照。田中ほか 1991 の記述から読みとることのできる範囲では、この事例における心理判定員の位置はかなり微妙であり、したがってその介入行動の評価もかなり難しい。さらにこの全体を精読してみても、Zの心理的生起を十分な確度でたどることができるわけでもない。共著者である私は、出来事の首尾一貫した流れや推移よりも、むしろこの特異な出来事の位置づけられる文脈の理論的意味に大きな関心をもっていた。しかしこれはおそらく、治療的関心からすれば許容しがたいことである。この点に、Z事例を廻る論争の一つのきっかけがあったものとも考えられる。

25　以下の記述の主要部分もまた、田中 1993B で詳細に議論しておいた。これを参照されたい。

第4章　臨床的人間形成論の展開

はじめに

　本書の第1章では、今日の教育理論が直面している四つの問題を指摘した。第一に、養育・教育関係の非対称性・相互性の問題、第二に、理論の実践性・臨床性の問題、第三に、教える人たちと研究する人たちとの連携の問題、そして第四に、人間学的発想、生命論・生成論の問題である。これら四つの問題に応えるためには、日常的な実践や臨床性に根差す理論を構成するとともに、在来の教育理論が主題化してきた「発達」と「教育」を、老いと死を含む「ライフサイクル」の全体と「異世代間の相互性」へよみかえなければならない。私たちは、このような仕方で再構成される教育理論を臨床的人間形成論と名づけた。臨床的人間形成論とは、教育現実との臨床的出会いをきっかけとして、ライフサイクルを通しての成熟と異世代間の相互生成を解明する全体的・原理的な「生成理論」(emergent theory) である。本書では、この新たな分科の学問論的系譜について論ずるとともに、その内容と構成と展開について論じてきた。

　京都学派の理論展開のうちにある森昭の理論は、かりにかれ自身になおいくらかの時間が残されていたとすれば、「人間形成論」の展開に向かうはずであった。臨床的人間形成論は、この人間形成論をその学問的特性である「臨床性」に意識的自覚的に焦点づける仕方で継承し展開する分科である。臨床性において見出されるのは、「〈いま・ここ〉において永遠の今と接触するパトスとしての人間」である。すなわち、（そこから時間や世代や相互性などが立ち現れる）「永遠の今」という超越論的なものと接触し、この接触から力を得て、自己状況に積極的にリアクトする、受苦的情熱的で応答的な人間である。

人間形成論はその中核概念を、在来の教育学の「教育」と「発達」から、「相互性」と「ライフサイクル」へと書き換えた。しかしこの「相互性」と「ライフサイクル」を、(「永遠の今」と接触する人間の「ここといま」における存在と生成の広がりと深みの全体である)「臨床性」においてとらえなおしてみると、たちまちいくつかの問いが浮かび上がってくる。

　ペアになった関係を想定させる「相互性」は、共同性、社会性、公共性などとの連関で、どのような位置を占めるのか。共同性と社会性と公共性との間には、それぞれにはっきりとした差異が認められる。しかし、これらは、いずれもが多重な応答関係と錯綜した三者関係とからなる広がりをもつ点では、共通である。相互性は、かりに多重な応答関係・錯綜した三者関係におかれるとすればその部分であるにすぎない。それでは、この特殊な部分は、全体とどうかかわるのか。相互性の二者関係は、三者関係とどのように相関するのか。

　次に、「ライフサイクル」という言葉には、個の人生の一回性と世代の循環性の両義が込められている。教え育てる営みは、先行世代による後続世代のライフサイクル構築(生命鼓橋の作り渡し)の支援である。つまり、教え育てる営みは、後続世代の〈自分の人生をなんとか完結させつつ世代循環へとつなごうとする営為〉を支援するのである。ところで、ある特定の世代による〈すでにない世代〉、〈現にともにある世代〉、〈いまだ現れていない世代〉をつなごうとする応答をまとめて「世代継承性への応答」と呼ぶなら、教え育てる営みという〈現にともにある世代〉への応答は、この世代継承性への応答という包括的なできごとのうちでどのような位置を占めるのか。さらに、「世代継承性」の観点から見たときに、「ライフサイクル」は、どのようにとらえられるべきか。

　まとめていえば、私たちは、臨床性からみる限り、相互性と共同性、社会性、公共性などとの関連を考えなければならず、さらにライフサイクルを世代継承性の観点から再把握しなければならない。この「公共性」と「世代継承性」への問いは、人間形成論を臨床的人間形成論へと展開しようとすれば避けがたい問いである。本書においてこの錯綜した難解な問いに十分な応答を示すことはとうていできないが、本書の最終章では、あえてこの二つの問いにつ

いて端緒的な考察を試み、今後、臨床的人間形成論の展開されるべき方向性を示しておきたい。

第1節　教育的公共性の臨床的人間形成論へ

1　教育的公共性の生成と臨床理論

「相互性」がペアになった関係であるとすれば、この対関係が三者関係以上の社会関係とどのように関わるのかは、「相互性」を中核におく臨床的人間形成論にとってはきわめて重大な問題である。前著（田中2011B）と本書では、しばしば「相互性のネットワーク」の重要性を強調してきた。この強調には、相互性を三者関係以上の社会関係にまで拡張して考えたいという意図がある。相互性は、母子関係などに典型的に見られるように、私たちの日常によくみられるごくありふれた関係のありかたである。しかし相互性は、あくまで二者関係であり、しかも一定の役割遂行に向けて制約された部分的存在どうしの関係ではなく、互いが互いの生命・生成にトータルにかかわるという特異な二者関係である。この相互性は、共同性、社会性、公共性などとどのように関わるのだろうか。

公共性は、今日でもなおかなり多くの人々にとって、理念や目的であるよりも、むしろ懐疑の対象である。一般に、公共性は共同性から区別されておらず、しかも共同性一般には根強い嫌悪感が向けられているからである。近代は、前代的共同性を解体して出現した。さらに近代以降に今一度共同性を回復しようとしたヒューマニスティックな運動の多くは、民族主義や共産主義にみられるように、非人間的な結末をもたらした。共同性への嫌悪は、ごく一般的である。この嫌悪は、産業社会における人々の日常的で平均的で非本来的な存在様式——すなわち、「水平化」、「畜群」、「ダス・マン」など——に対するキルケゴール、ニーチェ、ハイデッガーらの忌避や嫌悪、さらにはオルテガ・イ・ガセットの大衆批判などともつながる。公共性への懐疑は、共同性への嫌悪に由来しており、加えて、強要された滅私奉公の記憶や公共的利益のための個人の受忍限度といった発想への抵抗感によって増幅されている。

公共性は、個体性や単独性や他者性などを滅却したり融解させたりするような共同性ではなく、互いに異質で齟齬しがちな多数の私事性の相互的な活性化とダイナミックな協働をもたらすときにのみ、かろうじて規範的である。教育における公共性もまた、共同性や私事性との緊張関係のもとにあるから、それは、相互性を結び目とする関係の組織化、すなわち、相互性のネットワークであるほかはない[1]。相互性のネットワークとは、そのつどの役割関係の基底に、関係の部分性を超える全存在的関係としての相互性があり、これを結節点としてさまざまな関係が編まれるような関係のありようである。

　私たちは、生物学的母子分離によってこの世に生まれ落ちて母と子となったときすでに、「あなたとわたし」——ブーバーのいう"Ich-Du"という二重の根源語——から成るトータルな相互性として向かいあい、共在している。それどころか、この生物学的分離以前に、女性は胎内に異物としての胎児を育み母へと自己生成しており、胎児と母とはすでに、分離と共在とを同時に体験しているとみるべきかもしれない。いずれにせよ、「あなたとわたし」という相互性の二者関係がまず先行し基礎となって、その上にさまざまな関係が成立する。これが、相互性のネットワークの基本型である。それでは理念的な公共性とは、どのような関係なのか。それは、「わたしたち」が、互いの個体性や単独性や他者性を融解させず、異質な人々が共在し連携する「わたしたち」であるような関係であり、さまざまな役割関係が「わたしとあなた」の相互性に基底から支えられて編まれており、必要なら比較的スムースに相互性が表に出ることもできるような柔軟な関係のありようである。それでは、教育的公共性とは、どのような関係なのか。

　学ぶ側の典型である子どもを取り上げてみよう。すでに繰り返し述べてきたように、子どもは、一方では、大人の助力なしには生きていくことすらできない「大人のもとにある存在」でありながら、他方では、つねに頑固に自分であろうとする「自分のもとにある存在」でもある（Langeveld 1960）。子どもには依存性と他者性との二重性があるので、大人にとってはきわめてやっかいな存在である。この二重性は、関係においては、対称性と非対称性との混在として現象する。しかし養育と教育は、社会化と自律とを同時にめざさ

なければならないから、子どもの二重性のどちらか一方を無視することはできず、双方とバランスよく関わらなければならない。教え育てる大人の側は、子どもの依存性に依拠して子どもへ介入的に働きかけながら、しかもその際、子どもの他者性や子どもなりの自律性を十分に尊重しなければならないのである。

　子どもに限らず、学び育つ側にはつねに、この二重性がある。教え育てる側は、そのつどに適切な役割行動ができるとともに、必要ならいつでも学び育つ側のトータルな存在へ応答できるのでなければならない。こうして、教え育てる側もまた、特定の役割遂行者、相互性の担い手へと生成することになる。教え育てる側は、学び育つ側と同じ場にあって、その人たちの学びと育ちを規制すべく、まず自分自身の存在を規制し、学びと育ちに向けて教え育てつつ自己生成する。この異世代間の相互生成を、すでにみたように、エリクソンは、相互規制ないし相互性と呼ぶのである。教育と養育の実践は、特定の役割遂行であり、しかもこの遂行はつねに相互性によって底支えされていなければならない。したがって教育的公共性もまた、相互性を結節点とするさまざまな役割関係のネットワーク、すなわち相互性のネットワークとして生成するのである。いずれにせよ、教育の理論と実践は、エリクソンのそれのような臨床理論から、大きな示唆を受けてきた。

　フロイトの精神分析以来、精神医学、臨床心理学などの臨床理論は、治療者（セラピスト）が患者（クライエント）という他者とともにあること、このように他者とともにあることによる他者の治癒、それにともなう自分自身の変容と生成などに、強い関心をもってきた。そして、疎通の極端に困難な他者たちと出会うという体験を蓄積し、他者たちとの疎通や相互生成の可能性について、さらに、難しい疎通や生成へ関わろうとする自分たち自身の生成について、凝縮された体験と知識を重ねてきた。臨床家たちは、治療実践の蓄積、わけても転移や逆転移、教育分析やスーパーバイズに関連する知見の蓄積を通して、相互生成的意志疎通の難しさや実現可能性について洗練された高度な知識や技術を開発してきたのである。この知識・技術の眼目は、ペアになった関係においてお互いの個体性と単独性、多様性と異質性の自己生成・

相互生成を尊重し実現することにある。臨床理論は、相互性についての実践的知見によって、教育的公共性の生成に関しても豊かな知見をもたらし、この生成を積極的かつ批判的に支援することができる。しかし残念ながら、このようにはなっていない。臨床理論の教育的公共性への関連については、すぐ後で臨床心理学という特殊な例を通して、考えることにしよう。

　教育的公共性は、教える人たちの相互的自省と相互生成によってもたらされる。教育諸分科の知見は、この相互的な自省を援助すべきだが、これがすぐにそのままで役立つわけではない。それぞれの分科に固有のパースペクティブによって個別化された知見は、具体的な教育状況にある人々によって、自分たちの自省に役立つところのみが選択され、都合のよいようにまとめあげられる。しかし理論の側にも応分の努力が求められる。今日では巨大な学校複合体の部分システムとして理論の生産部門が制度化され、この部門は、ただひたすら拡大し専門分化されてきた。教育の理論が教育的公共性を支えようとするなら、森昭が試みたように、自動的な専門分化を意識的に超克して、教育の領域での人間の存在と生成についてトータルな自己認識をめざして理論的統合を果たさなければならない。まずは、理論的統合がめざされ、次いで、この統合的知見が、教える人たちの相互生成を支援し、教育的公共性の生成をささえなければならないのである。

　我が国では、前世紀の70年代以降、教育哲学、教育史、教育社会学、教育心理学などの諸分科で、学問論や方法論について原理的検討が繰り返されてきた。これは、教育の全般的危機のさなかで過度に専門分化した教育諸分科の直面せざるをえない学問的危機への諸分科自身の自省運動である。ひとたび巨大な学校複合体の構成部分としてハイスピードに自動回転する論文産出メカニズムが成立すると、理論の産出者には、ゆったりと教育現実に向きあいひるがえって自らを組み込む認識連関そのものを対象化することなどは、およそ至難の業となる。この学問的危機を克服するためには、学問論や方法論について形式的議論を繰り返すよりも、実質的な努力が積み重ねられるべきである。つまり、ばらばらに分化した諸分科を教育現実に向けてまとめあげ（統合化）、理論を自動的生産メカニズムから離脱させ教育現実に向き

あう理論へと仕立て直し（臨床化）、認識主体が自分自身の帰属する認識連関を自省的に把握すること（自省化）などである。臨床理論がこのような理論的生成を助けるとすれば、それは、教育的公共性の生成を支える力となるはずである。

2　教育的公共性の生成と教育諸分科——臨床的人間形成論へ——

　巨大な教育現実に対応するために細分化され肥大化した教育関連諸分科は、メカニックな理論産出システムに組み入れられ、専門的で部分化された知見を大量にしかも自動的に吐き出している。こうして教育現実とのトータルで具体的なつながりをなくした教育諸分科は、主体的なコミットメントのない対象理論に変ずる。教育諸分科の専門分化・非臨床化・対象理論化に抗して教育現実へのコミットメントを回復するためには、理論の統合化、臨床化、自省化がめざされなければならない。統合化、臨床化、自省化した教育理論は、具体的で全体的な教育現実へのコミットメントを取り戻し、教える人たちの自己認識・相互認識を支え、相互生成による教育的公共性の生成を支援するはずである。まさにこのような方向にトータルに変容する養育と教育の理論を、私たちは、臨床的人間形成論と呼んできたのである。

　統合化、臨床化、自省化は、それぞれの教育諸分科においてさまざまな仕方で試みられてきた。統合化の典型例は教育人間学であり、臨床化の典型例は臨床教育学である。教育人間学は、養育と教育の領域における人間のトータルな自己理解をめざして、関連諸分科の統合へ向かい、臨床教育学は、実践を担う人々に対して、具体的な問題の解決に向けて統合された理論を提供して、教育的公共性の生成を支援する。さらに、自省化の典型例は、本書の第1部『大学教育の臨床的研究』でみた大学教育の臨床的研究である。この研究は、大学で教育実践を担う研究者たちの実践的自省を拠り所とする自省的理論であり、実践する人たちの相互認識と相互生成を支援するのである。

　研究者たちと実践者たちがともに自省的になり（相互認識）、それぞれが主体的に自律しつつ連携すること（相互生成）によって、臨床的人間形成論の生成と教育的公共性の生成とが、同時に可能となる。教育人間学、臨床教育学、

大学教育研究の三つは、養育と教育の理論がそのありようを統合的に整え、臨床的人間形成論と教育的公共性の生成を支援しようとする理論的試みである。たしかに、この三つの理論的構想のどれ一つとして、まだ十分には実現されていない。しかし、臨床的人間形成論と教育的公共性へ向かう兆候は、それぞれの分科においてはっきりと示されている。まずはこの兆候に焦点づけて、三つの理論的構想の現況についておおざっぱにみておこう。

1) 統合化——教育人間学による教育諸分科の原理的統合——

　教育理論の分化という不可避的趨勢に抗してあえて理論的統合という反時代的作業を遂行したのが、森の教育人間学である。今一度繰り返すなら、森は教育人間学を、一方では、諸理論を統合し実践理念を原理的に解明する営為と規定しながら、しかし他方では、(実践理念に関する本格的に教育学的な、すなわち教育哲学的・教育実践学的な検討の前に、それに向けて関連する諸学の成果の「秩序づけ」や「中継」などの整理を行う)「準備のための」予備学[2]とも規定した。この矛盾した規定をもたらしたのは、『教育人間学』の本来的意図と現実的達成との間のあまりにも大きな齟齬である。『教育人間学』で実際に展開できたのは予備学としての統合学的教育人間学であるにすぎず、すでに記したように田邊元の指示でもあった教育哲学的仕事は、『教育人間学』を受けた『人間形成原論』にゆだねられた。しかし、後者もまた、著者の死によって未完成のまま中断を余儀なくされたのである。

　森の理論的努力は、急速にしかもメカニックに分化しつつあった当時の教育諸分科を、養育と教育の領域での人間の存在と生成のトータルな自己理解に向けて、しかも巨大な教育現実に対峙しうるものとして、まとめあげようとするものであった。所与の諸分科は、「人間生成」という実践的理念を核にして統合され、さらにこの統合を前提にして理念そのものが原理的に見直された。森は、この膨大な循環的作業を、自分一人の力業でなんとか達成しようとした。以後の関連諸分科の爆発的展開を考慮に容れるなら、この仕事は今日では、諸分科に従事する研究者たちの協働によってのみかろうじて達成可能であるだろう。しかもこの協働は、問題状況のある程度の共有を前提

として、すなわち臨床的な色彩をもつ実践的な諸理論相互の間でのみ、達成可能である。ともあれ、教育人間学は、所与の教育現実に対して教育諸分科を原理的に統合しようとする壮大な試みであった。次に見る臨床教育学は、森のこの教育人間学の試みを、臨床を核とする理論的な統合、研究者たちと実践者たちとの連携に焦点づけて、継承するものとみなすことができる。

2) 臨床化――臨床教育学による理論的統合と実践者集団との連携――

　教育の研究者たちが実践を担う人たちとうまく連携することができるなら、この連携は、実践を担う人たちの相互認識を、さらにはかれらの相互生成を支え、研究者たちと実践者たちとの連携を可能にして、教育的公共性の生成を支えることができる。臨床教育学がめざすのは、このような意味での教育的公共性の生成の支援である。

　教育の研究者たちと実践を担う人たちとの連携については、これまでさまざまな具体的事例に即してさまざまに論じてきた[3]。たとえば、第1章でみたように、西田幾多郎から森昭へと至る間に、研究者たちと実践を担う人たちとの関わりは、大きく変わった。西田は、弟子である木村素衞にエールを送り、このエールに応じて精進した木村は、信州の教員たちにエールを送る。この関係の片務的連鎖は、森の場合には、すでに部分的に崩壊している。森は、田邊の指導の下に理論を構築したが、むしろ田邊を相対化する方向で自分の道を見出した。同様に、森の信州の教員たちへの関わりも、説教しエールを送るという片務的なものではなく、教員たちの自生的な相互生成に立ち入り、それをファシリテートするものに変わったのである。この意味で、教育の研究者たちと実践を担う人たちとの関係は、森のそれにいたって非対称性から脱したといえよう。

　とはいえ、森はおよそのところ、教員集団との関わりを通して自分の理論、さらには自分自身を変えることはなかった。『原論』でのいくぶんか均衡を失して頻出する回顧コメント群――これらは本論の展開の隙間に、まるで吐息のように、多くは丸括弧で括られて、挿入されているが――に記されているように、森の理論は、基本的には自己研鑽による理論そのものの自己展開

の所産である。教員たちとの関わりは、なおいくぶんか一方通行であり片務的であり非対称的である。これに対して、臨床的人間形成論は、研究者たちと実践を担う人たちとの関係を、専門家と素人との関係ではなく、「半身の構えによる連携」——つまり互いに別の本業をもつディレッタントとしての出会い——であると考える。そして臨床的人間形成論は、研究を担う人たちと実践を担う人たちとの半身の構えによる連携を通して、実践を担う人たちの相互認識・相互生成を支え、そこから新たな知見を得る。臨床的人間形成論は、森の遺著で端緒的に提起された「相互性」という発想を、研究者たちと実践を担う人たちとの半身の構えによる連携（教育的公共性）において全面的に展開しようとするのである。

　臨床教育学は、半身の構えによる連携ないし教育的公共性の構築という志向性を、いくぶんとも臨床的人間形成論と共有している。臨床教育学もまた、実践に向けての諸分科の統合をめざし、さらには研究者たちと実践者たちとの連携をめざしていると考えられるからである。この判断が妥当であるとすれば、臨床教育学は、教育人間学以来の理論的志向性（養育と教育の領域における人々のトータルな自己認識の支援）を継承し、さらに臨床的人間形成論の理論的志向性（教育的公共性の生成の支援）をめざしていることになる。教員や親などの当事者たちは誰でも、日常的な問題状況では、問題解決に利用できそうな手だてを貪婪にのこらずすべて利用しようとする。教育諸分科の連携、研究者たちと実践者たちとの連携をめざす臨床教育学は、このきわめてプラクティカルで臨床的実践的な日常的問題対処と同じ地平にたつ。臨床教育学は、日常場面での諸理論と実践との素朴な連携を出発点におくことによって、臨床的で統合理論的な臨床的人間形成論へ向かうのである[4]。

　臨床教育学は、日常的な教育現実のさなかで問題に直面してじょじょに構築される教育理論の新しい分科である。しかし教育の理論は本来、教育現実とかかわる実践的性格をもたざるをえない。とすれば、臨床教育学は、新しい分科ではなく、むしろ本来の臨床的性格を回復して甦る教育理論そのものであるといわなければならない。新しい分科としての臨床教育学は、伝統的な教育学を再生させるのである。すでに繰り返し述べてきたように、我が国

では80年代までに高度大衆教育体制がほぼ確立し、教育体制の量的拡大が一段落した後、今度は深刻な機能障害が目立ってきた。この新たな問題への対応を迫られて苦しむ実践者たちに対して、今日の教育の理論は総じてうまく応えられないでいる。臨床教育学といった新たな理論的試みが求められるのは、このためである。

　今日の養育と教育の諸分科は、高度に分化して互いの疎通性を欠いており、現場に向けて共働する前に、まず互いに対話や協力や連携を図らなければならない。大学など多くの機関で臨床教育学が制度化されているが、その典型例は、設立時の意図からすれば教育病理の社会学的解明を核に諸分科が共同するはずの組織（武庫川女子大学）であり、教育学と臨床心理学との相補的連携による新たな理論と実践の構築をめざす組織（京都大学）である。いずれの場合にも関連する諸分科の連携ないし統合がめざされている。

　臨床教育学は、教育諸分科の相互疎通・統合をめざし、実践する人々と研究する人々との連携をめざす。そのためには、むつかしくなった疎通や連携を可能にする「新たな言葉」を開発しなければならない。この新たな言葉で語られる新たな知こそが、臨床教育学の内容である。教育の諸分科や実践を結ぶ新たな言葉の母胎は、すべての研究や実践の基盤にある日常語による教育解釈である。言葉と知が獲得される手順については、本書では絶句の理論生成力についての考察などを通して、幾度も議論してきた。これを解釈学的な用語を用いて今一度いいかえるなら、次の通りである。研究はまず、関係者なら誰でもがもつ日常的教育解釈に二次的な解釈を加え、この解釈を再び日常場面に差し戻す。ここで二次的解釈はその力量を試され、うまくいけば一次的解釈に構成的に作用する。つまり理論的解釈が、十分な自覚もなしに日常的解釈を導いているステレオタイプな解釈枠組に衝撃を加え、これを組み換えさせたり解体したりして、二次的解釈の力を示すのである。このような一次的解釈と二次的解釈とのダイナミックな循環が、臨床教育学に日常語から彫琢された新たな共通語を与え、それによってじょじょに学問的内実が蓄積されることになるだろう。

　実践者はとかく目前の問題に気を取られて狭い蛸壺に陥りがちであり、研

究者は学界用語という隠語の世界に自足して閉じ籠もりがちである。臨床教育学は、実践者と研究者の双方が半身の構えで連携できる場（日常的な問題状況）を示し、両者が互いに疎通できる手段（共通の日常言語）を提供する。養育と教育の理論の日常的現実への回帰は、理論をその生成の現場に連れ戻し、本来の馬力を回復させることである。この意味からすれば、臨床教育学とは、日常性への回帰という形での理論の発生論的還元によって、養育と教育の理論そのものを育て教える人たちの自己認識・相互認識へと差し向けようとする理論的試みなのである。

　臨床教育学は、育て教える人々のトータルな自己認識志向を継承し、研究を担う人々と実践を担う人々との半身の構えによる連携、そしてこの連携による教育的公共性を生成させる。しかしこれは、その内実においてはなお未成の構想であるにとどまる。連携の母胎は日常的言語使用に見出されているが、言語使用の解釈学的分析を超えて連携を実質化する方向性はまだ十分には見出されていない。なによりもまず臨床教育学に課題として残されているのは、実践、教育現実、教育的日常性、臨床性などと記述される理論展開の場の理論的詮索である。この課題は、「臨床」の意味解釈に関わっており、ほかならぬ本書での私たち自身の課題である。

　いずれにせよ、研究を担う人々と実践を担う人々との半身の構えによる連携を実質化し確実なものにするためには、連携そのものの内実に踏み込んで、それを反省的に把握する必要がある。この意味では、臨床教育学は、教育人間学をはじめとする諸理論の原理的自省志向をも十分に受けとめる必要がある。

3) 自省化——大学教育の臨床的研究における教育的公共性の生成——

　養育と教育の理論は日常性において実践を担う人々の自己認識・相互認識から出発するから、日常状況こそが、理論の出発点でもあれば帰着点でもある。前著（田中 2011B）で詳しく述べたように、大学教育の臨床的研究では、実践と理論構成の主体はおおむね一致しており、この一致を前提とする相互認識・相互生成が、理論構築をすすめ、実践する人々との連携をもたらし、

結果として大学教育領域で教育的公共性を生成させる。前著の第1章で詳しく述べたように、私たちの京都大学高等教育教授システム開発センターは、その実践的な研究プロジェクトの端緒的段階では、公開実験授業とその検討会をフィールドワークの場として、授業実践と授業研究と相互研修とを一体的に進め、実践を担う人々の自省的な相互認識、相互生成を通して、大学教育領域で教育的公共性が生成するプリミティブなメカニズムを解明した。

　授業という日常的実践のフィールドは現にそこで生きている人々にとってはあまりにも自明であるから、これを対象化して把握することは、通例きわめて困難である。公開実験授業のフィールドワークでは、長い時間をかけてゆっくりと進む日常的・生態学的授業研究と集約的な実験的授業研究とが同時に展開された。これらの研究は、毎回の授業検討会やこのプロジェクトに関連した論文作成・学会発表のための共同討議などを通じて進められ、受講生の顔上げなどの動作分析による授業評価システムの作成やその有効性の実証的検討、授業構造の構造化過程の生態学的・現象学的解明などとして結実した。一般的にいえば、授業は、受講生における知の生成をめざすのだが、このプロジェクトそれ自体が、授業に参与する人々すべての授業（さらには教育一般）についての新たな自生的知が生成するフィールドとなった。

　公開実験授業での授業研究からはじまる私たちの研究は、前著でみたように、ミクロな日常レベルでの「大学授業のフィールドワーク」からミドルレベルの組織制度研究へさらにはマクロレベル研究へとつながり、結局はすべてのレベルの研究を射程に入れる「大学教育の臨床的研究」として結実してきた。非反省的で前理論的な日常性・自明性を対象化し自省する実践者どうしでの意思疎通は、十分に成立可能である。そしてこの実践者の相互理解・相互認識を基盤とする大学教育の一般理論、さらにいえば臨床的人間形成論もまた十分に構築可能である。大学教育領域での臨床的人間形成論の構築と展開は、大学教育のフィールドワーク（教える人々の相互認識）、さらには相互研修（相互生成）を通して、この特殊な場所での教育的公共性の生成に用立てられるのである。

これまで三つの具体例に即して、教育的公共性の生成と、養育と教育の理論の統合化、臨床化、自省化との関わりについてみてきた。記述の便宜上、統合化を教育人間学に、臨床化を臨床教育学に、自省化を大学教育の臨床的研究に、それぞれに割りつけた。しかしこれまでの素描ですでに十分にあきらかなように、三つの分科のいずれにも統合化、臨床化、自省化に向かう理論構築のダイナミックスが内在していると考えてよい。しかもこの三つの分科のいずれについても、教育的公共性の生成を支援する強い力があると認めることができる。私たちは、これらの力の作用する収束点に臨床的人間形成論が結像するものと考えている。

　養育と教育の理論が日常性との臨床的関わりにあくまで拘泥する場合、このような理論の臨床化は、不可避的に理論の統合化や反省化をも招き寄せる。そして統合化、臨床化、自省化された理論は臨床的人間形成論として結実し、それが教える人々の相互認識、相互生成をもたらし、教育的公共性の生成を支えるはずである。ところで今日の養育と教育の領域では、臨床理論のうちでもわけても臨床心理学が隆盛をきわめている。ところが、この隆盛の反面で、臨床心理学の存在そのものに私事化の嫌疑がかけられている。この嫌疑にそれなりの妥当性があるとすれば、公共性の生成、さらには臨床的人間形成論の生成を阻害する逆機能が懸念されることになる。次にはこれを検討するが、これによって相互性についてつきつめて考えるきっかけが与えられることになる。

3　臨床心理学と教育的公共性
1) 教育領域での臨床心理学の隆盛

　私たちは今日、臨床心理学の華々しい展開に遭遇している。臨床的な理論や実践は、臨床心理学の大きな影響のもとにある。これに関連する社会的文脈は、かなり複雑である。たとえば、向精神病薬開発などの精神医学の発展によって精神病や神経症は一般に軽症化し、これにともなって（精神科医ではなく）カウンセラーへの社会的需要が増大した。加えて、臨床心理士認定システムの確立が、需要そのものを新たに掘り起こした。しかし臨床心理学へ

の需要の主な担い手は、軽症化した患者たちではない。それは高度な産業社会でどちらかといえば「ものよりこころ」を重視するごくふつうの人々である。臨床心理学の隆盛は、逸脱に苦しむ人々ではなく、むしろありふれた普通の人々に根差している。高度産業社会において相対的に高い社会的意識をもつ人々であり、ポスト・ポスモダン状況で常態化された変化のさなかで自分の存在の「意味」模索を強いられいわば日常生活が「形而上学化された」人々である。教育領域での臨床理論の隆盛もまた、このようなごく普通の人々によって支えられている。

我が国では、学校教育の急速な大衆化と長期化によって巨大な学校複合体が成立したが、80年代以降、この複合体の内部では深刻な機能障害が目立ってきた。この機能障害は、高度産業社会ではどこでもみられるありふれた価値変化の帰結である。大量生産型工場労働に象徴される初期産業社会では、成員の自発的自己道具化による組織的な自己統制が規範的であったが、情報操作や対人交渉に象徴される高度産業社会では、成員の個人的で自律的な自己統制こそが規範的となった。個人的自己統制を規範とする人々は、その生活でも――政治的無関心の蔓延が象徴的に示す自己超越的なものへの無関心と表裏一体の仕方で――コンサマトリーな自己実現を志向する[5]。こうして「ものよりこころ」を重視するごくふつうの人々の形而上学化された規範意識と学校複合体を支配する前時代的で集団主義的な規範意識とは、大きく乖離する。学校複合体の機能障害は、この乖離に大きく起因するのである。

こうして、学校複合体の機能障害に向きあう専門家が求められる。それにもかかわらず、今日の教育理論家の大半は、自動的に理論を大量に産出し続ける巨大な制度的メカニズムに埋め込まれている。自動的メカニズムの所産である理論は、とかく教育の現実との具体的接触からは遊離しがちである。切迫した危機に直面する現場は、手っ取り早く（教育の理論家ではなく）臨床的でありしかも「ものよりこころ」という一般的風潮に適合するカウンセラーたちをあてにする。河合隼雄によれば、教育の世界でカウンセリングが一定の存在意義をもってきた背景には、従来の集団教育から新たな個性尊重の教育へと、我が国の教育界が大きくシフトしつつあったからだという[6]。先に

私たちが述べた〈組織的自己統制から個人的自己統制へ〉という規範変容に括られる現象記述である。

今日では臨床心理士資格認定制度が整備され、多くの大学では臨床心理士養成課程の設置に向けて関連教員が増強された。平成7年度からは「スクールカウンセラー活用調査研究委託」事業がはじまり、その後の五年間で配備された臨床心理士の人数、予算規模ともおよそ十倍近くになった。急激な需要増加に、当時の臨床心理士の養成と認証の制度は追いついてはいなかった。

スクールカウンセラーの活動実績が蓄積されるにつれて、生徒、教員、父兄など学校関係者との役割分担や連携の可能性が模索された。その結果、学校における「Beingのカウンセラー文化」と「Doingの教員文化」との出会い[7]とか、普遍性を教える「教」師と個性を尊重する「育」師としてのカウンセラーとの連携[8]などが語られた。河合によれば、学校に後者のような「育」師が導入されると、異質が許容され、異質な者を含めて対話する構造が生まれる。つまり、学校組織が、対話、相互理解、自己反省の場へと再組織される。カウンセラーは、個性を尊重し、関係者間の葛藤を（たやすく解消せず）保持しつづける力をもつ専門家であるから、かれらは、学校関係者それぞれの生きる多重なリアリティへ共感し、さらにはそれらの連携を開く結節点でありうる。こうしてカウンセラーは、学校コミュニティー全体を活性化するというのである。

しかし、それぞれの場にある人々の自己決定を尊重し援助するというタテマエが、実質的には、現にある学校の上意下達的官僚制構造を下支えし、カウンセリング本来の相互性の成立を妨げるという兆候も認められる[9]。これに限らず、臨床心理学が養育と教育の領域で隆盛をきわめるとともに、反動的にそれへの嫌疑もあらわなものとなりつつある。この嫌疑とは、臨床心理学がむしろ関係者間の意志疎通を遮断し教育的公共性の成立を妨げているのではないかという疑念である。

2) 臨床心理学の専門化と私事性への嫌疑

教育の世界で臨床心理学が専門性を名目にして大きな地歩を占めるにつれ

て、軋轢が表立ってきた。たとえば、かれらがクライエントとの意志疎通の高度で微妙な困難さを根拠にクライエントを抱き込むと、クライエントと他の関係者たちとの意志疎通を遮断することになる。場合によっては、〈専門性を楯にとった公的世界から離脱／私事化〉といった否定的な嫌疑がかけられることにもなる。意志疎通の高度な専門家であることが、肝心な意志疎通そのものを遮断すると見られる。皮肉な事態である。こうして、クライエントや親をはさんでカウンセラーと学校関係者とが対立し、スクールカウンセラーと教員集団とが対立し、研究組織においても臨床心理学者たちと実証的研究者や原理的理論家たちとが緊張状況にある。教育的公共性の生成は、深く損なわれる

　軋轢の成因は、それぞれの場面でまったく個別的であり特殊である。あえて一般化すれば次のように言えよう。カウンセラーとクライエントは、「ここといま」において、「わたしとあなた」の互いに個別的で固有な存在と生成の間で、深いペアの関係を築く。まさにこのペア関係の繊細で専門的な構成が、外部の人たちには「私たち」の連携関係から撤退した「かれら」の閉じこもりであるかのようにみられる。公共性から閉ざされた私事化である。この嫌疑は、研究場面では、臨床心理学の他への疎通の不可能な秘儀性といった胡散臭い印象への不信感に姿を変える。

　臨床家は、本来ならむやみな専門化へ強く抵抗するはずである。一般に、専門家たちは、専門的知識技術の占有とそれに見合う集団的倫理性の共有、感情中立性や普遍主義などによって、素人たちから区別される。しかし感情中立性や普遍主義は、たとえば医師という専門家の（「ここといま」にいる「特殊で」「個別的な」患者のありようへ）共感し受容する能力を著しく減殺する。専門家の共感性や受容性の欠如は、「ここといま」と個性を大切にする臨床家によってこそ、克服されるはずである（田中 1996B）。ところが、専門家の閉鎖性への抵抗を担うべき臨床心理学に対して、臨床心理士の専門資格付与などによって、素人を排除する専門化の嫌疑がかけられる。相互性のありようを詳細に検討してきた臨床心理学に、相互性を排除する私事化の嫌疑がかけられるのである。

臨床心理学への嫌疑や不信は、おそらくはその大半が〈学校複合体で支配的な価値／集団主義的統制〉と〈ポスト・ポストモダン状況で支配的な価値／自己統制〉との齟齬という不幸な事態に起因している。つまり嫌疑や不信の多くは、齟齬にとまどう学校複合体の自己不信が、あたかも新しい時代の価値を体現するかのような臨床心理学へ投影された結果であるともみられるのである。しかしこの嫌疑や不信のうちには、その原因を臨床心理学そのものに帰属させざるをえないものもある。それでは、臨床心理学を含む臨床理論の私事性と教育的公共性、さらには相互性との関係を、どのように考えるべきだろうか。このように考えを進めることによって、本節の問題意識である〈臨床性の視点から相互性を把握し直すこと〉が可能となる。

4 「相互性」再考——臨床理論と教育的公共性から—

これまでの考察を振り返り、臨床性という観点から「相互性」について再考しよう。まず、臨床心理学をはじめとする臨床理論と養育と教育を担う人々の相互認識・相互生成との関係を考察し、次いで教育的公共性と相互性との関係を考察し、これらの考察を受けて、最後に、相互性についてまとめて考えることにしよう。

1) 臨床心理学と育て教える人たちの相互認識・相互生成

臨床心理学は、養育と教育の理論の自省化・臨床化（究極的には、臨床的人間形成論の生成）、さらには、育て教える人たちの自省的な認識・実践主体への相互生成（究極的には、教育的公共性の生成）にとって、三つの点で構成的である。第一に、臨床心理学は、開かれた全存在的なコミュニケーションの大切さを強調して、育て教える人たちを相互的な認識と生成へと開かせるとともに、ばらばらに分化した養育と教育の理論を統合化へと開かせる。さらに第二に、臨床心理学は、臨床の重要性を強調して、臨床を軸として育て教える人たちを結集させるとともに、関連理論をも（その実践性と臨床性という本来の学問的成立契機を思い起こさせて）再び実践化させ臨床化させる。最後に第三に、臨床心理学は、じっくりと時機を待つ消極性受容性の大切さを示して、

育て教える人たちにも関連諸理論にも（外向きにただひたすら忙しくアクティブであり続けて内を貧しくしてしまうようなことなく）ゆっくりと自省し自らを豊かにすることへ強く動機づける。臨床心理学は、この三つの働きによって、一方では、理論の臨床化・統合化・自省化を促し、他方では、育て教える人たちの相互認識・相互生成を促すのである。

養育と教育の理論は、日常的な関連状況の自省から出発し、再びこの状況へ立ち帰る。日常性こそが、養育と教育の理論の出発点でもあれば、帰着点でもある。臨床心理学もまた本来は、あくまで「ここといま」に拘泥し、ここからボトムアップで一般的な技法と理論を開発する。「ここといま」の日常性へ拘泥することには、実践的にも重要な意義がある。カウンセラーは、治療関係を支える「ここといま」の日常性の深さと広がりのさなかで、クライエントにトータルな「あなたとわたし」として出会い、相互性を生成する。クライエントは、セラピストとのこの相互性に支えられて、自分の「ここといま」に対峙し、その惰性や凝固をときほぐす。惰性や凝固からの解放は、停滞していた生成を再起動させる。私たちは、セラピストとクライエントとのペアになった治療関係がもたらす生成が、相互的治療関係から、やがて家族へ、学校へ、地域社会へ、社会へと——まるで池に投げ入れられた小石が水面にじょじょに波紋を広げるように——展開されていくありさまをイメージすることができる。

臨床心理学は、一方で、〈臨床性や日常性にくりかえし立ち帰る〉という理論化の本来の筋道を示して、臨床と関わる研究者たちを——まるで自分たちは安定した通常科学（normal science）を担う確立した学問共同体のうちにあるかのような——幻想から解放する。臨床心理学は、他方で、先述の〈池の水面にひろがる波紋〉を思い浮かべれば明らかなように、〈クライエントとカウンセラーの相互性〉から出発して〈育て教える人たちの相互生成〉を経て〈教育的公共性〉へ至る筋道を示してもいる。このことがいくぶんとも実現されているとすれば、臨床心理学の公共性からの引きこもり（私事化）という印象は、間違っているということになる。

しかし、臨床心理学は、養育と教育の諸理論を批判することはあるが、そ

れらへ内的に——とくにその統合化、臨床化、自省化に——積極的に加わることはない。さらに、閉ざされたカウンセリング場面から自ら出離して、教育的公共性の生成をめざす相互認識、相互生成の運動に積極的に加担することもない。今日の難しい養育教育状況において不安や動揺や徒労感や意味喪失感にさらされがちな諸分科や実践者たちからみれば、臨床心理学のありかたは後ろ向きであり、自分たちの意味模索する切実な活動にとっては反動的ですらあるようにみえる。臨床心理学には、このような状況への自省性や他へ開く開放性が求められる。つまり、臨床心理学もまた、理論の統合化、臨床化、自省化のプロセスに加わり、教育的公共性の生成のプロセスに参与すべきなのである。この点、もう少し立ち入って考えてみよう。

2) 臨床心理学、教育的公共性、公共性

相互性は、教育的公共性の重要な構成契機である。この場合の相互性には、教える者が教えつつ学ぶことと、学ぶ者が学びつついつの間にか教える者を教えることなどが含意されている。教育的公共性は、教える人たちだけの連携ではなく、教える人たちと学ぶ人たちとの連携でもある。相互性という観点を提起する臨床心理学は、まさにこの相互性の観点によって教育的公共性を基礎づけることになる。

公共性は、異質性・他者性を不可欠の成立契機とするアソシエーションの組織化であるから、他者どうしのトータルな出会いである相互性こそが、これを基底から支えなければならない。相互性を基底に据えるという点では、公共性と教育的公共性との間にはまったく区別はない。それでは、両者は、何によって区別されるのか。公共性一般と教育的公共性とは、教育的公共性の不可欠の構成要件である非対称性（教える側と学ぶ側との非対称性）によって区別される。子どもと大人の関係だけに限らず、すべての教育関係には、相互性・対称性とともに、非対称性が存在する。この非対称性が、教える側の働きかけと教わる側の学習の進展によってかなり低まれば、教育的公共性は公共性の特殊な部分ではなくなり、公共性一般に解消されることになる。

教える者は、非対称性を自らのさけがたいありかたとして引き受け、教育

責任を担わなければならない。ところが、相互性に強調をおく臨床心理学は、非対称性に対してあまり同情的ではない。教える者の教育責任（学ぶ者への応答性）の積極的能動的引き受けやシステム役割の取得は、おおむね批判的消極的にしか扱われず、せいぜいのところ〈やむをえないこと〉として黙認されるにすぎない。臨床心理学は、学校複合体においてシステム役割と相互性との間で板挟みになっている人々の苦しみや、教育責任に積極的に応えようとする人々の不安に対しては、あまり受容的ではない。この人々の目には、臨床心理学は、無責任に私事性に閉じこもり、「省みて他をいう」のみであるかのように映る。臨床心理学は、このような相互性の強調の対価について十分に自覚的であるべきであり、総じて疎通を遮断しかねない自らの在り方をきちんと自己相対化すべきである。

　しかし臨床心理学に専門職化による閉鎖性や私事化の嫌疑が加えられることは、この分科と養育・教育の理論との間で新しい関係が築かれるきっかけとなるかもしれない。それというのも、専門職化によって臨床心理学そのものが、システム役割と相互性との二重性ないし二律背反に苦しまざるをえないからである。こうなればいずれ、自分と同じ苦しみに以前からさらされてきた伝統的関係構成に対しても、受容的共感的にならざるをえなくなるはずである。そうであるなら、臨床心理学は、養育と教育の理論と並んで、教育的公共性の生成に参与することになる。いずれにせよ、臨床心理学は、非対称性や教育責任の観点から今一度、自らの中核的な概念である相互性を構造的に再把握しなければならない。しかしこれは臨床心理学の課題であるよりも、実はむしろ、今日の養育と教育の理論全体にとってこそ、切実な課題なのである。

3) 相互性と教育的公共性

　養育と教育の理論は、その出自からしても、それが組み入れられている文脈においても、本来「臨床的」であるほかはない。この理論は、臨床性を取り戻すことによってはじめて、育て教える人たちの相互認識・相互生成に結合することができる。本節では、養育と教育の理論の臨床理論としての再生

について、教育人間学、臨床教育学、大学教育研究、臨床心理学などを手がかりにして、考察を進めてきた。養育と教育の理論が臨床性を取り戻す上で、わけても臨床心理学から学ぶ点は多い。臨床心理学は、相互性の重要性を強調し、これに関連するきめ細かな知見を提供してきた。これを受けて養育と教育の理論は、関係論、指導論などの多くの関連理論を大きく展開することができた。しかし臨床心理学は、養育と教育の関係の本質である「非対称的相互性」についての理解に乏しく、さらに相互性と役割システムとの二重性ないし二律背反に関する感性をも欠いている。この点についての考察の蓄積は、養育と教育の理論の方がはるかに分厚い。

　養育と教育の理論と臨床心理学との関係は、非対称的でも対称的でもない。養育と教育の理論は、自らを臨床理論として再生させ、さらに、非対称的相互性を積極的に主題化して臨床心理学の制約を突破し、教育的公共性の生成を担うべき新たな理論化の地平に向かわなければならない。臨床心理学との対話は、養育と教育の理論の自己展開の大切な契機ではあるが、この対話を超えてさらにすすまなければならない。非対称性を編み込む相互性という観点からみるなら、養育と教育の理念には、自己決定性や自律性だけではなく、依存性や代理性もまた含まれることになる。すでに第2章で教育可能性に関連して指摘したように、人間存在の基本的な在り方は相互依存であるから、養育と教育の理念に――自律化のみではなく――「依存性の高度化」を加えないでは不均衡である。高度な依存性と自律性をバランスよく備えた人間とは、さまざまな関係のなかで役割と相互性を適切に使い分けつつ状況への「応答」(to respond)を繰り返す「責任」(responsibility)の主体としての人間である。京都学派以来の用語法を援用すれば、永遠の今と接触する「ここといま」の広がりと深さにおいて自らの存在と生成へ応答するパトスとしての人間である。相互性は、このようなパトスとしての人間どうしのトータルな関わりである。「教育的」公共性は、私事性の組織化によってではなく、このような相互性を根底に据えた非対称的役割関係のネットワーク化によって成立するのである。

　相互性は、生物学的、社会的、人格的などさまざまな人間的必要から呼び

起こされ、それへの応答として成立する。しかし私たちは、このような応答が自覚的主体的になされる以前に、子どもや他の人たちと、ごく自然に相互性のうちで生きている。学校などの制度化された役割関係もまた、この反省以前の日常的・自明的で「直接的な」相互性によって支えられている。今日の学校複合体で傷つけられているのは、おそらくこの直接的な相互性である。いじめ、不登校、学習の不成立、児童虐待などにみられるとおりである。日常的で直接的な相互性が傷つけられることによってはじめて、私たちは、相互性について、さらにはその成立可能性について、真剣に問わなければならなくなる。これは、臨床的教育理論のみならず、今日の教育理論そのものに課せられた、緊急のしかももっとも本質的な課題である。相互性についてあらためてトータルに考察し、そこから人間相互の生成の可能性について考えること、さらにいえば相互性を「臨床性におけるパトスとしての人間の存在と生成」において把握すること。これが、課題なのである。

4)「相互性」のトータルな再把握のために

　相互性がペアになった関係であるとすれば、このペア（対）関係が三者関係以上の社会関係とどのように関わるのかは、相互性を中核におく臨床的人間形成論にとってはきわめて重大な問題である。本書では、しばしば「相互性のネットワーク」の重要性を強調してきた。この強調には、三者関係以上の社会関係における相互性の位置と機能を示そうとする意図がある。相互性は、母子関係などに典型的に見られるように、私たちの日常によくみられるごくありふれた関係のありかたである。しかし相互性は、あくまで二者関係であり、しかも一定の役割遂行に向けて制約された部分的存在どうしの関係ではなく、互いが互いの生命・生成に全体的にかかわる二者関係である。「相互性のネットワーク」という考え方には、三者関係以上の社会関係においても、役割関係の部分性を超える相互性の全体的関わりが一定の位置と役割を果たすという見解が含まれているのである。それでは、「相互性のネットワーク」における相互性の位置と役割をどのように考えるべきか。

　一般に、特定の社会関係は、その関係に向けて特化されたシステム役割の

遂行によって維持される。もちろん、どのような社会的役割においてもその内容の規定は、徹底性を欠いている。したがって、関係者たちの相互的な役割遂行の錯綜したプロセスは、つねに、役割の期待、役割からの距離化、役割の定義、役割定義に関わる交渉、役割の取得などのプロセスによって伴われている。しかし、役割行動は、習慣的行動や制度的行動などと同様に、行動の関係者すべてにとって互いの行動を予期可能で計算可能にするとともに、そのつど行動の仕方を決定する負担を免除する。社会関係の多くの部分が役割行動であるのは、このためである。

　役割行動は、役割を担う人々の部分的な関係行動であるが、この根底には役割を担う人のトータルな存在がある。トータルな存在とは、「永遠の今」と接触する「ここといま」(臨床性)の広がりと深さにおいて自らの存在と生成へ応答するパトスとしての人間であり、相互性は、このようなパトスとしての人間どうしのトータルな関わりである。役割行動は、この意味でのトータルな人間存在の自己生成ないし自己表現の一つの形である。いいかえれば、部分的な役割行動による人々の関わりは、トータルな人間存在どうしの関わりである相互性によって支えられているのである。役割行動と相互性のつながりが切断されていない場合には、状況の変化にあわせて役割を読み換えることなども——相互性から力を得て——比較的スムースに遂行されるし、関係が役割関係の部分性では維持できない場合にも比較的スムースに相互性そのものに立ち帰ることができる。第2章第3節でみた家族解体事例ならびに児童虐待事例は、役割関係と相互性のつながりが円滑ではない場合の不幸な事態を、典型的な仕方で示している。「相互性のネットワーク」は、役割行動が相互性によってしっかりと支えられているような社会的諸関係である。

　役割行動は、相互性によって支えられる。私たちは、状況への内属性と超越性の二重性を生きる主体の構えを、「半身の構え」と名づけてきた。たとえば、授業を構成しつつある教員、生徒たち、参観者たちを考えてみよう。かれらは、一方で、この状況に内属しているかぎりで当事者であることができるのであり、他方でこの状況からいくぶんとも超越しているかぎりで主体的な状況構成者であることができる。この当事者性と主体性とのバランスは

きわめて微妙であり、このバランスはつねに、一方では、状況への埋没の可能性をもち、他方では、状況からの離脱の可能性をもっている。「半身の構え」は、二つの半身が何に根差しているかによって、さまざまな内容をもつ。私たちは前著『大学授業の臨床的研究』で、大学教育の実践者たちと大学教育の研究者たちが——専門家でもなく素人でもない——「ディレッタント」として出会い連携することの大切さを強調した。一般化すれば、教育的公共性は、この意味での「ディレッタントどうしの半身の構えによる連携」によって成立すると考えたのである。この場合の「ディレッタント」の半身は、一方では、特殊に分業化され部分化された専門性に根差しており、他方では、素人のトータルな人間性に根差している。さらに、上述の「相互性のネットワーク」においては、関係の構成者の半身は、一方では、役割行動に根差しており、他方では、相互性に根差している。この二つの例で、私たちは、「ディレッタントとしての半身の構え」と「役割と相互性の半身の構え」について論じた。この二つの半身の構えは、状況への内属性と超越性の二重性ないし分裂の二つのありようである。

　しかしこれらの素人性と専門性とのバランス、相互性と役割関係とのバランス、さらにいえば超越性と内属性とのバランスなどは、現実を内在的に超える現実の立場によって、すなわち超越論的なものとの接触感を前提として、はじめて成立可能である。私たちは、日常にあって日常を超えるものとの接触感に促されて現状を脱し、他者たちからの呼びかけに主体的能動的に応え、自分の存在と生成からの呼びかけへ応答する。「半身の構え」とは、あえて状況への内属性と超越性の分裂を生きることであり、相互性と役割関係との背反する生を生きることである。この錯綜した二重性を生きる半身の構えは、無や「永遠の今」などとの接触感によって支えられる。具体的にいえば、半身の構えは、素人性と専門家性、相互性と役割関係、超越性と内属性などの不均衡による動揺や防衛的凝固を超越論的なものとの接触感によっていくぶんなりとも超え、動揺を鎮め凝固を融解し、ふたたび生命と生成の流れに帰るのである。

　半身の構えは、役割行動の部分性を突破して生命と生成の流れを再生して、別の「半身たち」との連携を可能にし、自他の相互生成をもたらす。しかしそ

れは別の場合には、相手も自分もその——責任範囲の明確な役割行動にしっかりと自己制約しない——「中途半端さ」によって深く傷つけ、再び負担免除的慣習的な役割行動に回帰させて終わるかもしれない。いずれにせよ「半身」であることは、相互行為の主体が日常的な生活世界にありながらつねに危機の深淵に臨んでいることでもある。実践を担う人たちの連携、実践を担う人たちと研究を担う人たちとの連携は、専門家による啓蒙的な指導性や主導性という常套的システム役割行動の範囲を超えようとすれば、トータルではあるが中途半端な半身の構えをとるほかはない。私たちは、半身の構えをとることによってこそ、たとえその半面で底知れぬ挫折の深淵の口が開かれるにせよ、「超越論的なもの」との接触感を取り戻し、フィールドワークによってもたらされる臨床的人間形成論の知見を「育て教える人たちの自己認識・相互認識」、「教える育てる人たちの自己生成・相互生成」(教育的公共性の構築)に結合することができるのである。

第2節　世代継承性の臨床的人間形成論へ

　臨床的人間形成論は、臨床性におけるパトスとしての自分の存在と生成についての人間の自己認識であり、その中核概念は、相互性とライフサイクルである。前節では臨床性のもとでの「相互性」の再把握を試みたが、本節では「ライフサイクル」の再把握を試みる。「ライフサイクル」は、在来の教育理論の「発達」把握の狭隘さを突破してはいるが、それはなお、臨床性における人間、すなわち〈(そこから時間や世代や相互性などが立ち現れる)「永遠の今」に接触するパトスとしての人間〉に、十分に根ざすことができていない。端的にいって、ライフサイクルは、死や永遠や世代循環において十分にとらえられてはいないのである。論点の補充が不可欠だが、本節ではそのためにまず、青年期というライフサイクルの特異な一時期をとりあげ、これをてがかりとしてライフサイクルの再検討へと進みたい。

1　青年期の臨床的考察

　これまでの通念に拠れば、青年期は境界期であり、子ども期と大人期を仲

介するとされてきた。しかしポスト・ポストモダン状況におけるすべての流動化によって、人生の区切り目（境界）そのものもまた流動化した。すべての人生段階が境界期の性格を帯び、在来の通念からすればいわば青年期的になる。この事態を受けて、青年期そのものも変質する。全般的な境界喪失をうけて、青年期は、流動的な人生のありふれたひとこまとして平準化され、その結果、他の時期のすべての課題が青年期の課題となる。エリクソンの論に依拠するなら、老年期の「自我成全」(ego-integrity)という課題や乳児期の「基本的信頼」(basic trust)という課題もまた、青年期の課題となるのである。もっとも、この事態は、エリクソンの論にあらかじめ含意されているとみることもできる。(表4-1)の「漸成図」(Epigenetic Chart)において青年期を交点として縦と横に十文字を描く薄く塗りつぶされた部分に着目してみよう[10]。一方で、十文字の「縦軸」に見られるとおり、ライフサイクルの各段階に固有の課題達成によって獲得される「自我の強さ／徳」(ego-strength/virtue)は、それまでに獲得されてきた「強さ」のすべてを包摂しており、これから獲得されるべき「強さ」のすべてをもあらかじめ織り込んでいる。他方で、十文字の「横軸」に見られるとおり、ライフサイクルの各段階では、たしかにその段階に固有の課題達成にアクセントがあるが、しかし同時に他のライフサイクル段階で獲得されるべき「強さ」もすべて一定程度の獲得課題となっている。ポスト・ポストモダン状況は、この十文字が示唆する各段階の固有性の相対化ないし曖昧化を極限にまで進め、人生の生成性と流動性をあらわなものにしたとみることもできるのである。この流動化のさなかで、青年[11]は、自閉と漂流という生き方を選ぶ。現代の青年のこの生き方を手がかりにして、ボーダーレスという状況のもとでのライフサイクルと世代継承性の問題にアプローチすることにしよう。

1) 自閉と漂流──青年の現代的適応形式──

　近年の青年像の急激な変貌を、〈「自律と適応」から「自閉と漂流」へ〉とまとめることができる。かつての青年の疾風怒濤的な意味模索、職業や恋愛での自我アイデンティティの模索などは、もはやすっかりリアルではなくなっ

表4-1　エリクソンの漸成表

段階	徳目	1	2	3	4	5	6	7	8
VIII 老年	知恵 (Wisdom)								成全 (Integrity) 対 絶望 (Despair)
VII 成人後期	世話 (Care)							生み出す力 (Generativity) 対 停滞 (Stagnation)	
VI 成人前期	愛 (Love)						親密性 (Intimacy) 対 孤独 (Isolation)		
V 青年	忠誠 (Fidelity)					同一性 (Identity) 対 役割拡散 (Role Confusion)			
IV 学童	有能 (Competence)				勤勉 (Industry) 対 劣等 (Inferiority)				
III 幼児後期	目的 (Purpose)			自主性 (Initiative) 対 罪 (Guild)					
II 幼児前期	意志 (Willpower)		自律 (Autonomy) 対 恥 (Shame Doubt)						
I 乳児	希望 (Hope)	信頼 (Trust) 対 不信 (Mistrust)							

てきた。今日の青年の一般的な行動特性は、一部の華々しく突出した事例を除けば、ゲーム・プレイングといった「軽さ」にある。これは、フロムのいうような「市場競争に向かう内部志向型で自律的な経済主体（収支計算をするロビンソン・クルーソー）」という社会的性格から「他者志向型的な市場的オリエンテーションやロボット的同調」という社会的性格への変化の、もう一つ先にある変化である（Fromm 1970, 田中 1997A, 2003A）。

かつて青年期を特徴づけたのは、「自律と適応」という対概念である。これを、他のいくつかの対概念、たとえば人格化と社会化、自立と関係、内面と役割などといいかえることもできる。これらの対概念を両極とする（たとえば自律か適応かといった）葛藤の解決こそが、青年期の発達課題であると考えられてきた。しかし今日では、これらの葛藤に直面して悩む青年は、むしろすっかり時代遅れの鈍重な存在である。さらに、かつての青年論の必須アイテムであった諸価値（忍耐、努力、苦痛を楽しむことなどのマルクーゼの「実行原則」(Marcuse 1960)）もまた全般的に相対化され、むしろ変化に軽快に追随できない不適応性を象徴するものとなった。ロビンソン的自律性も他者志向的同調性もともに、変動そのものを内部にビルドインしたポスト・ポストモダンの高度産業社会への適応形式としては、あまりにも鈍重で、軽快さに欠ける。「自閉と漂流」という新たな対概念で把握できる軽快で表層的な新たな青年像は、流動するポスト・ポストモダン社会へのもっとも相応しい適応形式なのである。

今日の青年たちは、不断に流動する現実に対して、そのつどなんとか適応を試み続ける（漂流）とともに、そのように漂流しつつもなんとかして居心地のよい居場所（自分だけの安心できる世界）を拵えようとする（自閉）。青年は、変化の流れに〈ノッテ〉漂流するとともに、流れから〈オリテ〉自閉し自分の拠点（居場所）を拵えるのである。自閉的な拠点づくりは、公的な仕事と私的な生活との分離とか、内向するモラトリアムとか、ウチとソトの二重生活などとして現象する。ポスト・ポストモダン社会の境界喪失に直面する青年の発達課題は、かつての「自律と適応」ではなく、「自閉と漂流」によってそのつど自他境界を適切に拵えることなのである。これは、「免疫疾患症候群の

時代」ともいうべき現代に典型的な適応の形式である。

　現代は、免疫疾患症候群の時代である。かつてスーザン・ソンダクは、時代精神を象徴する病の変化を「結核から癌へ」とまとめた[12]が、今日までにさらに事態はすすみ、結核の時代、癌の時代を超えて、免疫疾患症候群（アトピー、喘息、エイズなど）の時代へと推移してきた。この推移は、静態的漸次的な衰滅としての「結核」（緩慢な全般的衰弱）から、内的な破壊性のダイナミックな自己増殖としての「癌」（他者に変じた自己による自己の爆発的な破壊）を経て、自己境界の曖昧化とともに自己が自己を破壊する「免疫疾患症候群」（自他区別の崩壊と自己破壊）に至るのである。

　免疫疾患症候群の典型例は、自己免疫疾患、アレルギー、エイズである。自己免疫疾患とは、本来は細菌・ウイルスや腫瘍などの自分と異なる異物を認識し排除する役割をもつ免疫系が、自分の正常な細胞や組織に対してまで過剰に反応し攻撃を加えてしまうことで症状をもたらす疾患の総称である。次に、アレルギーとは、生体に本来備わっている一連の免疫応答が自己にとって不都合な過剰反応をおこす状態である。最後に、エイズとは、「後天性免疫不全症候群」であり、HIV（ヒト免疫不全ウイルス）感染という後天的要因により免疫力が低下し、種々の疾患が生じる疾病である。免疫疾患症候群は、「自己による自己の攻撃」と「自他の境界喪失」（自他区別の消失）の二つを特質とする病である。この症候群によって象徴される境界喪失の時代で課題となるのは、確立された外部（外界）への適応と外部からの自律との間で適切なバランスをとることなどではなく、不断に自他境界を曖昧化する力を逃れてなんとか境界を拵え、境界の曖昧化にともなう自己による自己の攻撃になんとか対応することである。自閉と漂流は、この向きあいの努力の一つのありかたであり、免疫疾患症候群の時代に典型的な生き方である。免疫疾患症候群は、この生き方の否定的な側面を象徴的に示している。

　きわめて個人的なことだが、私が、免疫疾患症候群が今日の養育と教育の状況を象徴すると考えはじめたきっかけは、思春期青年期の思食障害や自傷や売春や歯止めの効かない暴力などの事例に出会い、さらにいくつもの自己愛的な閉じこもり事例で苛烈な持続的自己攻撃があることを知ったことによ

る。比較的些末ではあるが私には鮮烈であった事例を挙げるとすれば、かつて数年にわたって問題校の教員研修に関与したときに、あちこちの高校や中学で、教室の廊下に近い最後部の席に自己臭幻覚に悩む生徒が座っているのをみた。自己の乖離や自傷は、時代に一般的なありようを象徴している。青年たちのある者はこころから乖離したからだ（肉体）を自分で操作し支配し、別の者は――こころと合体したからだ（身体）を放棄して――肉体へと退行し、さらに、ある者は肉体を傷つけて苦痛と血によって身体と自分を取り戻そうとする。いずれも（自分のからだが自分のこころから解離する）自他境界曖昧化という免疫疾患症候群への反応である。かれらは、「こころ」から浮遊し逃れていく「からだ」をなんとかつなぎ止め、自己による自己の攻撃を回避しようとする。つなぎ止めと回避に首尾よく成功する度合いに逆比例して、病理性の深まるスペクトルを想定することができる。たとえば、歯止めのない暴力、援助交際、思春期痩せ症、自傷、思春期妄想症（自己臭幻想）、離人症などである（田中 2003）。

目立っているのは、かつての第二反抗期や疾風怒濤での意識的自覚的な「逸脱」や「抵抗」ではなく、不登校、引きこもりなどの「逃避」や「衰弱」であり、浮遊する肉体や自己自身をなんとかつなぎとめようとする徒労にみちた努力である。これらは「自閉と漂流」の病的なありようであるが、これをもたらす社会文化的基盤についてもう少し立ち入って考えてみよう。

2) 免疫疾患症候群の時代と青年

これまでの文化を導いてきたエリートの一元的なヘゲモニーは解体され、超越的な主体による世界創造といった安定した構造は壊滅した。純粋芸術、中間芸術、大衆芸術のボーダーは曖昧になり、かわりに、大なり小なり自閉的傾向をもつ大量のサブカルチャー群があらわれ、めまぐるしく生成し消滅し離合し集散する。今日の全体文化は、サブカルチャー化している。青年もまた、かつての疾風怒濤を生きる輝かしい対抗文化（青年文化）の担い手から、サブカルチャー化したささやかでローカルな文化の担い手に収まった。青年は、気の合う仲間の小さなサークルに自閉する。このサブカルチャー化は、

どのようにしてもたらされたか。たとえば、ハーバーマスは1960年代末に、晩期資本主義の構造的危機を、次のような資本主義、政治、文化の「危機」としてまとめている (Habermas 1970)。

　　・経済的危機　　国家資本主義による恐慌の平準化・持続化
　　・政治的危機　　国家の正統性調達の危機 (政治的アパシー)
　　・文化的危機　　動機づけの危機 (アノミー)

　70年前後には、ローマクラブの『成長の限界』(Donella H.Meadows et al. 1972)、イリッチの『脱学校論』(Illich 1971)、ユネスコの『生涯教育、生涯学習論』(ポール・ラングラン 初版1971/ Edgar Faure et al. 1972) などが同時に出現した。経済システム (ローマクラブ) や教育システム (イリッチ) においては、システムの順機能がシステムにとって逆機能となり、システムそのものの存続を危うくする。ハーバーマスの「危機」は、すべてマクロレベルの免疫疾患症候群である。ちなみに、生涯教育論は、開発途上の社会の識字教育 (学校教育の補完) と高度な産業社会の成人教育 (学校教育の超越) を混在させたまま、論じられている (田中 1982, 2011A)。この論は、開発途上国であれ産業諸国であれ、「社会システムの免疫疾患症候群 (順機能の逆機能化)」を「システムを内在的に突き破る」ことによって克服しようとする点で、脱学校論と同様に、教育システムの免疫疾患症候群への挑戦である。危機の構造は、前世紀の60年代末から今日まで質的には同一であり、量的な変化のみが生じた。制度的・個人的な境界の曖昧化は、この順機能の逆機能化という構造的危機の所産であるから、この危機こそが、免疫疾患症候群の時代をもたらすマクロレベルの条件である。青年の「自閉」と「漂流」は、免疫疾患症候群を個人レベルで突破しようとするささやかな挑戦である。

　青年の自閉と漂流は、今日の文化的危機、わけてもアノミー状況がもたらす動機づけの危機への個人的応答である。しかし自閉と漂流のもたらすものは、多くの場合、自己生成や自己実現であるよりも、むしろ実存的空虚である。不断に流動する外的現実に絶えず適応しようとして漂流すればするほど、内面は忘却され、空虚化する。したがって漂流の他面では、慌ただしい適応の努力からの撤退や引きこもりなどの自閉によって、内面を確保しようとする

努力がみられる。実存的空虚から脱却しようとする模索は、外部とのつながりを遮断し自閉してより一層内面を空虚にする。病的な場合には、自閉と漂流が相乗的にマイナスに作用しあい、内面をますます空虚化するのである。

我が国の世代集団としての青年は、どのような状態にあるのか。少子化による人口割合の漸減によって、世代としての青年は、もはや社会を方向づけるだけの集団的力量をもてなくなり、カウンターカルチャーの担い手ですらなくなった。停滞社会では、青年ではなくむしろ老年こそが、社会全体を代表的に象徴する。青年世代への社会的操作も斟酌の余裕が減り、たとえば壮年層は就業上の既得権擁護のために青年の就業を制約する。すっかりおとなしくなった青年たちへの社会的介入はとかく過剰になりがちであり、これと高度産業社会に特有のあらゆる集団での組織化過剰とが連動して、青年の逃げ場（あるいは居心地のよい居場所）はいっそう少なくなる。青年は、つきあいの淡さ、引きこもりなどによる「自閉」的な防衛機制へと逃避する。しかもこの自閉的傾向、「生きる力」の衰弱、学習意欲低下などの「動機づけの危機」は、階層の移動や上昇のために戦うことが抑止されがちな停滞社会では、社会的に適合的ですらある。

自閉し漂流する青年には、生きる意味を模索するそれなりの形而上学的な欲求と、生きることそのものへのパトスの衰弱が、同時に認められる。さらにいえば、かれらには、成熟のモデルを欠いて成長した者に特有の幼い万能感と（それと裏腹の）自信の欠如も認められる。エリクソン流にいえば、基本的信頼が十分に獲得されていないのである。これらの青年は、エリクソンのライフサイクル論における第5段階（アイデンティティ）から第7段階（ジェネラティビティ）へ至る成熟（表4-1を参照）を回避しているかのようである。職業的アイデンティティ形成は回避され、結婚によって性的アイデンティティ確立へ至るコースをたどることも、自明視されてはいない。これは、生産「以前」・生殖「以前」への固着である。しかしこれは、場合によっては高度産業社会への適応がもたらす実存的空虚・自己喪失への抵抗でもあり、有用性、労働へのがんじがらめの拘束からの解放の試みであるかもしれない。いずれにせよ、実存的空虚、根源的パトスの衰弱は、高度産業社会を生きるすべて

の世代の問題だから、大人世代は、青年のありようを、自分たちへ応答を迫る自分たちの問題として受けとめるほかはない。こうして今日の青年と大人の世代関係は、非対称的な教育関係ではなく、次に述べるように、異世代間の対称的・相互的な意味模索となり、相互生成となるのである。

2 青年と大人の相互生成——その今日的形態——

今日では、異世代間の関係は、次のような状況にある。

まず、人生の末端について。今日では、老いや死の迎え方についてのイメージがしっかりと共有されてはいないので、人々は自分一人で、老いと死を受容できるまでになんとか成熟しなければならない。死にゆく人は、成熟につとめる人であるばかりではなく、医療関係者や親族へ死について教える「教育者」(Ross 1977) でもある。それというのも、この人をとりまく人々もまた、死に行く人が自分自身の死を受容できるように条件を整え、かれらの受容への成熟を助けるとともに、このように働きかけることを通じて、(自分を含む)大切な人の死を受容できるまでに成熟するからである。ここには、互いが成熟しあうという意味で、「相互性」がある。

次いで、人生の発端について。胎児にも自ら成熟する力のみではなく、周りの人々を教える力がある。すでに幾度も援用した例を今一度繰り返すなら、妊娠した妻が階段の上にたつ場合、胎児は夫に対してプリミティヴな「生み出す力」を発揮し、かれに思わず手を伸ばして妻を支える気遣いを発揮させ、「生み出す力」を身につけさせ、父親へと成熟させる。こうして「赤ん坊は、家族に育てられながら、家族を育てる」。生み育てる側と生み育てられる側との間に、相互性が結ばれる。児童虐待は、この相互生成が機能しない典型的な事例である。

人々は、今日でも人生の発端と末端だけに限らず、一生を通じて互いにかかわりあい、ともに生成する。成熟は、青年期の終わりの出来事でもなければ、人生の終わりの出来事でもない。老人は老人なりに、大人は大人なりに、そして幼児は幼児なりに成熟し、またそれが課題づけられてもいる。成熟は、さまざまな世代のライフサイクルが重なりあう部分における相互生成

である。世代間の相互生成の観点から見てきわめて特異な時期が、成人後期である。

(**図4-1**)のエリクソン夫人の編み物(Erikson, E.H., & J., 1981)に示されているように、成人後期の第7段階は、なによりもまずその長さにおいて特異である。しかもこの第7段階の長さと第1段階から第5段階までの長さとは、ほぼ一致する。この特異に長い時間において、先行世代のライフサイクルと後続世

(表のママに)　　　　　　　　(実際の時間の長さに即して)

図4-1　漸成表の図示 (Eriksonn, E.H., J.)

異世代の噛みあい　　　異世代のライフサイクルの重なりあい

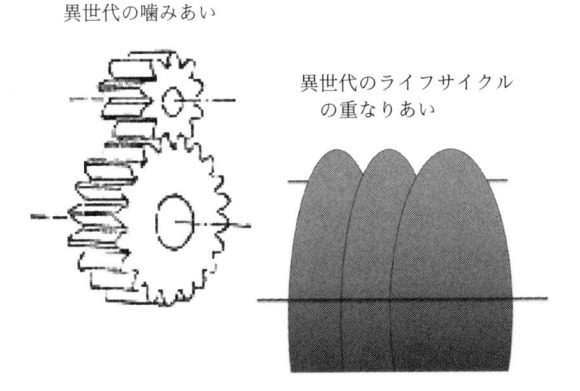

図4-2　異世代間の相互生成——E.H. Erikson のいう「相互性」——

代のライフサイクルは、互いの位相を少しずらして重なりあう。この重なりあいにおいて異世代間の「相互規制」(mutual regulation)ないし「相互性」が機能し、「赤ん坊は家族を育てながら家族に育てられる」。(図4-2)が示しているように、先行世代のサイクルを一齣進めることと、後続世代のサイクルを一齣進めることは、互いにはめ込まれた二つの歯車のように、互いに噛み込みあって進行する(cogwheeling)。「生み出す力」は、この歯車の噛みあいのなかで、他世代への応答を達成することによって成人後期(第7段階)に獲得される「自我の力」ないし「徳」である。

本書では、"Generativity"を「生み出す力」と訳出するが、それは、この言葉が、世代性と生殖性の二つの意味を同時に含み、創造的応答性のニュアンスをもつからである。大人の世代は、「生み出す力」によって、先行世代の老いと死の受容による成熟に噛み込み、後続世代の大人への成熟に噛み込み、職場などで人と〈もの〉を生産して、生み出す力を生成確立させて、自分を成熟させる。ただし、生み出す力には、創造と破壊の両面がある。この力は時には、創造の余地を狭める拘束や規定の類を無視し、否定し、破壊し、別の場合には、気に入らない状況を捨てて、これを外から操作的にコントロールする。生み出す力の破壊性に対抗しようとすれば、第7段階の否定的所産(「失調的傾向」(dystonic tendencies))とされる「停滞」(Stagnation)の積極面に眼を向けなければならない。

エリクソンによれば、各人は、グランドプランにしたがってライフサイクル各段階で発達危機に直面し、これを順次克服して、そのつどに成熟を達成する。危機克服の肯定的所産(たとえば"basic trust"、"ego-identity"、"generativity"などの「同調的傾向」(syntonic tendencies))が、バランス上、否定的所産(たとえば"mistrust"、"identity diffusion"、"stagnation"などの「失調的傾向」)を「上回る」ことが「望ましい」。実際に、肯定的所産(たとえば"basic trust")だけを身につけた人を想定するなら、それはきわめて歪んだグロテスクな人物像であり、そんな無防備な人にとっては、ままならぬ諸関係のうちで生きることそれ自体がひどく困難な課題となるほかはない。この〈発達危機克服の否定的所産(失調的傾向)のもつ肯定面〉という論点はきわめて重要であるが、残念ながら、

これに関するエリクソンの記述は、ほとんどみあたらない。私たち自身で、想像しつつ構成するほかはない。「停滞」という失調的傾向の肯定面は、次のように考えることができる。
　「停滞」は、限りない生産や発達と結びつく「生み出す力」の操作性や破壊性を免れ、主体性の限界を受容するように働く。人生の後半にある大人世代は、ユングのいうように、人生前半での仕事や結婚への自分自身の可能性の自己限定を超えて、蔑ろにされてきた可能性を生かそうとして（場合によっては「わがまま」で傍迷惑な）自己実現へ向かう。「停滞」は、世俗的諸関係からの距離化によって自己実現に向かう可能性をも開く。「停滞」の肯定面が、次に述べるように、成人後期の人々と青年たちとの相互生成を可能にする契機となる。
　今日では、職業的アイデンティティや性的アイデンティティの確立を回避する青年の数は、そう少なくはない。生産「以前」・生殖「以前」への固着によって、成人であること（adulthood）の基本的要件が回避されているのである。この回避が病的不適応や相対的貧困化をもたらすことも十分にありうるから、大人たちは、青年たちの意味模索や自己実現の苦闘をあえて脇に置き、「仕事と愛」——これはよく知られているようにフロイトの標語である——へと青少年たちの生を拘束しなければならない。この青少年の拘束は、拘束する大人たちが自分たちの生を「仕事と愛」へと拘束することなしには成立しえない。しかしポスト・ポストモダンの社会の常態化した変化を念頭に入れるなら、「仕事と愛」への拘束は、果てしのない努力の連鎖を強いるものでもある[13]。
　〈生産「以前」・生殖「以前」への固着〉は、エリクソンの論を援用するなら、第5段階の「失調傾向」としての「役割拡散」である。これにはもちろん否定面もあるが、肯定面もある。役割拡散は、有用性や労働へのがんじがらめの拘束から解放し、高度産業社会への適応がもたらす実存的空虚・自己喪失へ抵抗するのである。この肯定面は、場合によっては、第7段階の「失調傾向」としての「停滞」の肯定面と相乗的に作用して、青年と大人との相互生成をも可能にする。「停滞」という失調傾向は、その肯定面においては、限りな

い生産や発達の母胎である「生み出す力」の操作性や破壊性を回避し、主体性の限界を受容するように働き、人生前半での仕事や結婚への自分自身の可能性の自己限定を超えて、蔑ろにしてきた他の可能性の自己実現へ向かわせる。こうして青年の「拡散」と大人の「停滞」の肯定面は、互いに互いを支えあって相乗的に働きあう。青年と大人は、有用性、労働によって根底的・全体的に拘束された既存の成人性よりも今一歩高度な成人化に向かい、相互生成を達成する。これは、ポスト・ポストモダン社会の常態化した変化という事態への適応形式でありうる。生殖と生産に自己限定する自律的個人「以前」へあえてとどまることによって、大人と青年は、もっと別の成熟への跳躍に向けて助走距離を確保し、新たな生成と流動へと自分たちを開くのである。

　大人の青年への関わりは、単純ではない。大人は、青年の愛と仕事への自己限定を支えるとともに、自律以前への固着からはじまる自己実現をも支えなければならないからである。この矛盾した二重の試みは、けっして安定した型をもつことはできず、つねに緊張をはらんでいる。本書ではこの関係を「半身の構えの連携」と呼んできた。半身は仕事と愛への自己限定に、半身は自己限定を超える自己実現に向けられる。半身の構えとは、「ここといま」において「永遠の今」に触れるパトスとしての全体的な人間のありようである。この全体性において、一方の半身の構えの達成は、つねに他方の半身の構えの達成によってチェックされ、その結果、自己限定と自己実現の双方が循環的に達成される。このようにいかない場合には、双方の自己限定と自己実現が何の成果ももたらさないままにただ空転する。青年と大人との教育的公共性は、今日ではこのような不安定な形でかろうじて成立するのである。この半身の構えという観点から、あらためて世代継承的公共性について考えてみよう。

3　教育的公共性と世代的応答性

　あらためて公共性について考えることからはじめたいが、そもそも公共性は、どんな人々によって担われるのか。たとえば、カントの『啓蒙とは何か』(Kant 1781)はドイツ読書人層の出現を前提としているが、読書人たちは、

書き読むことを通して国家の枠を超え、世界市民社会としての「公共体」(ein gemeines Wesen) へ参与することになる。読書人・世界市民として公共性へ参与するのに不可欠な主体的条件は、「人間が自ら招いた（後見人の必要な）未成年状態から抜け出すこと」、つまりは「悟性の自己使用」および「理性の公的使用」である。推論する能力としての理性および認識する能力としての悟性は、書き読み話し聞く言語的コミュニケーション能力の構成要件であるから、公共性への参与資格は、言語的コミュニケーション能力の保持にあるともいえよう。

　しかしまさにこのように規定したとたんに、言語的コミュニケーション能力をもたず「未成年状態」にある人々は、公共性から疎隔されることになる。疎隔されるのは、十分に語れない無告の民であり、いまだ語れない将来世代であり、すでに語れない過去世代である。「語れない」人々を排除するなら、公共性は、「ここといま」で言語的コミュニケーションに長けた（たとえ少なすぎることはないにしても）限られた人々のみにかかわる特権的なことがらとなる。これは問題である。公共性が一人一人の個を生かした全体であるとすれば、言語的コミュニケーションに参加できない人々を、どうにかしてコミュニケーションに組み込まなければならない。「ここといま」で言語能力をもつ人々ともたない人々は、どうすればうまく連携できるのだろうか。つまり、広く豊かな世代継承的公共性は、どうすれば生成するのだろうか。

　世代継承的公共性は、「ここといま」で言語能力をもつ人々が応答することによって、生成する。つまり、それなりに言語性のある世代が、聞く力、想像力などの高度なコミュニケーション能力を精一杯動員することによって、語らない世代の意思を聴き取るのである。語る世代に求められるのは、語られない言葉をあえて聞く力である。聞く力をできるだけ強く有効にしかも正確に働かせて、語る世代は、語れない世代へ応答する。この応答性には教育的、社会的、世代的といった階層がありうる[14]が、世代継承的公共性を成立させるのは世代的応答性である。この応答性が、語れない世代との言語的コミュニケーションを開く。つまり、語る世代は、将来世代の語りを聞き取りそれによって現在を規制し未来へ応答するとともに、過去世代の語り

を聞き取りそれによって伝統を継承し抑圧された可能性を実現して[15]過去へ応答する。つまり、語る世代は、〈ここといま〉を異なった時間を生きる諸世代の出会う「時間化された空間」[16]として生き、聞き取る力を精一杯発揮することによって、語れない世代の語りを聞き取るのである。

　しかしこの応答性は、語る人々による一方的な「思いなし」であるにすぎないのかもしれない。思いなしは、たんに誤解やお節介でありうるばかりではなく、場合によっては破壊的ですらありうる。それでは、この種の世代継承的応答性は、どうすれば実現可能になるのだろうか。このきわめて実践的な問いに対しては、理論のレベルでは、いたって一般的抽象的に語るほかはない。私たちは、自分自身が過去、現在、未来を包摂する「時間化した空間」として、すなわち「〈ここといま〉において〈永遠の今〉に触れるパトスとしての人間」として、他の「時間化した空間」としての世代に出会うときにのみ、世代継承的応答性を生きることができる。このきわめて一般的な出来事が、実際にどのように生きられるのかについては、事例を挙げることしかできない。たとえば、死去3年前に、18歳になる（当時生まれたての）孫娘に向けて書かれた、森昭の「ヴァレリー＝安紀への手紙」（森昭 1973）。この「手紙」は、祖父から未来の孫への語りかけであるが、このフィクショナルな「時間化した空間」どうしの対話の想定は、森自身が人間の対象論的全体的自己把握である『教育人間学』を生命鼓橋論・相互性論としての『人間形成原論』へと書き換える強い契機となっていると、読むこともできる。「時間化された空間」どうしの出会いは、相互性を生きることのもっとも深いありようである。

　世代継承的応答性の問題を象徴的かつ集約的に示すのは、子どもと大人との間の世代関係であり教育関係である。大人は現在と過去を象徴する存在であり、子どもは将来を象徴する存在である。大人と子どもとの出会いは、過去世代現在世代の将来世代との出会いを象徴的に示す。つまり、大人と子どもの教育・世代関係においてこそ、語る世代による聴き取りと応答が、象徴的集約的に示されるのである。教育関係における先行世代による後続世代への「応答」は、なぜ必要であり、それはどのようにして正当化されるのだろうか。これについて考えるためには、まず「私たちはなぜ教えるのか」とい

う教育の成立根拠にまで遡ってみなければならない。

1) 子どもへの応答と子どもの自立化

　先行世代の「教える」活動を駆動するもっとも根底にある関心は、自分たちの有限性であり、この有限性を埋めあわせるべき後続世代の無力さと教育可能性である。先行世代は、後続世代に自分たちの無力さを自分たち自身の教育可能性によって自己克服させるべく活動するのである。「教える」活動には、後続世代を生物学的な意味で一人前にする生物学的養育、社会文化的な意味で一人前にする社会化・文化化、実存的な意味で一人前にする人格化の三つのレベルがある[17]。生物学的・社会文化的に一人前にすれば終わりというわけではなく、実存的人格的にも一人前にしなければならない。後続世代に、先行世代のいなくなった世界でなお、自律的な世界形成と自己形成を達成することが、ゆだねられるからである。しかし、「自立せよ」という「命令」は、あきらかなパラドックスである。命令に従えば自立できず、自立すれば命令に従えない。教えることは、自立を命ずるパラドキシカルな性格をもつ。「自立せよ」という命令を下す側は、後続世代の依存性──ランゲフェルト流に云えば子どもの"Bei-uns-sein"──に応えて、その生物学的・社会文化的に健康な生存をなんとか保証するとともに、自立性の生成基盤(Bei-sich-sein)を守り育てなければならない。この大人の側の一方的な負担のもとで、子どもは受動化されることなく、自律的な実存的人格的主体へと生成しうるのである。子どもの"Bei-uns-sein"への大人の応答は、子どもの自立化根拠(Bei-sich-sein)へ応答しこれを守り育てることとの適切なバランスがとられることによってのみ、正当化される。大人の世代が依存と自立との間で適切なバランスをとらせつつ子どもに関わることによって、子どもは、社会の自律的な構成者となる。つまり、世代継承的公共性は、大人による子どもへのバランスのよい適切な関わりによって、成立可能となるのである。多くの教育理論は、この依存と自立、そして世代継承的公共性についてある程度論じてきている。この点を、今日の教育理論の基盤となっている二つの典型的な理論について、いくぶんくわしくみてみよう。

(1) ルソーの場合――近代的「教育関係」論の今ひとつの原風景――

　ルソーは、公共性問題の根元にある私性と公性との関連について、近代教育学の基本的な思考様式となった見解を提起した。関連理論の多くが私性と公性を対立するものとみなし、そのうえで両者の調停の道を求めてきたのに対して、近代教育学は一般的にいって、衝動（私性）と義務（公性）の生成的発生的一致の可能性（つまり、衝動のうちに公性を見出す可能性）を認めることが多い。つまり、「汝自らを愛するがごとく汝の隣人を愛せ」という山上の垂訓を例に取るなら、ここでの自己愛と隣人愛との生成的発生的一致を前提にすることが多いのである。近代教育学のこの常套的立論の出発点となってきたのが、ルソーである。私性と公性との調和や一致を思い描こうとすれば、対立する衝動と義務とは別に、調和や一致の可能性のある衝動と義務が想定されなければならない。つまり、義務に対して「対立する衝動」と「融和する衝動」の二種類が区別されるのである。義務に融和的な衝動を仮説するなら、公共性は、衝動的自然的私性を不可分の要素としてなんら損なうことなく丸ごと包摂し、それによって構成されることになる。これが、ルソーの立論である。

　ルソーは、一方で、「私」の個別意志の根元にある「愛」を「自己愛」(amour de soi)と「利己愛」(amour propre)とに区別し、「公」を構成する意志を一般意志(volonté generale)と全体意志(volonté toute)とに区別する（田中1977B、3頁以下）。『社会契約論』では、個別意志を一般意志に譲り渡す社会契約において、私と公は一致し、公共性が成立する。それでは、すでに偽の一般意志（全体意志）が支配的な社会では、公共性はどのようにして成立可能であるのか。ルソーはその手だてを「消極（ないし否定）教育」(l'éducation négative)と呼んでいる。

　『エミール』の消極（ないし否定）教育論では、子どもの「魂のまわりに垣根」をめぐらせ、その内部で「よく規制された自由」を与えることが提唱されている。子どもは一定の枠内（「垣根」と「規制」）において、のびのびと自発的に活動する。垣根と規制とによって、偽の一般意志である全体意志の滲入と自己愛の利己愛への頽落はともに人為的に阻止され、かわりに、自己愛が憐

れみの感情、共苦・同情、人間愛、良心の覚醒へと順次純化される「自然の歩み」がもたらされる。良心の声とは、内在化された神の声であり、真の一般意志である。したがってここでは、偽の一般意志に抗しながら、操作された自由の枠内で子どもの私的衝動と公的義務が一致し、真の一般意志としての公共性が成立するのである。

　大人による子どもの意志の代行は規制という形で実施され、子どもの自立化は垣根のうちでのよく規制された自由のもとでの自発的諸活動によって達成される。それでは、このような「教育」を担う大人は、どのような存在なのだろうか。『エミール』における教員は、「良い教員の資質を全面的に身に備えている」と仮定されている。どんな経験によってももはや成熟することはおろか変わることさえない完成された存在である。あたかもモノでもあるかのように動揺しない完成された教員が、消極教育ないし否定教育という徹底的な操作を通じて、子どもを「精神の自由」ないし自律性へと仕立て上げる。非対称的操作的で物象化的な関係（近代的教育関係）において、大人の子どもへの一方的な代理性は、自明の前提としてしっかりと措定されているのである。

(2) フロイトの場合――エス・自我・超自我の対抗平衡と非対称的治療関係――

　フロイトは、ルソーとは異なって、公と私の調和の可能性を認めない。かれの公と私との関連についての議論は、衝動論において展開されている。衝動論は、自己保存衝動と性衝動（個の保存と種の保存）の二元論から、ナルシズム的リビドーの一元論を経て、エロスとタナトスの二元論へと展開されるが、この間、衝動と文化の本質的対立という論点は、強固に一貫している。

　衝動と文化の対立は、フロイト初期段階では、快楽原則と現実原則の対立として表現されている。ごく幼い時期に、発現形式の比較的柔軟な性衝動（リビドー）は、抑圧や昇華や合理化などを通して加工され、抑圧によるリビドーの「沈殿物」が、外界と内界を区切る皮層という形で凝結する。こうして「自我」という内界と外界との境界が発生するのだが、これによって衝動と文化は、直接的対立をなんとか免れることになる。現実原則の担い手である自我が快楽原則にしたがう衝動と内的に拮抗する結果、内界の統合性がなんとか

生み出されるのである。フロイト後期では、快楽原則にしたがう性衝動と自己保存衝動（両者をひっくるめて「エロス」ないし「生の衝動」）に対して、快楽原則を超えた「死の衝動」（「タナトス」）という考え方が導入される。しかし、内界の統合性を自我の苦闘の所産とする見解には、いささかの変化もない。自我は、三頭の奔馬（エロスに衝き動かされるエス、無体で過剰な要求を加えてくる外界、タナトスに衝き動かされる苛酷な超自我）をなんとか統御しようとする御者である。

それでは、フロイトの理論では、世代関係や教育関係はどのように論じられているのだろうか。精神分析の治療実践における抵抗分析や感情転移操作や治療契約などについての詳細な議論（田中 1975, 1978A）が示しているように、フロイトは、かなり行き届いた治療関係論を展開している。そして治療操作が可能になるための教育分析の必要性についても、さまざまな議論を行っている。しかし治療状況にあって、分析者が未成熟であることは許されない。エディプス・コンプレックスに焦点づけられるような権威主義的親子関係による抑圧の意識的自覚的な引き受けによる成熟こそが、フロイトの発達の目標であり治療の目的である。したがって、通常の抑圧関係に耐えられなかった人々のための治療関係では、あらためてこのような解放と成熟を可能にする成熟した治療者が求められるのである。

以上のように、ルソーとフロイトの立論は、衝動と文化の対立という論点についてはあきらかに不一致であるにもかかわらず、人為的操作（前者の「囲い込み」と後者の「抑圧の意識的受容への治療操作」）によって個人の内部で私性と公性の調和をもたらす安定し完成された教育者・治療者を前提としている点では、完全に一致している。非対称な関係が前提されているという点で、両者は、近代教育学の基礎理論である。両者の理論で見落とされているのは、ランゲフェルトのいう子どもの"Bei-sich-sein"の側面であり、大人の成熟という見方であり、この大人の成熟と子どもの成熟との相互的嚙み込みあい（エリクソンのいう"Cogwheeling"）である。次には、この点について考えてみよう。

2) 応答性からパトスを介して相互性へ

　世代継承的応答性の問題は、子どもと大人との間の世代関係、教育関係に、集約的に示される。子どもにはまだ、人や物への適切な関わり方がわからない。子どもをとりまくさまざまな関わりでは、多くの場合、大人による相応の保護や援助が求められる。子どもと大人は、対等な言語的コミュニケーションをむすぶことはできない。そればかりではない。個としての自律性が欠如しているという意味では、子どもはそもそも個ですらない。個ですらない子どもと大人との関わりをあえて「関係」と呼ぶとすれば、この関係の基本的特質は、非対称性――正確にいえば、大人の保護と援助を不可欠の媒介とする対称性――にある。このことから、たとえば公共性一般と教育的公共性とを、前者の対称性と後者の非対称性を根拠にして、区別することができる。しかし子どもはやがて成熟する。この成熟によって、大人の保護と援助はじょじょに無意味化され、子どもと大人の非対称性は、対称性化相互性化されることになる。非対称的な教育的公共性は、じょじょに対称的な公共性のうちに解消される。こうして教育的公共性は、公共性一般の発生的生成的基礎となり、後景に退くのである。

　しかし、大人だけが一方的に子どもに働きかけるわけではない。子どももまた、大人へ働きかける。"Bei-sich-sein"という言葉が示しているように、子どもにも「自分自身であろうとする」根源的な構えがある。この点、大人と変わるところはない。子どものさまざまな欲求は、一貫して、自分自身であろうとする根源的構えに根差している。しかし子どもの欲求は、たとえ根が同じであるにせよ定型的でも恒常的でもなく、むしろめまぐるしく変容する。子どもは、固定的欲求充足のためにただひたすら大人の助力を待ち受ける受動的消費者ではない。子どもは、不断に活動し、欲求そのものを変容させ、成熟する、ダイナミックな活動的生成的存在なのである。子どもの恒常的固定的欲求を前提とする大人の保護と援助は、非現実的かつ無意味である。大人の側には、常套的な応答ではなく、子ども自身の活動によって次々に開けてくる新たな地平に即した臨機応変の応答が、そして新たな応答に向けて自分を新たに組織する大人自身の変容や成熟の可能性が、求められる。子ども

の意志への一方的な応答ではなく、相互性における相互的応答であり、相互生成である。大人と子どもとの間には、ダイナミックな相互生成がある。子どもと大人の関係を把握するにあたっては、一方通行で片務的な責任や代理の非対称性モデルではなく、相互性モデルが求められる。世代関係にはつねに、非対称性のみではなく、対称性（相互性）の局面もありうるのである。

　もう少し一般化してみよう。たとえば森昭は、「人間とはさまざまに定義可能な存在である」とする規定を、人間においては「生成によって本質そのものが形成される」ことから、「さまざまに定義可能な存在へと生成することの可能な存在」であると再規定した（森 1961）。この人間学的規定の転換によって、人間学を「生成的」人間学としての教育人間学へと理論的に拡張できると考えたのである。しかしここには、世代関係を対称性と非対称性の錯綜する複雑なコミュニケーションとみる見方が欠落している。人間は、教育人間学が示してきたように「教育の必要なしかも教育の可能な存在」であるばかりではなく、「教える存在」でもある。大人と子どもは、ともに教える存在であるという点で、対称的である。人間の教育必要性、教育可能性、教育者性の三者の複雑な絡みあいこそが、すでに第2章で述べたように、世代関係の内実を構成するのである（田中 2003）。

　「自立せよ」という命令はたしかにパラドキシカルだが、「自立せしめよ」という「命令」はそれにもましてパラドキシカルである。相互性こそが、このパラドックスを解決する。異世代間の関係において不断に対称性を創出する大人と子どもこそが、互いに実存的人格的自律へ、そして私性から公性へと成熟することができる。つまり、私性を否定せずむしろ不可欠の構成要件とするような公共性を担うことができるのである。エリクソンのジェネラティビティが問題となるのは、このような世代継承的相互性の文脈においてである。今日では、相互性によって自分をうまく成熟させることのできなかった大人たちが引き起こす教育問題が、目立っている。家庭における児童虐待、学校の荒れなどの目を引く事例の背後にも、さらには、表立った破綻なしにひそかに内部から腐朽していく家庭や学校にも、相互性の欠如による大人の側の教える機能の障害が、ひとしく認められる。第2章で触れたシュレーバー

博士は、おそらくこの深刻な事態の歴史的先行形態なのである。

4 世代継承性の臨床的人間形成論へ

　子どもは、「大人のもとにある存在」として「関係志向的存在」であるとともに、「子ども自身のもとにある存在」として「関係離脱志向的・自己志向的存在」でもある。この二つの存在が十分に尊重されることによって、子どもは自律性へと成熟する。人間には、関係志向と離脱志向がともにある。カント的にいえば「非社交的社交性」であり、ブーバー的にいえば「原離隔と関わり」である。スタグネーションは、関係離脱志向と関連しており、子どもの"Bei-sich-sein"を引き継ぎ、やがて引退や死などの別離を受容する基礎となる。このようにみると、エリクソンのいう"Cogwheeling"こそが、互いに「時間化された空間」として諸世代が出会う世代継承的公共性のありようを象徴的に示していることがわかる。諸世代は、永遠の今から力を得た互いの生成的応答（生み出す力の発揮）を媒介として、関わることと自分を保つこととのバランスをとりながら、互いに成熟していく。その際にはつねに、アンバランスや不安定さがつきまとう。ある世代の離脱志向的利己愛が、他世代への関係志向的ケアを押しつぶす。逆に、ケアへの応答強制が、自己志向・関係離脱志向を押しつぶす。諸世代は出会いにおいて関係志向的に支えあい、しかも互いの自己志向の余地を尊重しあって、互いの成熟を達成しなければならない。求められているのは、関係志向と自己志向、私性と公性などの生成的バランスである。このバランスが可能であるのは、そのつどの関係に向けて自己限定しつつも永遠の今と触れあうパトスという全体的存在として相互性を生きることによってである。

　今日の高度産業社会での私たちの生き方を根本的に規定しているのは、商品流通の激しい回転速度である。この速度に規定されて、私たちには、過去を保存しつつ遠い未来に向けてゆっくりと歩むといったことは難しく、ただ次々に殺到する近未来にむけてひたすら適応しつづけることで精一杯である。変動する環境へ適応すべく常時緊張状態にある私たちは、たとえ病的水準にはないにしても、つねにそのすこし手前の興奮と軽躁の状態にある。

あまりにも多くの刺激に対して間をおくことなく応答しつづけるために、私たちの応答のレベルは、つねに表層的である。表層的な応答の繰り返しのなかで、私たちの内部は十分に活動せず、応答を積み重ねれば積み重ねるほど内部は腐朽し空虚化する。そればかりではない。近未来への切れ目ない適応作業を強いる高度産業社会での忙しさと軽躁状態のさなかで、私たちは、自分たちの存在をとりまく錯綜した全体的連関への想像力を失いがちである。見落とされているのは、〈ここといま〉が空間的時間的全体へ向かう結節点であることであり、私たちの存在には根源的な受動性・情熱（パトス）があり、それによって私たちの存在が否応なく異世代間の相互性の網の目のうちに活動的に編みこまれているということである。

忘れ去られているのは、自分自身が〈「ここといま」で「永遠の今」に触れるパトスとしての存在と生成〉であることである。この忘却が乗り越えられ、今一度、相互認識と相互生成が達成されるためには、私たちが現にある世代関係に積極的にコミットし、他の世代と部分的な役割関係に限定されない半身の構えによって連携し、相互性を生きるのでなければならない。

私たちの自覚以前の存在は、生へのパトスである。子どものパトスへ応答する無数の大人たちのケアなしには、子どもは、成長することはおろか、生き延びることすらできない。他方、この大人のケアそのものが、エリクソンのグランドプランが含意するように、私たちがそうであるパトスの発動である。子どもの生へのパトスは、大人のケアのパトスを発動させ、このケアのパトスが今度は、子どもの生へのパトスへ応分の応答を求める。子どもは、無自覚なパトスとして、そして活動的受動性として、大人との応答の相互性を生きる。受動性はじょじょに能動性・主体性に転化し、子どもは、創られた者から創る者へと転身し、生成の不安やよろこびを体験する。応答性の交錯する異世代間の相互性において、私たちはライフサイクルのそのつどの段階でそれぞれの仕方で成熟するのである。しかし、高度産業社会において、私たちの生へのパトスは全面的な発動の機会を奪われ、私たちの思念が生の根源にある絶対的受動性や超越的契機に及ぶこともまれとなった。私たちは、根源的パトスを小出しに費消しつづけ、パトスそのものを疲弊させ、自分自

身を貧困化させている。それでもなお、世代継承的公共性は成立しうるのだろうか。

　子どもがそうであるように、将来世代もまた、"Bei-uns-sein"であり、"Bei-sich-sein"であり、関係志向と自己志向の両面を生きる存在である。現在の世代はまず、将来世代の"Bei-uns-sein"に応えなければならない。つまり、有限な地球環境の保持や適切な文化の効率的な伝達など、将来世代の基礎的な生存条件を整えることは、私たちのもっとも基本的な応答責任である。しかしそれだけではない。私たちは、将来世代の"Bei-sich-sein"にも応えなければならない。将来世代のニーズもまた、定型的でも恒常的でもなく、むしろ次々にめまぐるしく変容するはずである。将来世代もまた、欲求充足のためにただひたすら助力を待ち受ける受動的消費者などではなく、不断に活動し、欲求そのものを変容させ、成長し、成熟する、ダイナミックな活動的生成的で自律的な存在である。将来世代に関して比較的恒常的で固定的なニーズのみを想定する現行世代の「応答」は、かならずしもリアルではない。私たちに求められるのは、将来世代自身の活動に余地を残しておくことである。そして、想定される将来世代の新たな活動やニーズの変化に即して臨機応変の応答ができるように、私たち自身をつねに新たに再組織する生成の可能性を保持しておくことである。ここでも、教育関係におけるのと同様に、一方的な非対称的代理ではなく、半身の構えによる相互的応答と相互生成が求められる。私たちと将来世代の間にも、ダイナミックな相互生成がある。将来世代との関係を把握するにあたっても、一方通行で片務的な責任や代理の非対称性モデルではなく、相互性モデルが求められるのである。

　世代継承的公共性もまた、公共性一般がそうであるように、非対称性からの対称性・相互性の創出運動によって不断に生成する人間の共同性であり、個の活きる生成的な全体性である。公共性は、固定して動かない実体ではなく、不断に生成する相互性の運動である。いいかえれば、公共性における私性と公性との融和は、生成する相互性の運動のうちでこそ実現される。公共性が非対称性からの対称性・相互性の不断の創出運動であるとすれば、世代継承的公共性は公共性一般のうちに解消されたりその基礎であったりするわ

けではないということになる。世代継承的公共性はむしろ、つねにそれ自体、生成する運動として、公共性一般そのものであるといわなければならない。公共性は教えること学ぶことという不断の世代継承運動によって、つねに新たに創造されつづけるのである。

それにしても、高度産業社会のさなかで消耗する私たちになお、将来世代との世代継承的公共性を生成する力が残存しているのだろうか。すでに述べたように、ウィニコットは、母親たちの大半がそうであるような「程のよい (good enough) 母親」の着実な仕事ぶりを、高く評価した。日常生活における相互性を支えるのは、「程のよい」とか「自然な」とかと形容できる、一種の共通 (コモン) の感覚である。たしかに、今日の社会は、このような潜在力の自発的表出と自己組織化を極端にむつかしくしている。しかし、さまざまな事例に見られるように、私たちはみな、「程よく」「自然に」相互性を構築するのに十分なパワーを共有しており、実際に、今日でも多くの人々が日常のさまざまな場面で、かなりうまく相互形成に従事している。この点で私たちは、世代継承的公共性の生成可能性についてもなお、楽観的であることができる。

ライフサイクルの形成は、永遠の今と触れあうパトスとしての人間の相互生成であり、それぞれの世代の生命鼓橋の作り渡しである。臨床的人間形成論構築への回路は、『臨床的人間形成論へ』(田中 2003B) では臨床的事例研究を手がかりとし、『大学教育の臨床的研究』(田中 2011B) では大学教育論を手がかりとした。私たちは、本章で試みた相互性とライフサイクルの臨床性における再把握を前提として、あらためて臨床的人間形成論の構築に取りかからなければならない。臨床的人間形成論は、この意味で、臨床的知見を新たな手がかりとして何度も繰り返し再編成される「生成理論」(emergent theory) なのである。この点について、本書の考察をふりかえる仕方でまとめておこう。

すでに森昭の理論展開などで具体的にみてきたように、教育人間学は、教育領域における人間の存在と生成についてのトータルな自己理解をめざし

て、理論の視野を制約してきたさまざまの枠組みを意識的自覚的に突破し、教育の理論を全体化し統合化してきた。しかしこの全体化・統合化は、生活世界の具体性からの離脱でもありうる。したがって、突破は今一度繰り返され、今度は日常的生活世界の具体性に向き合う臨床性に向けて、理論の全体性統合性が突破されなければならない。しかし突破は、さらに今一度繰り返されなければならない。臨床性への焦点化は、場合によっては、状況の具体性特殊性に焦点づけた視野の制約でありうる。これを人間の存在と生成のトータルな自己理解としての人間学に向けて今一度突破することが、求められるのである。こうして、人間学への突破と臨床性への突破は、循環的に繰り返される。この循環を通してじょじょに構築される新たなディシプリン、すなわち人間学と臨床性とを構成契機とする分科こそが、臨床的人間形成論である。

　ところで、第1章で見たように、私たちは、木村素衞を端緒とし森昭を末尾とする京都学派の直接の影響のもとにある教育学の流れを京都学派教育学と呼んだ。この学派の理論構成を駆動しているのは、人間学志向と臨床性志向の交互的規定である。初期の木村の「一打の鑿」にみられる臨床性志向は、遺著『国家に於ける文化と教育』における人間学——正確にいえば「パイースとパイダゴゥゴスとを二つの焦点とする人間学」としての「教育学」——志向によって、突破される。逆に、森昭の主著『教育人間学——人間生成としての教育』から未完の遺著『人間形成原論』へ至る理論展開は、人間学志向による理論の全体化統合化への一次的突破が臨床性へ向けて二次的に突破される運動そのものである。

　臨床的人間形成論の構築は、人間学志向と臨床性志向の交互的突破のもたらす循環運動である。いいかえれば、臨床的人間形成論の構築は、人間学と臨床性とを二つの構成契機としている。それは、教育の領域で木村、森の理論を介して京都学派の理論構成企図を継承する運動であり、同時に、教育理論を状況的課題に応答する統合論的臨床的ディシプリンへと再構築する運動でもある。

　臨床的人間形成論は、養育と教育の領域における人間の全体的自己理解と

いう人間学志向と臨床性志向とを交互的に受けとめ、これを契機として循環的に構築される。しかし本書でのこれまでの議論からあきらかなように、臨床的人間形成論は、生成の端緒的段階をなお脱してはいない。拙著『臨床的人間形成論へ』での事例研究、前著『大学教育の臨床的研究』での実践研究は、臨床性志向にもとづく仕事であり、これには、人間のトータルな自己理解をめざす人間学志向の仕事が続かなければならない。本章では、「相互性」と「ライフサイクル」という臨床的人間形成論の中核概念をより広い文脈で再規定することが必要だと考えて、「相互性」から「教育的公共性」へ、さらに「ライフサイクル」から「世代継承性」へと議論を進めた。この仕事を含めて臨床的人間形成論を臨床性志向の仕事から人間学志向の仕事へと大きく展開させることが、さしあたっての私たちの課題である。

注
1 ここでは、公共性のみならず、それと教育的公共性との関連をも考える。公共性の規定を考える上では、佐藤 (1996)、小玉 (1999)、斉藤 (2000) を参考にした。
2 森 (1961) 42-3頁、361頁を参照。
3 エンカウンターグループと心理臨床研究会については、すでに前章でいくぶん詳しく述べておいた。ここでは、もうすこし個人的体験に立ち入る仕方で、研究と実践との関連について覚え書き風のメモを記しておきたい。私は、このエンカウンターグループや心理臨床研究会への参加を通して教育理論の臨床性や当事者性や自己関与性の回復という問題について、考えつづけてきた。しかし、エンカウンターグループについては、コ・ファシリテーターとして参加者たちの心理的実存的変動へ適切に随伴することの困難さについてやっかいな体験を累積するにつれて、ただ無反省に参加することがじょじょにむつかしくなってきた。心理臨床研究会についても、理論の立場から現に臨床的実践に携わっている人たちと協働することがじょじょに難しくなってきた。この協働の困難さを端的に示す出来事が、第2章で触れたホスピタリズム／児童虐待事例をめぐる論議である。
　後者に際しては、私と心理臨床の実践者たちとの間でかなりの議論をかわした。すでに述べたように、その中心的な論点は、児童相談所心理判定員のカウンセラーまがいの振る舞いの是非である。目の前に苦しむ子どもがいる限り、かれはトータルな人間的振る舞いをなさざるをえないが、心理判定員としての限定した職務に携わる人がこのようなかかわりを遂行することは容易ではない。この種のトータルであるがゆえにカウンセラーまがいの仕事をも含む中途半端ないわば「半身のかかわり」は、心理判定員に限らず、教員や家裁の調査官などの場合にもある

意味で避けがたい。私は、医師やカウンセラーたちの専門職としての倫理性を守ろうとする厳格で排他的な立場とは異なって、この中途半端さについてかなり許容的である。正確にいえば、立場上、許容的であらざるをえない。それというのも、このような中途半端さは、実践に半ば関わる臨床的理論家としてのほかならぬ自分自身のスタンスでもあるからである。中途半端さの否定は、自分自身の否定になりかねない。本書での議論は、この自分自身の直面する半身の構えの問題についての自省でもある。

　この間、教育委員会の企画に応じて「専門家チームの一員」として「荒れた学校」の教員研修の場にもたびたび参加した。そこでは、助言を求められるたびにただ絶句する体験を繰り返した。教育の理論が「教える人たちの自己認識」として教育的公共性の構築に参与するとすれば、それが臨床性、当事者性、自己関与性を保持することは不可避の課題である。それでは、教育の理論は実践とどのように噛み合うことができるのか。すでに前著『大学教育の臨床的研究』で述べたように、大学教員である私の場合には、大学教育への理論的実践的な関わりには格別の救済力がある。実践と理論の一致が最初からしかもなんらの疑問の余地もなく担保されているからである。いずれにしても、この理論と実践の関連は、以上のようなごくごく個人的で私的な(しかし事柄の本質上かなり公共的とも思われる)事情からも深刻な問題であらざるをえないのである。

4　臨床教育学については、和田ほか 1996 および皇ほか 2002 を参照。
5　よく知られているように、タルコット・パーソンズは、「コンサマトリー」(consummatory) と「道具的」(instrumental) を区別している (Parsons 1953)。前者については、自己目的的、自己充足的などいくつかの訳語がありうるが、いずれも十分ではない。日本語では原語のままで慣用的に用いられているので、ここではカタカナで表記するに留める。ともあれ、〈自分自身の存在の「意味」を模索せざるをえない形而上学化された大多数の人々〉の棲むこの世界では、自律的自己統制がかなり強固な社会規範として統制機能をもつとともに、政治的・宗教的な無関心などといった形での自己超越的なものへの無関心が蔓延している。形而上学化された大多数の人々のコンサマトリーな自己実現志向は、個人の私的な関心の枠を超えては広がらない。なぜこのような事態が現象しているのか。このメカニズムを解明することは容易ではないが、私たちに残された重要な解明課題であることはたしかである。いずれにせよ、臨床心理学の隆盛、臨床心理学の私事化疑惑などは、すべてこの社会構成員一般に蔓延する私的関心へ限局された形而上学的関心と関連していると考えることができる。
6　村山 2000, 43-4 頁を参照。
7　村山 2000, 26 頁を参照。
8　村山 2000, 47-8 頁を参照。
9　村山 2000, 220-7 頁を参照。
10　この表については Erikson 1970 を参照。なお、ここでの訳語については、森 1975、田中 1995 を参照されたい。

11 　それにしても、この「青年」とは誰のことか。「青年」に対象的にではなく、自己関与的・自省的に、そして臨床的に接近するためには、「一般的外在的、対象化的に把握された青年」ではなく、私たちがかつてそうであった青年、私たちに応答を求める具体的な顔をもつ青年を念頭におかなければならない。しかも、突出した事例よりも、むしろ、ありきたりのありようにこそ着目しなければならない。このような「青年」について述べることはたやすいことではない。以下の記述は、きわめて一般的であって、〈具体的な代表性のない一般性〉というフィクショナルな性格をもつことを、あらかじめ断っておきたい。

12 　Sontag 1978 を参照。なお、ソンダクはその後、Sontag 1989 を刊行している。

13 　この点については、前著『大学教育の臨床的研究』(田中 2011B) におけるキャリア論 (21-32頁) を参照されたい。

14 　教育的応答性、社会的応答性、世代的応答性は、順次、前者が後者に包摂されるつながりのもとにある。被教育者、無告の民、先行世代と後続世代のそれぞれに対して、語る人々によって教育的応答性、社会的応答性、世代的応答性が担われ、それぞれのレベルで公共性(教育的公共性、共時的公共性、通時的世代継承的公共性)が生成する。

15 　ベンヤミンは、抑圧された記憶の救済・解放 (Erlosung) と関連して、「私たちにもかすかなメシア的な力が付与されており、過去はこの力の働きを要求する権利がある」(Benjamin 1965／浅井訳『歴史哲学テーゼ』646頁) と述べている。

16 　よく知られているように、宮沢賢治の『春と修羅』の「序」を読むとじょじょに、異なった時間が重層的に共在する空間のイメージが結像してくる。「序」の末尾は、「すべてこれらの命題は／心象や時間それ自身の性質として／第四次延長のなかで主張されます」という言葉で閉じられている (宮沢賢治 1986)。

17 　教育と発達の全体を構造的に把握する試みは、教育の理論において手を替え品を替え繰り返されてきている。その際、たとえば "bio-, socio-, persona-genese" といった三層の階層的把握や、これに "psycho-genese" を加えた四層の把握などが、一般的であった。このような階層論的把握の総括と批判に関しては、森昭 1961 を参照されたい。

あとがき

　本書では、前著『大学教育の臨床的研究——臨床的人間形成論第1部』での臨床的研究の具体的遂行を受けて、この研究の帰属する臨床的人間形成論の学問論を展開した。しかし、京都学派から出発する学問的系譜論、教育人間学、人間形成原論、人間形成論、臨床的人間形成論のいずれをとっても、十分な議論を展開することはいまだにできてはおらず、わずかに議論の端緒に達したにすぎない。残された人生の短さを思えば、忸怩たるものがある。

　これまでの研究歴をふりかえってみると、自分自身の理論的立場を築くために関連思想や関連諸概念について基礎的な研究を重ねた時期、人間形成論研究に狙いを定めた時期、臨床的研究に大きくシフトした時期、大学教育の臨床的研究に従事した時期に分かれている。それぞれの時期に思索の方法も対象も少しずつ変化してきた。しかし今にして思えば、これらはすべて、臨床的人間形成論の構築に至る道程のどこかに位置づけることができる。本書での考察を援用するなら、人間学志向と臨床性志向に交互的に規定された理論構築のプロセスである。本書と前書は、この道程の道半ばでの総括である。

　臨床的人間形成論の構築に至る理論化のプロセスは、研究者としての居場所を求めてさまよった旅路でもある。進路選択に迷った高校生時代、バリケードに埋めつくされた構内をさまよった大学生時代を経て、森昭先生と岡田渥美先生の大阪大学大学院文学研究科教育哲学・教育史講座で、ひとまず落ち着くことができた。中村清、野々村昇、村島義彦などの先輩が居られ、後輩には岡部美香氏などが居る。このこぢんまりとまとまった学問教育共同体の日常で学んだもっとも基礎的な理論的枠組を、本書では、京都学派教育学と

呼んだ。

　大阪大学人間科学部での最初の就職の後、愛媛大学教育学部で安定した研究と生活の場をえた。ただし、それまでの原理研究は、教員養成学部でのさまざまな実践との接触によって、大きく揺さぶられることになった。きっかけは、附属学校の教員たちとの出会いであり、エンカウンターグループの体験であり、愛媛心理療法研究会から広がったさまざまな現場との接触である。原理研究者としての自分は、動揺と打撃を免れることができなかったが、それでも原理研究から脱落しなくて済んだのは、いくつかの偶然に恵まれたからである。

　発足時の近代教育思想史研究会（現在の教育思想史学会）では、森田尚人、伸子夫妻、矢野智司、今井康雄、松浦良充、西平直、田中智志、西村拓生などの間口が広く柔軟な仲間たちと出会い、臨床の仕事と原理的研究のどちらも大切で十分な意義があることを自分なりに納得し、両者を両立させることができた。これが、次いで京都大学高等教育教授システム開発センター（現在の京都大学高等教育研究開発推進センター）に赴任して大学教育の臨床的研究へ転ずる際の支えになった。

　原理研究を臨床研究との緊張の下で展開することは、本書でも繰り返されている。たとえば、臨床的人間形成論の中核概念の一つである「臨床(性)」は、前著『大学教育の臨床的研究——臨床的人間形成論第1部』の暫定的な規定から出発して、叙述の進行とともにじょじょにその内容を深めて、本書『臨床的人間形成論の構築——臨床的人間形成論第2部』の最終章では当初の規定から大きく展開した。これは逸脱ではなく、深化である。同じような生成は、他の中核的諸概念、たとえば「相互性」や「ライフサイクル」についても認められる。これらの概念規定の生成を自省的にとらえ返して、いくぶんとも首尾一貫した概念システムに整えることは、残されたもっとも大きな今後の課題の一つである。

　臨床的人間形成論の構築という仕事は、恩師森昭先生の中絶した遺著『人

間形成原論』の理論的企図を引き継ぎたいという意志によって、一貫して駆動されてきた。遺著が書かれ中断された経緯については、今一人の恩師岡田渥美先生が『人間形成原論』の「あとがき」で詳細に描かれている。

　1976年7月27日朝に癌の転移によって下肢の自由がきかなくなったことを自覚された森先生は、ご自宅のベッドの周りに大切な人たちを集められ、3時間半をかけて新著『人間形成原論』の構想を話された。以来、『原論』は、入退院が繰り返されるなかで途切れることなく書き継がれたが、12月1日には、病勢の進行で視力が極端に衰え、執筆は口述筆記に切り替えざるをえなくなった。口述筆記の作業は、先生の死直前の昏睡によって10日で断ち切られた。当時の助手であり口述筆記者であった私にとっては、思うほどのことはほとんどなにもできず、思い起こすたびにただただひたすら無念である。いつのまにか私自身が、当時の森先生の年齢を超えてしまった。それにしても、森先生の中絶以後の議論は、どこに向かい、どう展開されるはずだったのか。

　森先生の亡くなられた直後には、岡田先生を中心とした人間形成論の研究会が、中絶以後の議論を引き継いだ。これによってはずみがつけられた仕事を、以後私は、臨床的研究、大学教育研究などに従事しながらすこしずつ進めてきた。その中間的総括が、本書である。

　ところで、臨床の切実な問題にコミットすると、そのつどにあまり意味のない事柄はきわめて酷薄に廃棄させられる。余剰やゆとりは剥奪され、迂遠な原理的考察は忌避される。間なしの応答を強いる切実な問題に直面すると、「私の拘泥している原理的な仕事にいったいどんな意味があるのか。」という切迫した自問を逃れることができなくなる。

　本書のような形で臨床的研究の前理論的基礎に立ち帰ることができたのは、ずいぶん久しぶりのことである。もちろんむくむくと立ち上がってくる無意味感や徒労感を、くりかえし抑圧する必要があったから、この原理的研究への立ち帰りはけっして気楽なものではなかった。しかし、たとえ中途半端ではあれ、ともかくも楽しい仕事だった。そしてこの楽しさは、〈臨床研

究にほかならぬ臨床研究からえられた学問論的土台を据えるのだ〉という意気込みと結びついている。本書で実際に達成できたことはかぎられているが、それによってこの意気込みが萎えることがないようにしたいものである。

　前書の「あとがき」では、関連する方々のお名前を列挙して感謝の言葉を記した。今回は、これを繰り返すことはしないでおく。私のこの仕事がどのような方々の支えを受けてきたのかについては、本文で詳しく述べたつもりだからである。
　ただ、2011年度の京都大学大学院教育学研究科の授業「高等教育論研究」につきあってくれた受講生たち、つまり高等教育開発論講座の助教、研究員、院生たち、そして大阪リハビリテーション専門学校長西村敦先生、岡部美香さん、小野文生さんに感謝の言葉を記しておきたい。本書の多くの部分は、授業でのこの人たちとの議論を続ける仕方で書かれているからである。さらに今一人。一緒にいないときにすら仮想的な対話を繰り返した研究仲間である矢野智司さんの名前をあげておきたい。小さなセンターの管理業務に押しつぶされそうな日々で、この京都学派に由来する原理的な仕事をなんとか持続することができたのは、かれが学内のすぐ身近にいるという日常的な感覚があるからでもあった。

　今回も、このきわめて困難な時期に、かならずしも採算のあいそうもないこのような本の出版を受け容れていただき、細心の配慮をもって面倒な編集作業を引き受けていただいた東信堂の下田勝司社長に、深く感謝したい。

　最後に、私の日常性の土台であり核でもある妻 ふじ子に、感謝の言葉を記しておきたい。

初出一覧

　本書は、大半が書き下ろしであるが、既発表論文の記述を手がかりにした箇所もある。本書の各章節について、書き下ろしにあたって用いた既発表論文を示す。しかしこれら初出稿の大半は、大幅な修正などを加えられていて、原形を留めていない場合が多い。

序　論　　　　　　　　　　　　　　　書き下ろし
第1章　臨床的人間形成論の系譜
　　第1節　臨床的人間形成論へ　　　　書き下ろし
　　第2節　京都学派と京都学派教育学　　2009A, 2010A
　　第3節　森昭の教育人間学から臨床的人間形成論へ
　　　　　　　　　　　　　　　　　　　1999B, 2009A, 2009B, 2010B
第2章　人間形成論
　　第1節　教育人間学から人間形成論へ　1989
　　第2節　人間形成論の構造（1）　　　1994A, 1996A, 2004
　　第3節　人間形成論の構造（2）　　　1982, 1983, 1999A, 1999C
第3章　臨床的人間形成論
　　第1節　絶句と臨床性　　　　　　　2005
　　第2節　大学教育の臨床的研究　　　　2011B
　　第3節　臨床的人間形成論の方法と構造　書き下ろし
第4章　臨床的人間形成論の展開
　　第1節　教育的公共性の臨床的人間形成論へ　2000
　　第2節　世代継承性の臨床的人間形成論へ　　1997A, 2006

文献

Adorno, T., *Die revidierte Psychoanalyse*. in: Adorno Schriften 8. Suhrkamp Verlag 1972
―――― *Negative Dialektik.*: im Theodor Adorno Gesammelte Schriften 6, Suhrkamp 1973
Áriès, P., *L'enfant et la vie familiale sous l'ancien régime*. Senil 1973（杉山光信／恵美子訳『〈子供〉の誕生』みすず書房 1980）
新井保幸 1997「宮野安治著『教育関係論の研究』」『教育学研究』64巻4号
Benjamin, W., *Zur Kritik der Gewalt und andere Aufsäze*. Suhrkamp 1965（野村修訳「歴史哲学テーゼ」著作集1 晶文社 1994 第11刷）
―――― *Goethes Wahlverwandtschaften* 1922 im: Walter Benjamin Abhandlungen Gesammelte Schriften Band I/1 suhrkamp taschenbuch wissenschaft 1991（ベンヤミン高木久雄訳『ゲーテ親和力』晶文社 1972）
Bollnow, O. F., *Existenzphilosophie und Pädagogik*.: Versuch über unstetige Formen der Erziehung. Kohlhammer 1959（峰島旭雄『実存哲学と教育学』理想社 1966）
―――― *Die Anthropologische Betrachtungsweise in der Pädagogik*. Neue Deutsche Schule Verlagsgesellschaft 1968 (2. Aufl.)
Buber, M., *Das Problem des Menschen*. Lambert Schneider 1948（児島洋訳『人間とは何か』理想社 1961）
Calow, P., *Lifecycle: an Evolutionary Approach to the Physiology of Reproduction, Development and Ageing*. Chapmanand Hall 1978（川島誠一郎訳『ライフサイクル―生と死の進化学』どうぶつ社 1982）
Cassirer, 1944 *An Essay on Man–An Introduction to a Philosophy of Human Culture*. Doubleday 1954.
Comenius, J. A., *Didacta Magna*. (1657), in: Johann Amos Comenius Ausgewählte Werke (hrsg.von Klaus Schaller). Georg Olms Verlag 1973（鈴木秀勇訳『大教授学』1、2 明治図書 1962）
―――― *Jan–Amos Comenii Orbis sensualium pictus*. Holp Shuppan 1979
Dannner, H., *Verantwortung und Pädagogik*, anthropologische und ethische Untersuchungen zu einer sinnorientierten Pädagogik. (2., verbesserte Aufl.) Form Academicum 1985
Danto, A., *Narration and Knowledge*. Columbia U.P., 1985
Derbolav, J., Kritische Reflexion zum Thema "Pädagogische Anthropoligie". in: *Pädagogische Rundschau18-8* 1964
Dienelt, K., *Anthropologie der Jugendalters*. A.Henn Verlag 1974
Erikson, E. H., The Power of Newborn. in: *The Way of Looking at Things*. Norton 1959

――――― *Childhood and Society*. Norton 1963（仁科弥生訳『幼児期と社会1』『同2』みすず書房 1971）

――――― *Insight and Responsibility*. Norton 1964（鑪幹八郎訳『洞察と責任』誠信書房 1971）

――――― Lifecycle. in: Shills, D. L. ed., *International Encyclopedia of the Social Sciences*. Free Press 1968

――――― On the Generation Cycle. in: *Int. J. Psycho-Anal.* 61 1981

Erikson, E. H. & J., "On Generativity and Identity.: From a Conversation with Eric and Joan Erikson". in: *Harvard Educational Review* vol.41 1981

Faure, E., et al., *Learning to be: the World of Education Today and Tomorrow*. Unesco, 1972（ユネスコ教育開発国際委員会『未来の学習』第一法規 1975）

Fischer, A., Bildsamkeit. (1930) in: Hältershinken, D., (hrg.) *Das Problem der pädagogischen Anthropologie in deutschesprachigen Raum*. Wissenschaftliche Buchgesellschaft 1976.

Flitner, W., *Allgemeine Pädagogik*. Klett 1950 (13Auf. 1970)

Foucault, M., *Les mots et les choses*. Une archéologie des sciences humaines. Gallimard 1966（渡辺一民ほか訳『言葉と物』新潮社 1974）

――――― 1975 *Surveiller et punir, naissance de la prison*（田村俶訳『監獄の誕生』新潮社 1977）

Freud, S., Das Unbehagen in der Kultur.in: *Sigmund Freud Gesammelte Werke*. Bd.14. S. Fischer 1948

――――― *Psychoanalytische Bemerkungen über einen autobiographisch beschriebenen Fall von Paranoia*（金関猛訳『シュレーバー症例論／フロイト』中央公論新社 2010）

Fromm, E., *The Anatomy of Human Destructiveness*. Fawsett 1975

Gehlen, A., *Der Mensch, seine Natur und seine Stellung in der Welt*. Athenäum 1940 (8. Auf. 1966)（平野具男『人間』法政大学出版局 1985）

Gerner, B., *Einführung in die Pädagogische Anthropologie*. Wissenschaftliche Buchgesellschaft 1974.(岡本英明訳『教育人間学入門』理想社 1975)

Habermas, J., *Legitimationsprobleme im Spätkapitalismus*. Shurkampf Verlag 1973（細谷貞雄『晩期資本主義における正当化の諸問題』岩波書店 1979）

――――― *Zur Rekonstruktion des historischen Materialismus*. Suhrkamp Verlag 1976

――――― *Strukturwandel der Öffentlichkeit: Untersuchungen zu einer Kategorie der bürgerlichen Gesellschaft*. 1. Aufl. Suhrkamp, 1990(細谷貞雄・山田正行訳『公共性の構造転換―市民社会の一カテゴリーについての探究（第2版）』未来社 1994）

Halsey, A. H. (ed.) et al., *Education.; Culture, Economy and Society*. Oxford University Press 1997

Hamman, B., *Theorie-Modelle-Strukture*. Klinkhardt 1982

原聡介 1976「教育可能性の拡大を支えた人間像」(大浦猛編『人間像の探究』第一法規)

原聡介ほか 1992「フォーラム1」『近代教育フォーラム』創刊号

Heidegger, M., *Kant und das Problem der Metaphysik*. Klosterman 1951（木場深定訳『カントと形而上学の問題』理想社 1967）

――――― *Die Technik und Die Kehre*. Verlag Gunther Neske 1962

Herbart, J. F., *Umriß der pädagogische Vorlesungen*. in: Herbart Sämtliche Werke Bd. 10. 1980

桧垣伸 1908「学制頒布当時の追憶」『愛媛教育』（上岡治郎 1991「桧垣伸先生」（その1）（その2）『愛媛大学教育学部同窓会報』72、73号から重複引用した）

廣松渉 1980『近代の超克―昭和思想史への一断想』朝日出版社
Höltershinken, D., (hrg.) *Das Problem der pädagogische Anthropologie in deutchesprachigen Raum.* Wissenschaftliche Buchgesellschaft 1976
Horkheimer, M., Traditionelle und kritische Theorie. in: *Zeitschrift für Sozialforschung* VI/2. 1933
Horkheimer, M., Adorno, T. W., *Dialektik der Aufklärung*, Fischer Taschenbucher 1969
堀尾輝久 1979「現代における子どもの発達と教育学の課題」(岩波講座『子どもの発達と教育1』)岩波書店
石橋武彦 1986『シュレーバーの心身に対する教育』山文社
石川憲彦ほか 1993『子どもたちが語る登校拒否―402人のメッセージ』世織書房
今井康雄 2004「「自由電子としての」教育哲学」(教育哲学研究第85号、現在は『メディアの教育学』東京大学出版所収)
Illich., I., *Descholing Society*. Harper and Row 1970 (東洋、小澤周三訳『脱学校の社会』東京創元社 1977)
岩城見一 2000「解説」(木村素衞『芸術論集』京都哲学撰書第12巻) 燈影舎
Jaspers, K., *Vom Ursprung und Ziel der Geschichte*. Piper 1949 (重田英世訳『歴史の起源と目標』理想社 1964)
Jay, M., *The Dialectical Imagination*. Little Brown 1973 (荒川磯雄訳『弁証法的想像力』みすず書房 1975)
Jung C. G, The stages of life 1930. in: *The Collected Works*, vol1.8, R, K, P.
Kant, I., *Kritik der reinen Vernunft*, 1781, 1787 (有福孝岳訳『純粋理性批判』カント全集4, 5, 6 岩波書店 2001, 2003, 2006)
―――― *Über Pädagogik*. 1803 (加藤泰史訳『教育学』全集17 2001)
勝田守一 1973『人間の科学としての教育学』(『勝田守一著作集 第6巻』国土社
河上徹太郎ほか 1943『近代の超克』創元社 (現在は、冨山房百科文庫)
栗原彬 1998「学校を問い直す」『岩波講座現代の教育1 いま教育を問う』岩波書店
小林博英 1984『教育の人間学的研究』九州大学出版会
小玉重夫 1999『教育改革と公共性』東京大学出版会
高坂正顕ほか 1943『世界史的立場と日本』中央公論社
高山岩男 1938「哲学的人間学」
木村素衞 1933「一打の鑿」(木村素衞『表現愛』こぶし文庫 1997)
―――― 1941「科学と構想力」「科学と表現」(『形成的自覚』弘文堂書房)
―――― 1946『国家に於ける文化と教育』岩波書店
Kuhn, S.T., *The Structure of Scientific Revolution*. University of Chicago Press 1964. (中山茂訳『科学革命の構造』みすず書房 1971)
九鬼周三 1928 "LA NOTION DU TEMPS ET LA REPRISE SUR LE TEMPS EN ORIENT" (九鬼周三全集第1巻 岩波書店 1981)
―――― 1935「偶然性 (博士論文)」(全集第2巻) 1980
―――― 1938「人間学とは何か」(全集第3巻) 1981
教育哲学会 2009『教育哲学研究100号記念号』

Langeveld, M.J., *Einführung in die theoretische Pädagogik.* Klett (8. Aufl. 1973) 1949
―――― *Die Schule als Weg des Kindes.* Braunschuwieg 1960
Levinson, D., *The Seasons of Man's Life.*（南博訳『ライフサイクル―人生の四季』(上)(下) 講談社学術文庫 1992) Knopf 1978
ラングラン，P 1971 波多野完治訳『生涯教育入門』全日本社会教育連合会 (第2部 (増補) 1984)
Locke. J., *Some Thoughts concerning Education.* in: The Work of John Locke. Vol.9, Scientia Verlag Allen 1963
前田博 1995『教育の本質』玉川大学出版部
März, *Pädagogische Anthropologie 1 Teil.* Problemgeschichte der Pädagogik Bd.1. Verlag Tulius Klinghart 1978
Meadows, Donella H. et al., *The Limits to Growth: a Report for the Club of Rome's Project on the Predicament of Mankind.* Universe Books, c1972（ドネラ・H・メドウズ［ほか］大来佐武郎監訳著『成長の限界；ローマ・クラブ「人類の危機」レポート』ダイヤモンド社 1972.5）
三木清 1926 「パスカルに於ける人間の研究」(三木清全集第1巻 岩波書店)
―――― 1927 「人間学のマルクス的形態」「マルクス主義と唯物論」「プラグマティズムとマルキシズムの哲学」「解釈学的現象学の基礎概念」(全集第3巻)
―――― 1930『手記』
―――― 1932「歴史哲学」(全集第6巻)
―――― 1933A「哲学的人間学」(～昭和11年 (1936年) ／全集第18巻)
―――― 1933B「イデオロギーとパトロギー」(全集第11巻)
―――― 1933C「パトスについて」(全集第19巻)
―――― 1933D「パトロギーについて」(全集第19巻)
―――― 1935A「人間学と歴史哲学」(理想第55号／全集第5巻)
―――― 1935B「西田幾多郎博士との一問一答」読売新聞 (全集第24巻)
―――― 1936「西田哲学の性格について」(思想第164号「西田哲学特集」／全集第10巻)
―――― 1939A「構想力の論理 第1」(全集第8巻)
―――― 1939B「新日本の思想原理」、「新日本の思想原理―続編―協同主義の哲学的基礎」(全集第17巻)
―――― 1940「哲学入門」岩波新書 (全集第7巻)
―――― 1942「技術哲学」(全集第7巻)
―――― 1944『親鸞』(全集第19巻)
宮野安治 1996『教育関係論の研究』渓水社
宮沢賢治 1924『春と修羅』(宮沢賢治全集Ⅰちくま文庫 1986)
無着成恭 1995『山びこ学校』岩波書店 (初版1951 青銅社)
Moltmann, J., *Mensch-Christliche Anthropologie in den Konflikten der Gegenwart.* Kreuts-Verlag 1971（蓮見和男訳『人間』新教出版社 1973)
森昭 1948『教育哲学序論―教育哲学への限界状況』蕉葉書房 (現在は、森昭著作集第

一巻 黎明書房)
　　──── 1950『今日の教育原理』黎明書房
　　──── 1955『教育の実践性と内面性』(著作集第三巻) 黎明書房
　　──── 1961『教育人間学―人間生成としての教育』(著作集第四、五巻) 黎明書房
　　──── 1964「田邊先生の書簡から」月報 (田邊元全集第8巻付録) 筑摩書房
　　──── 1968『現代教育学原論』国土社
　　──── 1969『現代の教育と教育思潮』(森昭編『現代教育思潮』) 第一法規出版
　　──── 1977『人間形成原論』黎明書房 (著作集第六巻)
森昭編 1973『幼児 人間のための教育1』日本放送出版協会
森美佐子編 1978『光芒／森昭の思い出』私家本
森田尚人 1995「近代教育学における発達概念の系譜」(近代教育思想史研究会『近代教育フォーラム』第4号)
Meynaad, J., *Technocracy.* translated by Barnes P., The Free Press 1968
無着成恭編 1951『山びこ学校』青銅社 (岩波文庫1995)
村山正治 2000『臨床心理士によるスクールカウンセラー―実際と展望』至文堂
中井久夫 1982『分裂病と人類』東京大学出版会
中内敏夫 1970『生活綴方成立史研究』明治図書
西平直 1993『エリクソンの人間学』東京大学出版会
　　──── 1997『魂のライフサイクル』東京大学出版部
　　──── 1998『魂のアイデンティティ』金子書房
西田幾多郎 1931「人間学」(西田幾多郎全集第7巻 岩波書店 2003)
　　──── 1933「私と汝」(『無の自覚的限定』1932所収 全集第5巻 2002)
　　──── 1933「教育学について」全集第7巻 2003)
　　──── 1936「論理と生命」(『哲学論文集第2』岩波書店 (現在は『西田幾多郎全集第13巻』)
　　──── 1938「人間的存在」(「哲学論文集第3」全集第8巻)
　　──── 1940「序文」(高山岩男著『西田哲学』)
西谷啓治 1987「わが師西田幾多郎先生を語る」(西谷啓治著作集 第9巻) 創文社
西谷啓治・髙坂正顕・高山岩男・下村寅太郎他 1991『田辺哲学とは』燈影舎
新田義弘ほか編 1994『テクストと解釈』(岩波講座『現代思想9』)
岡田渥美編 1994『老いと死―人間形成論的考察』玉川大学出版部
大島康正 1968「解説」田邊元『哲学入門―哲学の根本問題』筑摩書房
大島康正 1978「森昭君のこと」(森昭著作集第3巻 月報6) 黎明書房
大西正倫 1999「木村素衞―実践における救いの教育人間学」(皇紀夫・矢野智司編『日本の教育人間学』玉川大学出版部)
　　──── 2011『表現的生命の教育哲学―木村素衞の教育思想』昭和堂
岡部美香 2009「〈人間〉と〈教育〉を問うスタイル―教育人間学の一つの展開―」(平野正久編著『教育人間学の展開』北樹出版)
小川太郎 1970『生活綴方と教育』明治図書

Parsons, T., et al., *Working Papers in the Theory of Action*. The Free Press 1953
Pestalozzi, J. F., Brief an einen Freund über seinen Aufenthalt in Stanz. in: Kleine Schriften zur Volkserziehung und Menschenbildung/ Von Johann Heinrich Pestalozzi. (hrsg.von Theo Dietrich) (4. Aufl.) Klinghardt 1968（長田新訳『隠者の夕暮れ／シュタンツ便り』岩波文庫）
プラトン「メノン」(『プラトン全集第9巻』) 岩波書店 1974
Portmann, A., *Zoologie und das neue Bild des Menschen*. Rowolt-Taschenbuch 1956 (1. Auf. 1944)（高木正孝訳『人間はどこまで動物か』岩波新書 1961）
Ricoeur, Paul, *Temps et recit*. 1983（ポール・リクール 久米博訳『時間と物語 I, II, III』新曜社 1987-90）
Rogers, C., *Carl Rogers on Encounter Groups*. Harper & Row 1970（畠瀬稔・直子訳『エンカウンター・グループ』創元社 1982）
Roth, H., *Pädagogische Anthropologie I*.: Bildsamkeit und Bestimmung. Hermann Schroedel Verlag 1966 (4. Auf., 1976)
——— *Pädagogische Anthropologie II*.: Entwicklung und Erziehung. Hermann Schroedel Verlag 1971 (2. Auf., 1976)
Rousseau, Jean-Jacques, *Discours sur les sciences et les arts*; Discours sur l'origine de l'inegalite. Paris: GF-Flammarion, 1971（ルソー前川貞治郎訳『学問芸術論』岩波文庫 1968）
斉藤純一『公共性』岩波書店 2000
坂部恵 1994「西田哲学と他者の問題」(坂部恵集5 岩波書店 2007)
佐野真一 1992『遠い山びこ』文藝春秋
佐々木力 1995『科学革命の歴史構造』全2巻 講談社学術文庫
佐藤学 1996『カリキュラムの批評―公共性の再構築へ』世織書房
——— 1996『教育方法学』岩波書店
「産育と教育の社会史」編集委員会 1983『叢書・産育と教育の社会史』全五巻 新評論
Schatzman, M., *Soul murder*: Persecution in the Family. Penguin Books, 1976（岸田秀訳『魂の殺害者：教育における愛という名の迫害』草思社 1975）
Scheler, M., *Die Stellung des Menschen im Kosmos*. Nymphenburger Verlagshandlung 1949 (1. Auf. 1927)（亀田裕他訳「宇宙における人間の位置」『シェーラー著作集13』白水社 1977）
Scheuerl, H., *Pädagogische Anthropologie*, eine historische Einführung. Kohlhammer 1982
Schutz. A., *On Phenomenology and Social Relation*.University of Chicago Press 1970
Shakespeare, W., *As You Like It*. Longman 1981
Shitahodo, Y., *Drei Prinzipien der anthropologischen Pädagogik*. Quelle & Meyer 1971
Schreber, D. P. *Denkwürdigkeiten eines Nervenkranken* / von Daniel Paul Schreber; mit Aufsätzen von Franz Baumayer; herausgegeben von Peter Heiligenthal und Reinhard Volk. Syndikat, 1985（尾川浩・金関猛訳『シュレーバー回想録：ある神経病患者の手記』平凡社 1991）
Schutz, A., *On Phenomenology and Social Relation*. University of Chicago Press 1970.
Sontag, S., *Illness as Metaphor*. Farrar, Straus & Giroux 1978（ソンダク『隠喩としての病』み

すず書房　1982)
　─── *AIDS and Its Metaphor*. Farrar, Straus & Giroux 1989 (ソンダク『エイズとその隠喩』みすず書房　1990)
Speck, L., *Pädagogik und Anthropologie*. in:ders. (hrsg.) *Problemgeschichte der neuen Pädagogik II*. Kohlhammer 1976
Spranger, E., Das Problem der Bildsamkeit (1916/17). in: *Gesammelte Schriften Bd.2*. Quelle & Meyer Verlag 1973.
皇紀夫ほか　1981『人間と教育』ミネルヴァ書房
皇紀夫ほか　2002『臨床教育学序説』柏書房
髙橋惠子・波多野誼余夫　1994『生涯発達の心理学』岩波新書第2版
田中毎実　1975「フロイト理論およびフロム理論における「自己の形成」―「体制化」と「オリエンテーション」(大阪大学文学会『待兼山論叢』8号)
─── 1977A「「自発性」と「生産性」―フロムの自己実現論について」(『大阪大学人間科学部紀要』第3号)
─── 1977B「「自己愛」と「自己実現」―ルソーからフロムへ」(愛媛大学教育学部教育学科『道徳教育の研究』第1集)
─── 1978A「「自己実現」論の成立―フロムの初期理論を中心として」(『愛媛大学教育学部紀要第Ⅰ部』第24巻)
─── 1978B「「職業」と「教育」(研究ノート)―ウェーバーの「禁欲的職業人」」(愛媛大学教育学部教育学科『教育学論集』7号)
─── 1979「「逆説的希望」と「自己実現」―フロム・マルクーゼ論争を中心として」(愛媛大学教育学部紀要第Ⅰ部　第25巻)
─── 1980A「職業人―ウェーバー」(岡田渥美編『教育の歴史―理想の人間像を求めて』ミネルヴァ書房
─── 1980B「教育の可能根拠としての人間の自然」(『愛媛大学教育学部紀要』第26巻)
─── 1980C「エーリッヒ・フロム＜自己実現＞論の成立と構成」(教育哲学会『教育哲学研究』第42号)
─── 1982「おとなの発達―「生涯発達」の人間形成論的把握のための予備的把握」(『愛媛大学教育学部紀要第Ⅰ部』第28巻)
─── 1983「教育可能性論の人間形成論的構想」(愛媛大学教育学部教育学科『教育学論集10号』)
─── 1987「学校における"Mutual-Regulation"―人間形成論的試論」(『愛媛大学教育学部紀要第一部』第33巻)
─── 1989「ライフサイクルと人間形成―序論　人間の生涯と形成」(『愛媛大学教育学部紀要第一部』第35巻)
─── 1990「おとなの成熟と異世代間相互規制(研究討議　子ども・大人・教育責任―危機的状況における教育的コンセンサスを求めて)」(教育哲学会『教育哲学研究』第61号)

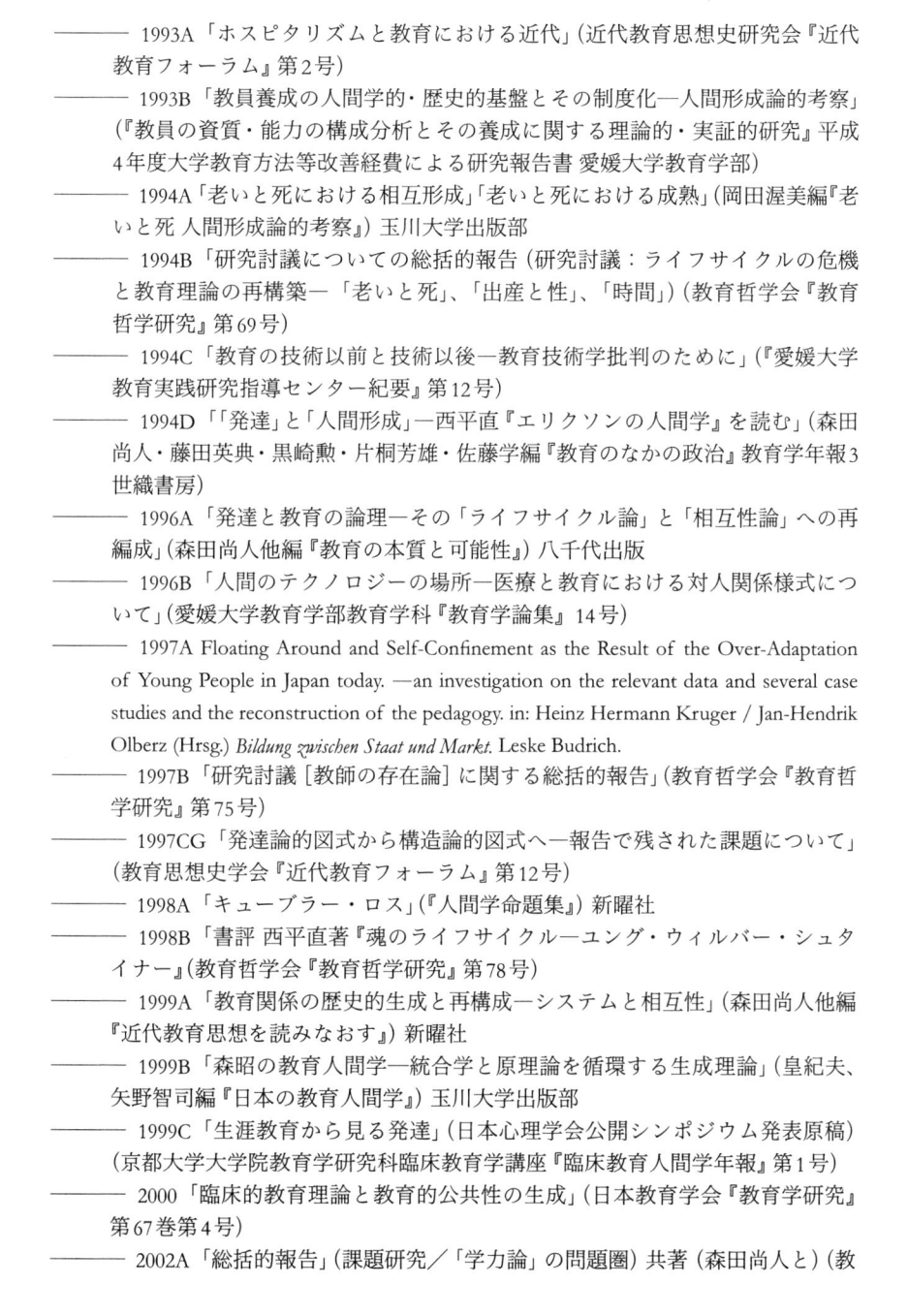

―――― 1993A「ホスピタリズムと教育における近代」(近代教育思想史研究会『近代教育フォーラム』第2号)
―――― 1993B「教員養成の人間学的・歴史的基盤とその制度化―人間形成論的考察」(『教員の資質・能力の構成分析とその養成に関する理論的・実証的研究』平成4年度大学教育方法等改善経費による研究報告書 愛媛大学教育学部)
―――― 1994A「老いと死における相互形成」「老いと死における成熟」(岡田渥美編『老いと死 人間形成論的考察』) 玉川大学出版部
―――― 1994B「研究討議についての総括的報告 (研究討議:ライフサイクルの危機と教育理論の再構築―「老いと死」、「出産と性」、「時間」)(教育哲学会『教育哲学研究』第69号)
―――― 1994C「教育の技術以前と技術以後―教育技術学批判のために」(『愛媛大学教育実践研究指導センター紀要』第12号)
―――― 1994D「「発達」と「人間形成」―西平直『エリクソンの人間学』を読む」(森田尚人・藤田英典・黒崎勲・片桐芳雄・佐藤学編『教育のなかの政治』教育学年報3 世織書房)
―――― 1996A「発達と教育の論理―その「ライフサイクル論」と「相互性論」への再編成」(森田尚人他編『教育の本質と可能性』) 八千代出版
―――― 1996B「人間のテクノロジーの場所―医療と教育における対人関係様式について」(愛媛大学教育学部教育学科『教育学論集』14号)
―――― 1997A Floating Around and Self-Confinement as the Result of the Over-Adaptation of Young People in Japan today. ―an investigation on the relevant data and several case studies and the reconstruction of the pedagogy. in: Heinz Hermann Kruger / Jan-Hendrik Olberz (Hrsg.) *Bildung zwischen Staat und Markt*. Leske Budrich.
―――― 1997B「研究討議［教師の存在論］に関する総括的報告」(教育哲学会『教育哲学研究』第75号)
―――― 1997CG「発達論的図式から構造論的図式へ―報告で残された課題について」(教育思想史学会『近代教育フォーラム』第12号)
―――― 1998A「キューブラー・ロス」(『人間学命題集』) 新曜社
―――― 1998B「書評 西平直著『魂のライフサイクル―ユング・ウィルバー・シュタイナー』(教育哲学会『教育哲学研究』第78号)
―――― 1999A「教育関係の歴史的生成と再構成―システムと相互性」(森田尚人他編『近代教育思想を読みなおす』) 新曜社
―――― 1999B「森昭の教育人間学―統合学と原理論を循環する生成理論」(皇紀夫、矢野智司編『日本の教育人間学』) 玉川大学出版部
―――― 1999C「生涯教育から見る発達」(日本心理学会公開シンポジウム発表原稿)(京都大学大学院教育学研究科臨床教育学講座『臨床教育人間学年報』第1号)
―――― 2000「臨床的教育理論と教育的公共性の生成」(日本教育学会『教育学研究』第67巻第4号)
―――― 2002A「総括的報告」(課題研究／「学力論」の問題圏) 共著 (森田尚人と)(教

―――― 2002B「大学教育の実践的研究を介して臨床的人間形成論へ」(京都大学高等教育教授システム開発センター紀要『高等教育研究』第8号)

―――― 2003A「自閉と漂流―臨床人間形成論的青年論の試み」(山崎高哉編『応答する教育哲学』)ナカニシヤ出版

―――― 2003B『臨床的人間形成論へ―ライフサイクルと相互形成』勁草書房

―――― 2003C「臨床的人間形成論の成立可能性」(皇紀夫編『臨床教育学の生成』)玉川大学出版部

―――― 2004「子どもと大人―教育関係」(山崎高哉編『教育学への誘い』)佛教大学

―――― 2005「絶句と発語の間―臨床的人間形成論の生成をめぐって」(教育哲学会『教育哲学研究』第91号)

―――― 2006「発題Ⅷ ジェネラティビティと世代継承的公共性―教育関係と世代関係から」(鈴村興太郎、宇佐美誠、金泰昌編『公共哲学20 世代間関係から考える公共性』)東京大学出版

―――― 2007「臨床的教育理論と近代教育批判の射程」(教育思想史学会『近代教育フォーラム』第16号)

―――― 2008A「「戦後教育学の出発」に関する総括的報告」(教育哲学会『教育哲学研究』第97号)

―――― 2008B「FDの工学的経営学的モデルとその生成性の回復のために」:シンポジウムⅢ「FDのダイナミックス―FDモデルの構築に向けて」(『大学教育学会誌』第30巻 第1号)

―――― 2009A「臨床的人間形成論の現在」(平野正久編『教育人間学の展開』)北樹出版

―――― 2009B「教育哲学の教育現実構成力について:課題研究「教育研究のなかの教育哲学―その位置とアイデンティティを問う」(教育哲学会『教育哲学研究』第99号)

―――― 2010A「エッセイ 教育現実の構成と教育哲学の構成」(教育哲学会『教育哲学研究』101号)

―――― 2010B「『聞き書 村井実、上田薫 回顧録』を読む」(教育哲学会『教育哲学研究』101号)

―――― 2011A「「学問教育共同体」の現代的再編成について」(『大学教育学会誌』第33巻第1号)

―――― 2011B『大学教育の臨床的研究―臨床的人間形成論第1部』東信堂

田中毎実・鷹尾雅弘 1991「制度化と相互性―ホスピタリズムとその一事例に関する人間形成論的研究」愛媛大学教育学部教育学科『教育学論集13号』(分担)

田中毎実・讃岐幸治(編著) 1995『ライフサイクルと共育』(分担81-93, 161-174頁)青葉図書

田中毎実・今井康雄 1997「研究討議[教師の存在論]に関する総括的報告」(教育哲学会『教育哲学研究』第75号)

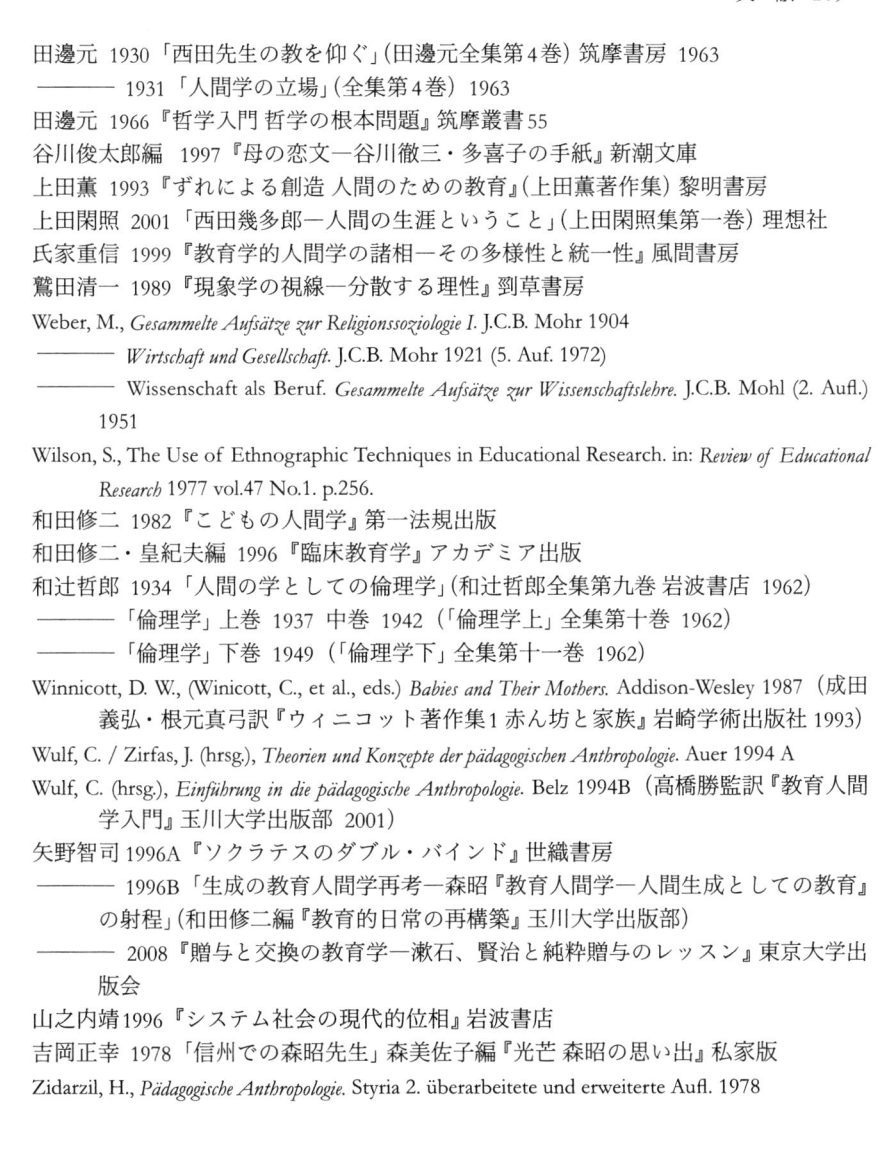

田邊元　1930「西田先生の教を仰ぐ」(田邊元全集第4巻) 筑摩書房　1963
――――　1931「人間学の立場」(全集第4巻)　1963
田邊元　1966『哲学入門 哲学の根本問題』筑摩叢書55
谷川俊太郎編　1997『母の恋文―谷川徹三・多喜子の手紙』新潮文庫
上田薫　1993『ずれによる創造 人間のための教育』(上田薫著作集) 黎明書房
上田閑照　2001「西田幾多郎―人間の生涯ということ」(上田閑照集第一巻) 理想社
氏家重信　1999『教育学的人間学の諸相―その多様性と統一性』風間書房
鷲田清一　1989『現象学の視線―分散する理性』勁草書房
Weber, M., *Gesammelte Aufsätze zur Religionssoziologie I*. J.C.B. Mohr 1904
―――― *Wirtschaft und Gesellschaft*. J.C.B. Mohr 1921 (5. Auf. 1972)
―――― Wissenschaft als Beruf. *Gesammelte Aufsätze zur Wissenschaftslehre*. J.C.B. Mohl (2. Aufl.) 1951
Wilson, S., The Use of Ethnographic Techniques in Educational Research. in: *Review of Educational Research* 1977 vol.47 No.1. p.256.
和田修二　1982『こどもの人間学』第一法規出版
和田修二・皇紀夫編　1996『臨床教育学』アカデミア出版
和辻哲郎　1934「人間の学としての倫理学」(和辻哲郎全集第九巻 岩波書店　1962)
――――「倫理学」上巻　1937　中巻　1942 (「倫理学上」全集第十巻　1962)
――――「倫理学」下巻　1949 (「倫理学下」全集第十一巻　1962)
Winnicott, D. W., (Winicott, C., et al., eds.) *Babies and Their Mothers*. Addison-Wesley 1987 (成田義弘・根元真弓訳『ウィニコット著作集1 赤ん坊と家族』岩崎学術出版社 1993)
Wulf, C. / Zirfas, J. (hrsg.), *Theorien und Konzepte der pädagogischen Anthropologie*. Auer 1994 A
Wulf, C. (hrsg.), *Einführung in die pädagogische Anthropologie*. Belz 1994B (高橋勝監訳『教育人間学入門』玉川大学出版部　2001)
矢野智司 1996A『ソクラテスのダブル・バインド』世織書房
―――― 1996B「生成の教育人間学再考―森昭『教育人間学―人間生成としての教育』の射程」(和田修二編『教育的日常の再構築』玉川大学出版部)
―――― 2008『贈与と交換の教育学―漱石、賢治と純粋贈与のレッスン』東京大学出版会
山之内靖 1996『システム社会の現代的位相』岩波書店
吉岡正幸　1978「信州での森昭先生」森美佐子編『光芒 森昭の思い出』私家版
Zidarzil, H., *Pädagogische Anthropologie*. Styria 2. überarbeitete und erweiterte Aufl. 1978

事項索引

〔あ行〕

アイデンティティ　20, 21, 46, 48, 49, 120, 129, 227, 233, 237, 264, 268
一打の鑿　31-34, 37, 55, 56, 63, 192, 262
生み出す力　111, 114, 228, 236-238, 247
永遠の今　26-30, 40, 56, 66, 134, 135, 144, 156, 173, 189, 191, 192, 201, 202, 222, 224, 226, 238, 240, 247, 248, 250
エンカウンターグループ　182-184, 256
応答性　13, 56, 81, 84, 116, 141, 151, 181, 194, 195, 221, 236, 238-240, 245, 248, 254
教える人　6, 11, 13, 45, 140, 145, 146, 157-159, 161, 165, 168, 169, 175, 177-179, 182, 194, 201, 206, 207, 212-214, 218-221, 226, 253

〔か行〕

解釈学　21, 63, 82, 197, 211, 212, 263
学校複合体　9, 12, 13, 41, 43, 57, 60, 80, 84, 88, 96, 97, 107, 108, 113, 136, 163, 168, 169, 194, 206, 215, 218, 221, 223
技術的合理性　4, 5, 12, 13, 49-51, 56, 60, 108, 111, 114, 115, 146, 151-153, 157, 161-163, 166, 168-171, 173, 174, 176, 177, 180, 181, 196
希望　12, 61, 129, 144, 174, 177, 181, 198, 228, 266
逆説的な希望　181
教育可能性　88, 89, 94-102, 140, 222, 241, 246, 261
――論　59, 97-101, 140, 266
教育的公共性　4, 11-13, 136, 159, 160, 178, 179, 182, 188, 193, 194, 203-210, 212-214, 216-222, 225, 226, 238, 245, 252-254, 267
教育的日常性　148, 150, 165, 166, 175, 176, 178, 212
教育哲学　7, 14, 15, 43, 46-52, 66, 71, 74-76, 206, 208, 255, 262-264, 266-268
教育人間学　3, 8, 14-20, 25, 34, 37-40, 43-46, 52, 53, 58, 59, 62, 64, 65, 67-80, 84-87, 96, 99, 102, 135-140, 143, 207-210, 212, 214, 222, 240, 246, 255, 261, 264, 267-269
教育目的　53, 58, 59, 88, 89, 92-94
境界性　21, 128
凝固　44, 46, 47, 51, 60, 111-113, 156, 173, 174, 181, 192, 195, 219, 225
京都学派　20-23, 27, 34, 36-41, 52, 53, 58, 59, 61, 62, 64, 107, 134, 135, 191, 196, 201, 222, 255, 258
――教育学　3, 8, 13, 19, 25, 26, 30-33, 36, 44-46, 53, 143, 144, 191, 255
近代　21, 39-42, 67, 69, 80, 90, 91, 96-98, 100, 101, 104-109, 112, 113, 118, 122-124, 126, 133, 140, 147, 162, 203, 242-244, 256, 261, 262, 264, 267, 268
近代学校　69, 104-109, 140
空間化された時間　62
偶然　14, 19, 45, 54, 55, 97, 180, 181, 256
偶然性　54, 118-120, 126, 132-134, 262
グローバル化　161, 163

事項索引　271

経済的総動員体制　40-42, 57, 59
経済的総力戦　41, 56, 108, 162
公共性　4, 7, 11-13, 96, 136, 159, 160, 178, 179, 182, 188, 193-196, 202-210, 212-214, 216-222, 225, 226, 238, 239, 241-243, 245-247, 249, 250, 252-254, 261, 262, 265, 267, 268

〔さ行〕

自発性の調達　40, 41, 107
ずれ　7, 20, 22, 25, 47, 48, 50, 52, 54, 55, 68, 69, 71, 77, 80, 81, 83, 89, 91, 113, 124, 126, 128, 132, 146, 151, 171, 176, 186, 187, 189, 191, 193, 195, 197, 199, 202, 204, 205, 211, 212, 214, 221, 226, 231, 233, 253, 255, 269
生活世界　21, 25, 52, 53, 59, 81, 117, 151, 155-157, 163, 165, 170, 194
生成理論　5, 143, 183, 189, 190, 194, 198, 201, 250, 267
制度化　12, 43, 57, 69, 88, 97, 98, 105, 107, 115, 116, 122, 136, 139, 155, 156, 163, 167-169, 181, 188, 194, 206, 211, 223, 267, 268
生命鼓橋　14, 18, 19, 25, 31, 34, 44, 45, 53-56, 58, 65, 66, 73, 77, 78, 87, 119, 131-134, 136, 144, 192, 193, 197, 202, 240, 250
責任性　65, 81, 84, 116, 141, 194, 197
絶対無　7, 22, 26, 28, 30, 32-34, 38, 39, 56
絶句　145, 148, 150, 153-158, 165, 166, 177, 180-182, 197, 253, 268
相互研修　61, 164, 165, 174-176, 197, 213
相互性　4-7, 14, 18, 19, 35-37, 45, 53-56, 58, 59, 65, 80, 87, 88, 91, 94, 101-103, 108, 110-119, 127, 130, 134-137, 141, 142, 144-146, 153, 155, 160, 165, 175-178, 186-192, 195-197, 201-206, 210, 216-226, 234-236, 240, 245-250, 256-268
相互生成　5-7, 10, 11, 13, 37, 45, 53-55, 58, 66, 84, 85, 88, 92, 102, 103, 110, 111, 114, 116-118, 136, 141, 143, 145, 146, 149, 156, 159, 165, 175, 177-179, 182, 186, 190, 193-195, 205-207, 209, 210, 212-214, 218-221, 225, 226, 234, 235, 237, 238, 246, 248-250
相互性のネットワーク　203-205, 223, 224
総動員体制　38, 40-43, 57-59, 107, 108, 162

〔た行〕

対称性　4, 14, 35-37, 45, 65, 101, 102, 104, 107, 109, 163, 190, 196, 201, 204, 209, 220-222, 245, 246, 249
対象論理　144
テクノクラート　9, 10, 12, 49, 60, 145-149, 151-157, 161, 162, 168, 169, 196
哲学　7, 11, 14-18, 21-25, 27-34, 37-39, 41, 43, 44, 46-52, 58, 61-66, 68, 70-78, 80, 86, 124, 131, 137, 138, 143, 206, 208, 254, 255, 260, 262-269
哲学的人間学　11, 21-25, 31, 33, 41, 44, 62-64, 68, 137, 143, 262, 263
天地の化育　31-33, 55, 192

〔な行〕

内在的支援　36, 37, 39
日常性　29, 30, 50, 51, 55, 56, 59, 78, 81-83, 116, 143-146, 148, 150, 151, 153-158, 165, 166, 175-178, 181,

272

     186, 191-194, 212, 213, 219, 258
日常的構成 121, 129, 155, 158, 177
人間形成原論 3, 8, 13, 14, 16, 18, 19, 25,
  30, 31, 34, 35, 38-40, 43-45,
  53, 55-59, 61, 62, 67, 72-78,
  84-87, 131, 133, 136, 137, 143,
  144, 191, 208, 240, 255-257, 264
人間形成論 1, 3, 5-9, 11, 13, 14, 23,
  31, 33, 36, 37, 44-46, 48, 52, 53,
  56, 59-61, 66, 67, 78, 79, 81, 82,
  84-89, 92, 94, 99, 101-103, 105,
  107, 109, 111, 113-115, 117-119,
  121, 123, 125, 127, 129, 130, 131,
  133-137, 139-141, 143-147, 149,
  150, 153, 156-159, 176-179, 181,
  182, 185, 193-196, 201-203, 207,
  208, 210, 213, 214, 218, 223, 226,
  247, 250, 255-257, 264, 266-268
人間生成 34, 39, 72, 74, 75,
  85-87, 208, 264, 269
――論 16, 17, 34, 39,
  52, 58, 64, 75, 85
人間存在論 16, 39, 84, 85, 135, 136

〔は行〕

パトス 4, 5, 7, 11-13, 30, 35, 40, 42,
  43, 53, 54, 56-61, 102, 110, 135,
  144, 146, 156, 157, 173, 181, 182,
  191, 192, 201, 222-224, 226, 233,
  238, 240, 245, 247, 248, 250, 263
――としての人間 12, 30, 40, 110,
  135, 144, 146, 156, 157, 173, 181,
  182, 192, 201, 222-224, 226, 240, 250
半身の構え 21, 117, 149, 151, 155-158,
  184-196, 199, 200, 210,
  212, 224-226, 238, 248, 249
半身の連携 212

PDCA 171-173
非確定性 68, 69
非対称性 4, 14, 35-37, 65, 101,
  102, 104, 107, 109, 163, 190, 201,
  204, 209, 220-222, 245, 246, 249
非対称的相互性 36, 37, 45, 65,
  141, 197, 222
批判的理論 162
負担免除 181, 193, 226
プラクシス・ポイエーシス 31, 32
ポスト・ポストモダン 37, 44, 45, 60,
  77, 133, 218, 227, 229, 237, 238
ポストモダン 37, 44, 45, 52,
  60, 77, 83, 91, 133, 163, 173,
  174, 218, 227, 229, 237, 238
程の良さ 114

〔ま行〕

前理解 82, 158, 198
未確定性 68
メタクシュ 47, 48, 50-52
免疫疾患 229-232
目的合理性 92, 161
モダン 23, 37, 44, 45, 52, 60, 77, 83,
  91, 118, 133, 163, 173, 174,
  215, 218, 227, 229, 237, 238

〔ら行〕

ライフサイクル 5, 6, 14, 34, 58, 59, 66,
  84, 85, 87, 88, 91, 94, 102, 103, 110,
  113, 114, 118-122, 125-137, 139,
  142, 143, 156, 158, 164, 173, 178,
  195, 196, 201, 202, 226, 227, 233-236,
  248, 250, 256, 260, 263, 264, 266-268
ラベリング 99, 113
臨床教育学 207, 209-212, 214,
  222, 253, 266-269

臨床心理学　150-152, 155, 183, 205, 206, 211, 214, 216-222, 253

臨床性　4, 13, 22, 23, 25, 27, 29, 88, 30, 32, 33, 37, 39, 46, 51, 52, 61, 102, 134, 136, 137, 143-146, 153, 156, 160, 164, 165, 173, 176, 185, 189, 192, 194, 196, 201, 202, 212, 218, 219, 221-224, 226, 250, 252, 253

臨床的人間形成論　3, 5-9, 11, 13, 14, 23, 31, 33, 36, 37, 44-46, 48, 52, 53, 56, 59-61, 66, 67, 79, 81, 82, 87, 134, 135, 137, 141, 143-147, 149, 150, 153, 156-159, 176-179, 181, 182, 185, 193-196, 201-203, 207, 208, 210, 213, 214, 218, 223, 226, 247, 250, 255, 256, 268

人名索引

Buber, Martin	7, 152, 247
Bühler., Charlotte	19, 127, 132
Comenius, Jan. Amos	69, 97, 98, 105, 112, 122, 124, 140, 141
Erikson, Erik. Homburuger	6, 7, 19, 110, 119, 120, 128–132, 135, 141, 142, 205, 227, 228, 233, 235–237, 244, 246–248, 264
Fromm, Erich	7, 139, 141, 198, 229, 266
Heidegger., Martin	17, 23, 24, 34, 60, 61, 63, 68, 125, 203
Husserl, Edmund	60, 62
木村素衛	20, 25, 30, 31, 38, 61, 62, 65, 192, 209, 262
高山岩男	20, 24, 30, 62, 262, 264
Langeveld, Martinus	65, 112, 131, 140, 141, 197, 241, 244
三木清	7, 11, 12, 19, 20, 30, 41, 62, 64, 65, 144, 191, 263
森昭	3, 8, 13, 14, 25, 30, 31, 37, 38, 41, 44, 61, 62, 64, 66, 72, 84, 92, 118, 125, 128, 131, 134, 142, 192, 193, 197, 201, 206, 209, 240, 246, 254–256, 263, 264, 267, 269
西田幾多郎	7, 20, 21, 30, 64, 192, 209, 264
Parsons, Talcott	253
Schreber, D.P.	108, 109, 246, 261, 262, 265
Super., Donald	19
田中毎実	49, 69, 92, 99, 100, 107, 111, 113, 117, 121, 122, 124, 126, 139–142, 157, 159, 162–164, 187, 200, 217, 229, 231, 232, 246, 250, 253, 256, 266, 268
田邊元	14, 15, 20, 30, 38, 61, 62, 208, 264, 269
上田薫	20, 197, 268, 269
Weber, Max	4, 13, 123, 144, 198, 267, 270
Wilson, S.	7, 155, 166, 179

著者紹介

田中毎実（たなか つねみ）

1947年、鳥取県生まれ。大阪大学大学院文学研究科単位取得退学。大阪大学助手（人間科学部）、愛媛大学助教授（教育学部）、同教授（同学部）、さらに京都大学教授（高等教育研究開発推進センター）、同センター・センター長を経て、現在、武庫川女子大学文学部教授。京都大学博士（教育学）。教育哲学・大学教育学専攻。教育学の臨床的人間形成論への展開を企図している。

［主要著書、編著書］

『大学教育の臨床的研究―臨床的人間形成論 第1部』東信堂、2011年。『臨床的人間形成論へ―ライフサイクルと相互形成―』勁草書房、2003年。『大学教育学』（編著）培風館、2003年。『大学授業のフィールドワーク―京都大学公開実験授業―』（編著）玉川大学出版部、2001年。『開かれた大学授業をめざして―京都大学公開実験授業の1年間―』（編著）玉川大学出版部、1997年。

臨床的人間形成論の構築――臨床的人間形成論第2部

2012年4月25日　初　版第1刷発行　　　〔検印省略〕
定価はカバーに表示してあります。

著者 ⓒ 田中毎実／発行者　下田勝司　　　印刷・製本／中央精版印刷

東京都文京区向丘1-20-6　郵便振替 00110-6-37828
〒113-0023　TEL (03) 3818-5521　FAX (03) 3818-5514　　発行所　株式会社 東信堂
Published by TOSHINDO PUBLISHING CO., LTD.
1-20-6, Mukougaoka, Bunkyo-ku, Tokyo, 113-0023, Japan
E-mail: tk203444@fsinet.or.jp　http://www.toshindo-pub.com

ISBN978-4-7989-0091-9 C3037　ⓒ Tsunemi TANAKA

東信堂

大学の自己変革とオートノミー——点検から創造へ	寺﨑昌男	二五〇〇円
大学教育の創造——歴史・システム・カリキュラム	寺﨑昌男	二五〇〇円
大学教育の可能性——教養教育・評価・実践	寺﨑昌男	二五〇〇円
大学は歴史の思想で変わる	寺﨑昌男	二八〇〇円
大学改革 その先を読む——FD・評価・私学	寺﨑昌男	二三〇〇円
大学自らの総合力——理念とFD そしてSD	寺﨑昌男	二〇〇〇円
高等教育質保証の国際比較	羽田貴史編	三六〇〇円
大学教育の臨床的研究	米澤彰純編	二八〇〇円
臨床的人間形成論の構築——臨床的人間形成論第1部	田中毎実	二八〇〇円
大学教育のネットワークを創る——FDの明日へ 京都大学高等教育研究開発推進センター編 松下佳代編集代表		三二〇〇円
ポートフォリオが日本の大学を変える——ティーチング/ラーニング/アカデミック・ポートフォリオの活用 土持ゲーリー法一		二五〇〇円
ティーチング・ポートフォリオ——授業改善の秘訣 土持ゲーリー法一		二〇〇〇円
ラーニング・ポートフォリオ——学習改善の秘訣 土持ゲーリー法一		二五〇〇円
学士課程教育の質保証へむけて——学生調査と初年次教育からみえてきたもの 山田礼子		三二〇〇円
大学教育を科学する——学生の教育評価の国際比較 山田礼子編著		二八〇〇円
初年次教育でなぜ学生が成長するのか——全国大学調査からみえてきたこと 河合塾編著		三六〇〇円
アクティブラーニングでなぜ学生が成長するのか——経済系・工学系の全国大学調査からみえてきたこと 河合塾編著		二八〇〇円
教育哲学	宇佐美寛	二四〇〇円
大学の授業〔新訂版〕	宇佐美寛	二四〇〇円
大学授業の病理——FD批判	宇佐美寛	二五〇〇円
授業研究の病理	宇佐美寛	二五〇〇円
大学授業入門	宇佐美寛	二五〇〇円
作文の論理——〈わかる文章〉の仕組み	宇佐美寛	一六〇〇円
作文の教育——〈教養教育〉批判	宇佐美寛	一九〇〇円
問題形式で考えさせる教育	大田邦郎	二〇〇〇円
視写の教育——〈からだ〉に読み書きさせる	池田久美子	二四〇〇円

〒113-0023 東京都文京区向丘1-20-6　TEL 03-3818-5521　FAX 03-3818-5514　振替 00110-6-37828
Email tk203444@fsinet.or.jp　URL:http://www.toshindo-pub.com/

※定価：表示価格（本体）＋税